学前儿童家庭教育及家、园、社区合作共育

● 主　审　邓素林
● 主　编　叶　璐　林丽娜
● 副主编　曾　明　蒋春姣　石　媛
● 编　委　潘丽莎　杨依里　陈倩倩　刘凝辛

西南交通大学出版社
·成　都·

图书在版编目（CIP）数据

学前儿童家庭教育及家、园、社区合作共育 / 叶璐，林丽娜主编. —成都：西南交通大学出版社，2020.3（2025.6 重印）
职业院校学前教育专业人才培养精品教材
ISBN 978-7-5643-7391-7

Ⅰ. ①学… Ⅱ. ①叶… ②林… Ⅲ. ①学前儿童－家庭教育－高等职业教育－教材 Ⅳ. ①G781

中国版本图书馆 CIP 数据核字（2020）第 041516 号

职业院校学前教育专业人才培养精品教材
Xueqian Ērtong Jiating Jiaoyu ji Jia Yuan Shequ Hezuo Gongyu
学前儿童家庭教育及家、园、社区合作共育

主编 叶 璐 林丽娜

责任编辑	梁 红
封面设计	原谋书装
出版发行	西南交通大学出版社 （四川省成都市金牛区二环路北一段 111 号 西南交通大学创新大厦 21 楼）
发行部电话	028-87600564 028-87600533
邮政编码	610031
网址	http://www.xnjdcbs.com
印刷	四川森林印务有限责任公司
成品尺寸	185 mm × 260 mm
印张	12.5
字数	244 千
版次	2020 年 3 月第 1 版
印次	2025 年 6 月第 4 次（2025 修订）
书号	ISBN 978-7-5643-7391-7
定价	38.00 元

课件咨询电话：028-81435775
图书如有印装质量问题 本社负责退换

前言

作为学前教育专业的学生，在走上幼儿教师的工作岗位后，不单要成为幼儿的好老师，还应该成为家长的好伙伴。幼儿教师应当具备引导家长正确进行家庭教育的能力，这就需要教师本身掌握专业的家庭教育的相关理论知识。这是本书编写的第一个重要目的。社区是人们生活的一个重要依托。随着人们生活节奏的加快以及空余时间的压缩，社区愈来愈体现出对儿童成长的重要性。所以，探讨家庭、幼儿园、社区三者之间的互动与合作是一个特别重要的问题，它可以让人们在有限的空间内享受到更好的资源，获得更多有益的帮助。这是本书编写的第二个重要目的。

本教材以《全国家庭教育指导大纲》为指导思想，结合《幼儿园教师专业标准（试行）》《3—6岁儿童学习与发展指南》，借鉴和运用国内外相关学科的研究成果进行编写。同时，本教材为广西工业职业技术学院与贵港市普罗旺斯幼儿园等多所幼儿园通力合作的校企合作教材。本教材在内容和结构上呈现如下特点。

（1）突出内容的实用性。在内容的组织和选择上，我们提炼了与学前儿童家庭教育最为相关的典型主题，结合贴近生活的阅读材料，让学生学习时更有工作情景感。

（2）教材具有通俗性与趣味性。每一节内容都加入“引子”，引发学生的思考，激发学生的兴趣，明确学习的重点；适当插入“知识小贴士”“案例分析”“案例分享”，帮助学生理解；每个章节都配有“拓展阅读”，丰富学生的知识，拓展他们思考的角度。

（3）重视校企合作，产教融合。书中较多案例来自幼儿园一线教师原创作品，从而缩短了教学与实践之间的差距，实现“教学做用”一体。

本书编写小组由 10 人组成。邓素林担任审核工作，编写本书第一章；叶璐和林丽娜担任主编和汇编审核工作。叶璐主要负责编写第二章，合作编写第六章；蒋春姣负责编写第三章；陈倩倩负责编写第四章第一、二、三节；石媛负责编写第四章第四、五节；杨依里负责编写第五章；潘丽莎与叶璐合作编写第六章；刘凝辛负责编写第七章。林丽娜为广西壮族自治区贵港市普罗旺斯幼儿园副园长，曾明为普罗旺斯幼儿园保教主任，两人负责提供教材中相关案例，并给予编者相关写作内容的指导。由于时间仓促以及水平有限，书中疏漏之处在所难免，殷切期望广大读者批评、指正。

编　者

2019 年 10 月

目 录

第一章　家庭教育概述

【学习目标】

1. 了解家庭、教育和家庭教育的概念。
2. 懂得家庭教育的特点及家庭教育的发展趋势。
3. 掌握家长工作的主要内容及处理家长投诉的技能。
4. 理解家庭教育的意义，积极与家长合作，培养身心健康的幼儿。

第一节　家庭与家庭教育

【引子】

近朱者赤，近墨者黑

故事一：

晋朝大臣傅玄是个品学兼优的人，为人正派，因此很受皇帝敬重，于是被请来做太子的老师。皇帝要求他不仅要教太子做学问，更重要的是教太子做人，将来做个好皇帝。

太子府里的人很多，除了宫女、太监外，还有大批为太子办事的官员，各式各样的人都有。但是真心对待太子的人却不多，他们大都是为了讨好太子，以求将来太子登基后赏他们一官半职。当时太子年纪尚轻，喜欢玩耍，不喜欢读书。在傅玄来之前，也请了几个老师来教太子，可是这些老师不敢严格要求太子，太子想玩就放他出去玩，偶尔太子还以捉弄老师为乐。而太子身边的太监、侍从们就成为太子的“忠实”拥护者，太子想干什么就干什么。傅玄来了以后，在功课上严格要求太子，可是太子贪玩的心还是没有收回来，老师一走就又胡闹起来。几乎没有人敢劝阻太子，都讨好他，事事听从他的安排。傅玄几次来上课的时候都发现太子在玩耍，丝毫没有明君的风范。而且，傅玄还发现太子身边的人总是唯太子马首是瞻，一味地奉承他、夸奖他，即使太子做得不好，侍从们也违心说好。傅玄看到这一切心里十分忧虑，心想：皇上把教导太子的重任交给我，我不能辜负皇上的厚爱，太子在这样的环境中是很难学好的，我必须让他意识到事情的严重性啊！

一天，傅玄在给太子讲课的时候说："要想做一个好人，做一个好皇帝，一定要接近正派的人。如果常接近朱砂，就一定被染红；而常接近墨水就会被染黑，对自己一定要严格要求，行为要端正，只有这样，周围的人才会跟你学，正派的人才会聚拢到你的身边。譬如，声音清亮，回声就一定甜美；自己站得直，影子就一定不会斜。"太子听不太明白，问傅玄到底想要说什么。傅玄继续解释说："您如果接近正人君子，那么符合道义的话就会听得多，自己的行为就会逐渐符合规范和准则。倘若您多接近小人，那就有如进入卖鲍鱼的店一样，时间久了，您就闻不到兰花的香味了。"太子听后，陷入了沉思，想想自己平时不学无术，就知道任性玩耍，而身边却没有一个人敢像老师一样直言劝诫，心中不由得感叹自己的确做错了。

不久，皇帝听说了这件事，很欣赏傅玄说的那段话，就让人把这些话写在屏风上，并将屏风放在太子房中，让他每天读一遍屏风上的话，以时刻提醒自己，勉励自己。

故事二：

在美国，有两个家族都已繁衍了八代子孙。一个家族的始祖是200年前康涅狄克州德高望重的著名哲学家嘉纳塞·爱德华。由于他重视子女的教育，并代代相传，在他的八代子孙中共出了1位副总统、1位外交官、13位大学院长、103位大学教授、60位医生、20多位议员……在长达两个世纪中，竟没有一人被捕、被判刑的。另一个家族的始祖是200年前纽约州的马克斯·莱克，他是个臭名昭著的赌棍加酒鬼，开设赌馆，对子女教育不闻不问。在他的八代子孙中有7个杀人犯、65个盗窃犯、324个乞丐，因狂饮夭亡或成为残疾的多达400多人。

点评：这两个故事告诉我们：家庭是子女的第一所"学校"，父母是孩子的第一任"教师"；上至皇帝下至百姓，孩子所处的家庭环境包含父母、长辈、朋友、老师及其他有来往的成员的言行，这些都会形成潜移默化的家庭教育，直接影响子女的世界观、人生观和价值观等的形成，影响子女的终身选择与生活品质。

【知识殿堂】

家庭是人类社会发展到一定阶段的产物。随着社会物质生活条件的发展变化，家庭的形态、结构和性质也在不断地发展变化。家庭教育作为家庭的一种基本职能，随着家庭的发展而不断地发展变化。

一、家庭、教育及家庭教育的概念

（一）家庭的概念

家庭是我们每一个人的栖身之所，是人的心灵的依归。尽管不同的人在不同的历史年代对家庭的理解不一样，但其基本的含义应该是一致的，即家庭是指在婚姻关系、血缘关系或收养关系基础上产生的，亲属之间所构成的社会生活单位。家庭是幸福生活的一种存在。

家庭有广义和狭义之分，狭义的家庭是指一夫一妻制构成的社会单元；广义的家庭则泛指人类进化过程中不同阶段的各种家庭利益集团即家族。

从社会设置来说，家庭是最基本的社会设置之一，是人类最基本、最重要的一种制度和群体形式。

从功能来说，家庭是儿童社会化、供养老人、满足人类经济合作的亲密关系的基本单位。从关系来说，家庭是具有婚姻、血缘和收养关系的人长期居住在一起的共同群体。每一个人都需要家庭的温暖。

（二）教育的概念

人通过受教育实现社会地位的变迁。教育伴随着人类社会的产生而产生，随着社会的发展而发展，与人类社会共始终。

“教育”一词来源于《孟子·尽心上》中的：“得天下英才而教育之，三乐也”，基本等同于“教”与“学”。拉丁语 educare，是西方“教育”一词的来源，意思是“引出”。在教育学界，关于“教育”的定义多种多样，可谓仁者见仁、智者见智。一般来说，人们是从两个不同的角度给“教育”下定义的：一个是社会的角度，另一个是个体的角度。苏联和我国一般从社会的角度给“教育”下定义，而英美的教育学家一般从个体的角度给“教育”下定义。

从社会的角度来定义“教育”，可以把“教育”区分为不同的层次。

（1）广义的教育。

凡是增进人们的知识和技能，影响人们的思想品德的活动都是教育。“教育”是整个社会系统中的一个子系统，分配且承担着一定的社会功能。

（2）狭义的教育。

狭义的教育主要指学校教育，即教育者根据一定的社会或阶级的要求，有目的有计划有组织地对受教育者的身心施加影响，把他们培养成一定社会或阶级所需要的人的活动。

（3）更狭义的教育：思想教育活动。

从个体角度来定义，强调社会因素对个体发展的影响，往往把“教育”等同于个体的学习或发展过程。

综上所述，教育是在一定的社会背景下发生的促使个体的社会化和社会的个性化的实践活动。如果围绕教育活动的基本要素来定义，可以把“教育”定义为：人有意识地通过若干方法、媒介等形式向他人传递信息，期望以此影响他人的精神世界或心理状态，帮助或阻碍他人获得某种（些）观念、素质、能力的社会活动。处于前者角色的称为教育者，处于后者角色的称为教育对象。这样的定义符合所有的人类教育活动，可以作为教育的基本定义。

（三）家庭教育的概念

关于家庭教育，学术界有众多的定义和界说。《教育大辞典》对家庭教育的解释是：“家庭成员之间的相互教育，通常多指父母或其他年长者对儿女辈进行的教育。”《中国大百科全书·教育》的定义是：“父母或其他年长者在家庭内自觉地、有意识地对子女进行的教育。”有的学者则认为家庭教育是家庭成员在家庭中所受的终身教育。狭义的家庭教育则指“小孩在儿童期所接受的父母管教的活动或生活的训练，借以滋长其日后为人处事的良好态度和人品”。日本学者则认为家庭教育“与其说是教育，毋宁说是一种社会化更贴切”……

可见，对家庭教育的诠释有多种多样，但归纳起来主要有广义和狭义两种：

广义的家庭教育是指在家庭生活中家庭成员之间相互给予的一种教育和影响。其中既有父母对子女、长者对年幼者实施的教育，也包括子女对父母、年幼者对长者的影响甚至包括父母长者之间、未成年子女之间的相互影响。这种广义的理解强调了家庭成员尤其是父母与子女之间的平等关系，重视子女在接受父母教育中对父母的影响及对父母教育的反馈过程。

狭义的家庭教育是指在一定的家庭文化背景下，由父母或其他年长者自觉地、有意识地对未成年的子女和其他年幼者施加的有助于他们社会化和健全人格的形成，身体、社会、认知等方面全面发展的教育影响活动。这一概念表明，家庭教育的主要环境是具有一定文化背景的家庭；教育者是父母或其他年长者；受教育者是未成年的子女或其他年幼者；目标在于帮助未成年人实现社会化和形成健全人格，促进其身体、社会、认知等方面全面发展。

在家庭中，由于父母和长者拥有的身份、地位、身心发展水平及社会生活经验等方面的优势，加上幼儿在生活、情感、心理等各方面的依赖性，幼儿在家庭环境中的成长主要接受父母或长者的教育和影响。父母对子女的教育是家庭教育的主要形式，而家庭教育的外延包括言教、身教和境教。

因此，一般意义上的教育主要是指家长对子女的教育，其中幼儿期的教育是重中之重。我们这里所探讨的家庭教育问题，主要是基于狭义的家庭教育范畴。

二、家庭教育的意义

习近平总书记强调："家庭是社会的基本细胞，是人生的第一所学校。不论时代发生多大变化，不论生活格局发生多大变化，我们都要重视家庭建设，注重家庭、注重家教、注重家风，紧密结合培育和弘扬社会主义核心价值观，发扬光大中华民族传统家庭美德……"可见，家庭教育在新的历史时期依然发挥着重要的作用。

（一）良好的家庭教育是孩子优秀品德形成的基石

家庭教育是一个人思想道德教育的奠基工程。家庭教育首先要做的就是道德教育。道德教育首先要培育、引导和熏陶孩子明辨是非、待人接物、为人处世等能力，更要在培养孩子懂礼貌、勤俭节约、互助互爱等传统美德的基础上，使他们从小养成坚强的意志和良好的行为习惯，最终使遵守这些道德规范和行为准则成为孩子自觉的道德需要。事实证明，家庭是儿童成长的主要环境，家庭道德教育是儿童优良品质形成的奠基石。在那些充满民主、爱心和责任感的家庭，在那些小孩子的智力和心灵得到正确引导的家庭，在那些日常生活表现出美德的家庭，在那些对孩子的管教充满仁慈和爱心的家庭，在那些充满着父母教育智慧和有着良好教育策略的家庭，孩子的道德品质会得到更好的塑造。

（二）良好的家庭教育是孩子走向社会的需要

随着年龄的增长，孩子会逐渐接触社会中的善恶美丑。教育孩子明辨是非，不是一朝一夕的事情，家庭教育要持之以恒注意教育引导孩子。特别是在电视、网络高度发达的今天，善恶美丑的事情时时刻刻都有可能进入孩子的视野，影响孩子的价值观、人生观和世界观。家长引导得好，孩子就能获得身心的健康成长；家长不闻不问，孩子就有可能是非不分，走向社会正能量的对立面。尤其是儿童，他们缺乏辨别是非的能力，但有比成人更敏锐的感受能力，家长要注意采取科学的方法，针对具体问题进行及时正确的引导，提高他们的鉴别能力，同时还要随时检点自己的行为举止，树立正面形象，优化他们的心灵，预防他们犯错误，甚至违法违纪。

（三）良好的家庭教育是构建和谐、幸福家庭的需要

孩子是一个家庭的希望，让孩子健康、快乐地成长，将来有出息，是每一位家长

的理想和愿望。对于一个家庭而言，孩子也是家庭和谐、健康发展的接班人，是父母年老后的依靠，良好的家庭教育要在孩子出生的那刻起开始进行。温馨、和睦、良好的家庭环境能增强孩子对家庭的依恋、归属感和安全感，使其自信心、潜能得以发展，人格得以健全。家庭成员之间相互信任、相互尊重、互敬互爱会使得孩子的身心得到健康发展。父母与孩子共同经历快乐的生活或接受挫折的考验，会使孩子很自然地亲近父母、长辈，今后能担当起扶老爱幼的家庭责任。

（四）良好的家庭教育是国家发展的需要

古人云："身修而后家齐，家齐而后国治，国治而后天下平。"《孟母三迁》《精忠报国》等故事中的母亲无不是爱国爱家的优秀家长。福禄贝尔也说过："国家的命运与其说是掌握在当权者的手中，倒不如说是掌握在母亲的手中。"这句话很有哲理性，深刻地说明了家长在教育子女中所起的作用。家长首先要明确教育方向与国家利益、人民要求相一致的原则，不能把孩子视为私有财产，要树立为国教子的思想，端正教育目的，把孩子培养成具有热爱自己国家、民族情怀，具有担当，与全国人民一起努力实现中国梦的社会主义建设者和接班人。能否把孩子培养成为德智体美劳全面发展的人，关系到国家是否后继有人。每一位家长都有做好家庭教育的责任和义务，安定好小家，使千千万万个家庭成为国家发展、民族进步、社会和谐的重要基点。

三、家庭教育的特点

学前儿童家庭教育是发生在家庭日常生活之中，针对 0 ~ 6 岁幼儿进行的早期教育相对于幼儿园、学校和社会教育，其有显著的特点。幼儿园要充分认识和了解其优点和不足，与家长共育，培养身心健康的孩子。

（一）率先性

家庭中的教育者和受教育者之间首先是一种血缘和依附关系，其次才是教育和受教育的关系。幼儿在出生成长中接触到的第一环境就是家庭，家庭是亲子关系建立和发展的基础。家长是儿童的第一任教师，而且是启蒙教师。在家庭中，家长对子女实施什么样的教育，如何进行教育，把子女培养成什么样的人，家长有自主权和率先权。

幼儿在从出生到入学前的这一时期与家庭的关系十分密切，因此，这个时期家庭对幼儿的影响非常大。幼儿从出生到入学前的教育都是在家庭中实施的，可以说，家庭教育具有一定的率先性。幼儿期是人生接受熏陶的开始，人的许多基本能力都是在这个年龄阶段形成的，如语言表达、基本动作以及某些生活习惯等。家长在这个时期所实施的家庭教育将是孩子早期教育智力发展的关键。

（二）随意性和随机性

家庭教育不是专门的教育机构承担的，因此，家庭教育不具有严密计划、有组织、有系统地实施教育的条件。家长一般没有经过教育专业训练，也不是专职的教育者，只要结婚生子，家长就自然而然担当了教育者的角色。究竟进行什么内容、什么形式的教育，把孩子培养成什么样的人，这由家长的主观愿望来决定，其他社会组织无权进行直接干预。家庭教育没有固定的时间、地点和模式，基本上是寓教于日常生活之中，随时随地进行。可以说，家庭是儿童天然的学校，家长是儿童天然的老师，父母和家庭成员之间的交往与活动、言谈举止、待人接物、日常家务劳动等潜移默化地影响儿童，具有较大的随意性和随机性。

（三）权威性与亲情性

家庭教育的权威性是指父母长辈在孩子身上所体现出的权力和威信。家庭的存在，确定了父母子女间的血缘关系、抚养关系、情感关系，子女在伦理道德和物质生活的需求方面对父母长辈有很大的依赖性，家庭成员根本利益的一致性决定了父母对子女有较大的制约作用。父母的教育易于被孩子接受和服从，家长合理地利用这一点，对孩子良好品德和行为习惯的形成很有益处。父母双方在教育子女的态度上要一致，要相互配合、宽严相济，树立威信的同时要传递出亲情的温暖，使得孩子容易接受父母长辈的教育。

（四）针对性和及时性

孩子与父母朝夕相处，这为家长及时地、有针对性地进行教育提供了条件。家庭教育是父母长辈在家庭中对孩子进行的个别教育行为，比幼儿园、学校教育更有针对性，更及时。常言道：知子莫若父，知女莫若母。家长与孩子朝夕相处，子女有什么想法都愿意向父母倾吐。孩子在自然状态下少有戒心，因而思想作风、行为习惯表现得最真实、最充分。所以，一般来说，父母对孩子的情况可以说是了如指掌，孩子身上稍有什么变化，即使是一个眼神、一个微笑都能使父母心领神会。因此，父母应通过孩子的一举一动、一言一行及时掌握他们的心理状态，发现孩子身上存在的问题，及时教育，及时纠正，不让问题过夜，将不良行为习惯消灭在萌芽状态之中。家长对孩子进行正确的家庭教育，既可以使孩子在进入幼儿园之前形成良好的行为习惯，为接受集体教育奠定很好的基础，又可以弥补集体教育的不足。

（五）持久性和继承性

与学校教育相比，家庭教育具有持久性和继承性。孩子从出生起就开始接受家庭教育，不同阶段的家庭教育虽然作用大小不一样，但始终伴随着人的一生。孩子出生后，从小到大，几乎三分之二的时间生活在家庭之中，每时每刻都在接受家长的教育。这种教育是在有意和无意、计划和无计划、自觉和不自觉之中进行的，不管是以什么方式、在什么时间进行的教育，都是家长以其自身的言行教育着子女。这种教育影响着孩子的生活习惯、道德品行、谈吐举止等，其潜移默化的作用相当大，伴随着人的一生，可以说是活到老学到老，所以有些教育家又把家长称为终身教师。这种终身性的教育往往反映了一个家庭的家风，家风的好坏往往要延续几代人，甚至十几代、几十代人。家庭教育的继承性对于培养儿童、青少年的思想品德和造就具有特殊才能的人，具有十分重要的意义。有特殊才能的家长，应努力把家庭建成造就特殊人才的摇篮，为社会造就更多更好的具有特殊技能和专长的宝贵人才。

四、我国家庭教育存在的问题

家庭学前教育在当今中国日趋受到重视，许多年轻的父母已经意识到学前教育的重要性。但教育中也存在盲目性和片面性，存在较多不利于幼儿成长的问题。主要问题归纳如下。

（一）过度保护

有时候，父母太注重孩子表面的需求，忽略了孩子看不见的心理需求，纵然孩子具有优秀的先天条件，也得不到应有的发展。例如当孩子想跑、想玩时，有的父母会害怕孩子受伤而禁止他，如此孩子便会养成不好动的习惯，变得孱弱多病，心智的发展必然受到阻碍，性格也会变得退缩胆小、缺乏自信，无法面对困难。父母必须明白，关怀体现在心灵上的沟通，并不是行为上的干预。过分的干预会妨碍孩子潜能的挖掘。

（二）过分宠爱

过分宠爱是很多家庭的通病。孩子有任何要求，无论精神上的还是物质上的，家长都无条件满足，这造就了一些“小皇帝”。事实告诉我们，孩子总能得到满足，他的抗挫折能力就无法得到锻炼，就容易形成孤僻、自傲、任性、自私等性格。著名心理专家郝滨老师分析认为，家长要多关心孩子的心理健康，要依据孩子的性格特征寻求恰当的教育方式，既要防止“简单粗暴”，又要防止“过度溺爱”。应及早发现问题并寻求专业帮助，及时解决，不要让心理问题严重影响孩子的生活和学习，最终影响其终生幸福。父母事事顺从孩子的要求，替他完成所有事情，孩子什么事情都不必动手，这很容易使其变得以自我为中心、任性、依赖、迟熟，不能忍让，也不懂自己照顾自己。即使表面看来柔顺温和，但当孩子长大，需要面对难题时，他就可能出现性格突变。父母的包办代替是孩子形成性格软弱无能的重要原因之一。一些父母对孩子百依百顺，不让孩子做任何事情，这等于剥夺了孩子自我表现的机会，扼制了孩子的能力发展。

（三）揠苗助长

许多家长望子成龙、望女成凤心切，认为对幼儿的教育越早越好，越超前越好。于是在孩子出生不久就教孩子识字、背诗、数数、拼音、学外语，孩子两三岁时就教他写字，四五岁时就把小学的课本拿来让孩子读。有人甚至提出“0 岁识字，3 岁扫盲”的口号。这些家长都没有考虑“揠苗助长”的后果。这种急功近利的做法，完全违背了幼儿身心发展的规律。心理学中的“双生子爬梯”实验告诉我们，儿童学习的内容必须适合其成熟度，儿童身心还没有达到相应的成熟水平，就过早进行教育和训练，不仅没有必要，还会给幼儿心理和生理造成负担，甚至可能影响幼儿对学习的兴趣，从而使其产生逆反心理。法国教育家卢梭在其著作《爱弥儿》里有这样一句话非常值得我们深思：“大自然希望儿童在成人以前，要像儿童的样子，如果我们打乱这个秩序，就会造成一些果子早熟……”催熟的果子和自然成熟的果子哪个更好吃呢？答案显而易见。因此，家长在教育儿童时，必须注意儿童学习内容与其成熟度间的相互匹配，这样才不会影响幼儿对学习的兴趣，或导致幼儿产生逆反心理。

【知识小贴士】

双生子爬梯试验

美国心理学家格塞尔曾经做过一个著名的实验：让一对同卵双胞胎练习爬楼梯。其中一个为实验对象（代号为 T），在他出生后的第 46 周开始练习，每天练习 10 分钟。另外一个实验对象（代号为 C）在他出生后的第 53 周开始接受同样的训练。两个孩子都练习到他们满 54 周的时候，T 练了 8 周，C 只练了 2 周。

这两个小孩哪个爬楼梯的水平高一些呢？大多数人肯定认为应该是练了 8 周的 T 比只练了 2 周的 C 好。但是，实验结果出人意料——只练了两周的 C 其爬楼梯的水平比练了 8 周的 T 好——C 在 10 秒钟内爬上那特制的五级楼梯的最高层，T 则需要 20 秒钟才能完成。

其实 46 周就开始练习爬楼梯，为时尚早，孩子没有做好成熟的准备，所以训练只能取得事倍功半的效果；53 周开始爬楼梯，这个时间就非常恰当，孩子做好了成熟的准备，所以训练就能达到事半功倍的效果。

这个实验给我们的启示是：教育要符合孩子的实际水平，在孩子尚未成熟时，要耐心地等待，不要违背孩子发展的自然规律，不要违背孩子发展的内在“时间表”，人为地通过训练加速孩子的发展。

（四）低估孩子

家长质疑孩子潜能，以主观的情绪和期待去看待孩子，自以为是地认定孩子的发展阶段，处处要求孩子随自己的意愿行事。使得孩子不能从失败中学习，变得习惯于依赖、习惯于被命令，变得缺乏思考力。例如，有的父母经常指责孩子“你又给我惹麻烦”“总是这样”“没出息”等，这样的暗示会让孩子认定自己比别人差，因而放弃改正。事实告诉我们，有的人智力过人，但意志薄弱、志趣低下；有的人智力平平，但意志顽强、目标远大、百折不挠。任何一个正常的孩子，总有这样或那样的优势或潜在的优势。因此，父母应客观而清醒地分析自己孩子的特点，善于发现自己孩子的优点，让自己的孩子感受到成功的喜悦。许多父母对孩子期望很高，却又很吝啬赞美自己的孩子。他们常常摆出一副长者的面孔责备孩子，以为这样才是教育，其实忽视了赞美所带来的奇妙教育效果。

（五）过分专制

家长经常以权威口吻规范孩子的举动，限制他的自由，否定他的想法，这样会使孩子长期处于恐慌之中，无法表达自己，只懂唯唯诺诺，并使孩子失去自信，失去尝试新事物的勇气。另外，为了发泄不满，孩子会欺负比自己小的孩子。当孩子长大，他更可能会对父母怀恨在心，把以往积压的不满，发泄到父母身上，等等。

（六）片面化教育

家庭教育应该是对儿童实施一种全面教养和教育，但现实生活中却出现了严重的片面化教育现象。如重视“特长”的培养，却忽视了“做人”的培育，导致孩子以自我为中心，自私、狭隘、懦弱；又如重视“学识”的培养，却忽视了生活能力的培育，导致孩子离开父母后生活无法自理，不断出现小学、中学、大学“陪读”现象。“木桶原理”告诉我们，人的各方面素质只有和谐发展，才能获得长足发展。家长要想自己的孩子健康成长，成为一个有出息的人，必须要有素质教育的意识。

如何正视问题，探寻科学、合理的教育对策，是值得每一位儿童教育者和家长深思的。其中幼儿园管理工作必须关注家长的管理问题，学前教育机构不但要开展对入园幼儿的教育，而且要开展家园共育工作。

第二节　幼儿园与家庭共育

【引子】

新教师的困惑

初入幼儿园工作的李老师总是觉得很委屈。幼儿有小感冒，家长责怪她不负责任；班里搞活动，有的家长从来不参加；某幼儿推了另一个幼儿，被推幼儿家长立马来园要惩治此幼儿，还对老师呵斥：“我交了钱，你们当然要替我看好。”还有诸如“我的孩子入园一个月了，怎么没教他背书写字”等问题，弄得李老师每天的神经都绷得紧紧的。面对家长的疑虑与质问，李老师心里很委屈，很无奈，可是又不知如何做才能跟家长进行有效的沟通与交流。

点评：家长希望自己的孩子在幼儿园里能得到方方面面的照顾，一旦不能满足就会有种种不良的言语或行为，甚至跟教师或者跟其他家长起冲突。家长之所以不满意，也许确实是教师本人做得不好，也许是幼儿本身的问题，但不管怎样，解决家长不满意的问题终究还得靠教师自己，一方面，要反省自己的工作方法，提高工作效率和质量；另一方面，要做好与家长的沟通与交流。

【知识殿堂】

我国著名教育家陈鹤琴说过：“幼稚教育是一种很复杂的事情，不是家庭一方面可以单独胜任的，也不是幼儿园一方面能单独胜任的，必定要两方面共同合作方能取得充分的功效。”家庭是儿童出生和教养的开始，幼儿园是儿童成长和发展的延续，没有千差万别的家庭，也就没有五彩缤纷的幼儿园。随着幼教改革的深入与素质教育的开展，人们逐渐意识到要提高幼儿素质，光靠幼儿园是难以实现的，必须家园合作。

一、幼儿园与家长合作的需要

（一）国家法规政策的要求

我国在 1996 年颁布施行的《幼儿园工作规程》中指出了家园合作的重要性。其中在第八章“幼儿园、家庭和社区”中明确指出：“幼儿园应主动与幼儿家庭配合，帮助家长创设良好的家庭教育环境，向家长宣传科学保育、教育幼儿的知识，共同担负教育幼儿的任务。”“幼儿园可采取多种形式，指导家长正确了解幼儿园保育和教育的内容、方法，定期召开家长会议，并接待家长的来访和咨询。”同时还在第六章“幼儿园的工作人员”中强调，无论是幼儿园园长还是幼儿园教师，都要“组织和指导家长工作”“与家长保持经常联系，了解幼儿家庭的教育环境，商讨符合幼儿特点的教育措施，共同配合完成教育任务”。不仅如此，第九章“幼儿园的管理”中指出：“园务委员会由保教、医务、财会等人员的代表以及家长的代表组成。”由此可见，幼儿园、家庭的合作是《幼儿园工作规程》的重要内容，体现了我国政府对家庭、幼儿园携手教育的重视。

2001 年 7 月 2 日颁布的《幼儿园教育指导纲要（试行）》中，也突显了家园合作共育的重要性。该纲要指出“幼儿园应与家庭、社会密切合作，与小学衔接，综合利用各种教育资源共同为幼儿的发展创造良好的条件。”家庭是幼儿园重要的合作伙伴。应本着尊重、平等、合作的原则，争取家长的理解、支持和主动参与，并积极支持、帮助家长提高教育能力。在“总则”“教育内容与要求”“组织与实施”“教育评价”4 个部分中共有 10 处提到幼儿园在幼儿教育的各个方面都应与家庭合作，要求为幼儿的发展创造良好条件，积极地帮助幼儿发展和提高他们各方面的能力。

综上所述，我国的《幼儿园工作规程》《幼儿园教育指导纲要（试行）》都突出强调幼儿园和家庭实行家园合作共育的重要性。这实质上是以法规形式明确规定了幼儿园要与家长建立合作关系，幼儿园和家庭要形成一个共同体，齐心协力为每个幼儿在原有水平上富有个性的发展做出应有的贡献。

（二）幼儿园教育实践的需要

幼儿园与家庭建立和谐、合作的关系，真正实现多维度的良性家园互动也是当前幼儿园教育实践的需要。现实依据如下。

（1）当代教育倡导教育者持开放性观点。教育者要采用开放性思维，力求在认识主体与对象之间建立一种开放式的关系。以多种视角、用多种方法从多种线索去开发出二者之间的多面关系，置认知对象于开放的系统和过程之中，广泛吸收各种对教育有益的观点、信息，从而用最少的时间、最少的投入使受教育者获得最大的发展。

（2）现实中众多家长十分重视子女的教育。家长迫切希望参与到幼儿园教育中来，主动发表自己的见解，与教师共同讨论教育方法，希望自己受到尊重，本人的意见被采纳。同时，许多家长本身具有各类深厚的专业知识及丰富的教育经验，有待于幼儿教育工作者的开发与共享。

（3）家园纠纷事件数量有所增加。幼儿园和家庭建立良好的合作关系是幼儿健康发展的重要条件。实践中经常出现家园纠纷事件，削弱了幼儿教育效果，给幼儿良性发展增加了阻力。当前，幼儿家庭的收入、家庭的结构、家庭的差异比以前表现出更大的差异性，家庭的特征、家教的严格程度和家庭解决问题的能力也各不相同，家庭比以前更富有变化且变化频率更快，这些都造成了家庭教育与幼儿园教育之间的不和谐，都会对幼儿的发展产生不良的影响。

（4）家庭教育需要更专业化、个性化的指导。幼儿园要认识到，教育所涉及的家庭多样，家庭内部交互作用方式具有个性化，每个家庭的价值观、能够利用的资源、所面临的问题和挑战都是不同的。因此，幼儿园需针对不同家庭的教育需求，提供适应每个家庭需要的个性化指导方案。尽力让每一位家长满意，让每个家庭满意。幼儿园要努力建立与每个家庭之间的和谐关系，使幼儿园和家庭之间的关系向着良性循环的轨道发展。

二、幼儿园家长工作管理的意义

《幼儿园教育指导纲要（试行）》中曾多次提到幼儿园应与家庭密切合作，与家长相互配合，尤其在“组织与实施”这一部分中，还明确指出家庭是幼儿园重要的合作伙伴，应本着尊重、平等、合作的原则，争取家长的理解、支持和主动参与，并积极支持、帮助家长提高教育能力。可见，幼儿园家长管理工作在幼儿教育工作中起着极为重要的作用。

（一）有助于家园配合，一致促进幼儿健康成长

在20世纪90年代，我国已提出“家园共育”这种理念。其本质特点就是一个“共”字，即幼儿园与家庭、教师与家长相互配合，共同促进幼儿的发展。幼儿园作为正规教育机构，要发挥主导作用，必须将家长工作列入议事日程，把家长工作放在与保教工作同等重要的位置上，充分重视并主动做好家长工作，使幼儿园与家长在教育思想、原则、方法等方面取得统一认识，形成教育的合力，促进幼儿的健康和谐发展。

（二）有助于引导家长进行家庭教育，形成教育合力

幼儿期的孩子年龄小，对家长的依赖性大，依恋情感深，容易接受家长的教育。但现实中，许多家长往往只是按照自然法则扮演家长的角色，并不了解幼儿教育的真正含义，缺乏科学方法，在教育观念和教养方式上存在着种种误区和偏差。相当一部分家长自身的文化水平和文明素养也不够高，因而使幼儿受到不同程度的消极影响。幼儿园及其教师要了解和分析家庭教育的特点与问题，通过家长工作，引导家长改进家庭教育，树立正确的教育观、教养态度方法；增强科学育儿的自觉性，发挥家教优势，给幼儿以积极良好的影响。

（三）有助于开发资源，调动家长的积极性

家长来自不同的家庭，有不同的职业背景，具有各种各样的资源优势，如有的家长是教师，有的家长是医生，有的家长是园艺师，有的家长是企业家、科学家等，幼儿园就可以主动争取这些“家”，让他们参与到我们的教育中来，向孩子介绍自己的工作单位，介绍自己的工作情况，介绍自己所从事的工作及其与人们生活的关系。这样，不仅可以使教育的内容更加丰富和生活化，而且组织形式也更加活跃，更贴近孩子的生活；有利于提高孩子的学习兴趣，使孩子得到全面健康的发展。所以，幼儿园应做好家长工作，争取他们的关心、支持，调动他们参与园所教育与管理的积极性。

（四）有助于教师的自我成长

21 世纪对教师素质与能力的要求越来越高，其中，开展家长工作已成为每个幼儿教师必须具备的基本能力之一。能否成功地开展多种形式的家长活动，也是体现一个教师开展家长工作能力高低的一个方面。重视家长工作，通过开展家长交流活动，了解孩子在家的表现，及时调整自己的教育目标，使自己的教育更有针对性；同时，还可以发现自己在教育工作中的不足，积累经验，增强与家长之间的交往能力。

（五）有助于宣传，扩大知名度和美誉度

家长是幼儿园外部公众中最了解幼儿园的。家长满意，是形成幼儿园良好口碑和品牌形象的基础；家长需要，是幼儿园及其教师工作的重点。例如，有的老师很有耐心，不厌其烦地辅导幼儿，受到家长的广泛赞誉，家长会向其周围的人进行宣传，家长的宣传影响着幼儿园在社会上的声誉。让家长以自己的孩子为鲜活的例子，成为幼儿园声誉的“义务宣传员”，帮助幼儿园树立良好的社会形象，扩大知名度和美誉度。

三、幼儿园家长工作的主要内容

（一）指导家庭教育

幼儿园指导家庭教育的目的是要转变家长教育观念，改善家庭育人环境，提高家庭教育质量。幼儿园可以成立家庭教育指导中心，无偿为家长服务。指导家庭教育的主要形式有：吸引家长观摩和参与到幼儿园教育活动中；接受幼儿家长的育儿咨询，为家长答疑解惑；定期举办家庭教育专题讲座，使家长掌握更多的幼儿教育知识、经验、方法；教师深入幼儿家庭进行教育指导工作，帮助家长制订适宜的家庭教育方案；家长可以借阅幼儿园书刊；定期举办家庭教育经验交流会；吸引家长参与幼儿园、家

庭一体化教育课题研究等。

（二）实现家园同向、同步教育

幼儿园与家长有着教育幼儿的共同任务，承担着幼儿全面发展的共同目标。两者的关系处理得怎么样，将直接影响着教育的一致性与连续性。家庭和幼儿园犹如一车两轮，分离脱节则寸步难行；只有家园合作，同向同步形成合力，才能促进幼儿发展。因此，幼儿园教师要转变观念，不要把家长看作被动的配合者，而应该充分利用家长的资源，使他们真正成为幼儿园教育工作的合作者、共育者。为此，幼儿园需要制订家园共育的具体计划和目标，幼儿园和家长共同努力完成幼儿教育的统一目标。

【案例分享】

小班上学期家园共育方面的培养目标
（×××幼儿园）

九月份

1. 家长按时接送孩子，不入园者须向老师请假，以保证幼儿的出勤率。

2. 培养幼儿热爱幼儿园，喜欢老师和小朋友。

3. 幼儿明确自己的毛巾、水杯的标志符号，知道用自己的水杯、毛巾。

4. 培养幼儿自己进餐、如厕、入睡，知道饭前便后洗手，餐后洗手漱口，睡前小便，摆好鞋子，脱掉外衣，盖好被子。

十月份

1. 进一步培养幼儿进餐、如厕、入睡的习惯，使幼儿具有一定的独立性。

2. 培养幼儿互相谦让、团结友爱的好品质。

3. 培养幼儿正确取放玩具，养成良好习惯。

4. 教幼儿擦屁股的方法（从前往后）。

十一月份

1. 进一步指导幼儿擦屁股。

2. 培养幼儿学习整理衣物。

3. 培养幼儿养成喝水的习惯。

4. 培养有序的观察能力。

十二月份

1. 进一步指导幼儿整理衣物。

2. 教幼儿整理床铺。

3. 培养幼儿的口语表达能力。

一月份

1. 进一步指导幼儿学习整理床铺。

2. 指导幼儿学习扣纽扣、穿外套、戴帽子。

3. 培养幼儿自己能干的事情自己干意识。

4. 培养幼儿爱劳动的好习惯。

（三）更好地为家长服务

著名教育家吕型伟说："教育为社会服务的特点最终要通过培养人来实现。没有把人培养好，没有把人的潜能充分开发出来，也就谈不上教育为社会服务，或者说不能充分服务。"

幼儿园教育也要服务于社会，是培养社会和谐发展人才的基础性工作。幼儿园的服务对象主要是家长和幼儿，随着市场竞争的日益激烈，幼儿园全方位的服务质量已经成为影响家长评价幼儿园工作的关键因素。幼儿园应该树立为家长服务的意识，以质量求生存，以服务求发展。

幼儿园应秉承"尊重家长，爱岗敬业，热诚公正，优化服务"的理念，想家长所想，急家长所急，不断推出服务于家长的富有弹性的幼儿园制度。如早送和晚接制度、寒暑假轮休制度、设立家长意见箱等，认真听取家长的意见和建议，考虑家长的困难，让家长参与对保教工作的评价，不断整改幼儿教师的教育行为，提高为家长服务的质量，解除家长的后顾之忧。

（四）积极向家长宣讲家庭教育的内容

不少幼儿家长不知道在家里给孩子进行什么内容的教育，以为幼儿家庭教育就只是教孩子认字、数数。因此，幼儿园应积极向家长宣讲家庭教育的内容。家庭教育的内容主要有如下一些。

（1）非智力因素培养。非智力因素对幼儿的成长非常重要，包括自信心、好奇心、独立性、吃苦精神、良好情绪、良好性格、责任感等优秀的道德品质。

（2）家庭劳动教育。家庭劳动教育就是要让孩子树立热爱劳动的观念和习惯，能够参加力所能及的劳动；培养其自理能力；鼓励孩子积极参加各种公益劳动；让孩子懂得珍惜劳动成果，反对浪费。

（3）家庭美育与体育。在家庭教育中，家长要营造良好健康的文化艺术氛围，布置优雅的居住环境；创造民主、和谐、文明的家庭气氛；创造条件让孩子接近大自然；帮助孩子把外表美、内心美结合起来；鼓励孩子积极参加各种各样的体育活动，帮助其掌握走、跑、跳、攀登、投掷和平衡等运动技能。

（4）智力因素教育。智力因素教育是家庭最为关注的，包括训练感觉器官，培养音乐、舞蹈、绘画和语言表达能力，阅读书籍，帮助孩子建立数和时空的概念，让孩子养成动手的习惯，让孩子更多了解自然、社会，丰富他们的感性与理性认识等。

（五）帮助家长了解幼儿特点，掌握科学育儿方法

幼儿园、幼儿园教师要帮助家长了解不同年龄段幼儿身心发展的特点，教育家长有针对性地、科学地开展家庭教育活动。幼儿园要教会家长家庭教育的科学方法，使家长能够灵活运用家庭教育的方法。一些家长对幼儿的教育十分重视，但总是不得其法。比如过多过早的纪律教育、过于严厉的教育方式，都使幼儿的生活充满了不安全感和恐惧。幼儿生活在忧虑中，心理压力就会过大，甚至产生心理疾病。另一种情形则相反，有的家长对幼儿的教育过于放松，任何事情都迁就孩子，使幼儿在成长过程中不能树立“边界”意识。这些问题都需要通过幼儿园的家庭教育来避免和解决。

四、家长与教师常见矛盾的处理

教师与家长形成合力，让每一个孩子每天在幼儿园都健康活泼、积极向上，这是家长与教师共同的愿望。但是家长和教师是两个不同的群体，由于教育观念、成长预期、办学条件、工作环境等方面不完全一样，所以对于同样的教育现象或者教育行为会出现不同的观点与意见，这是一种常见的现象。当家长认为与自己孩子所在班级的教师没办法达成一致意见时，就会产生矛盾，有的家长会向园长投诉教师。如何处理？幼儿园和教师都要有正确的态度和处理办法。

（一）家长与教师常见矛盾的表现及产生的原因分析

家长常常关心自己的孩子，而教师必须考虑班里所有的孩子，这样就容易出现一些矛盾。有的家长觉得自己与孩子朝夕相处，最了解自己的孩子，在自己孩子的所有问题上，他们最有发言权；同时，出于过分关心自己的孩子，常常会对幼儿教师提出一些过分的要求，而且总是坚持认为自己的要求是合理的。

幼儿教师与家长常见的矛盾现象，以及幼儿教师应持的态度有以下几种：

（1）家长坚持认为自己的孩子有艺术天赋，要求教师在“因势”基础上多加“利导”，多给予孩子课堂表现的机会。尤其“六一”儿童节文艺汇演，一定要让自己的孩子多上节目，要担任小主持人。

教师态度：所有的孩子都具有一定程度的艺术潜力，应该尽量公平地给每一个孩

子机会。

（2）家长抱怨，在自己孩子与别的孩子发生冲突时，教师偏袒另一个孩子。

教师态度：孩子间发生小冲突是常事。家长没必要出于感情的原因，为自己的孩子找理由。教师永远会站在公正的立场上来处理冲突，绝不会偏袒任何一个孩子。在幼儿园里，儿童在集体中应该学会更好地与其他小朋友友好合作。

（3）家长认为，自己的孩子由于与同班的孩子在游戏中不能很好合作，而遭到教师的批评，是压抑了自己孩子的个性。

教师态度：教师对儿童的教育应考虑到所有孩子的快乐与进步，而不是偏向某一个。当幼儿不能合作甚至捣蛋时，老师的批评是必要的。何况批评也是幼儿健康成长所必需的。

（4）有家长甚至要求教师应采用他建议的教育方法。原因是，他觉得他的孩子在家表现很好，在幼儿园里却相对较差，认为是教师的教育方法“有问题”。

教师态度：首先要弄清楚幼儿表现“好”和“差”的原因。鼓励家长提出教育建议，积极向家长介绍幼儿园的教育教学方法以求得到理解。

（5）一位对孩子抱有很高期望的家长背着孩子所在班级的教师，向园里另外的教师寻求育儿指导。

教师态度：对于自己班上孩子的问题，教师应建议家长和自己协商，共同寻求适合孩子的成长方案。

（二）解决家长投诉的有效办法

1. 幼儿园教师的做法

当家长向园长投诉教师时，作为当事一方的教师应该怎么做呢？具体的做法是：（1）教师在思想上要高度重视，要有一个正确的态度：既不能觉得无所谓，也不必诚惶诚恐、担惊受怕。（2）要认识到家长投诉是一种最常见不过的现象，可以说每个教师在成长的道路上都曾经经历过。（3）主动与园长交流自己的所作所为、所思所想，积极提供相关的证据材料。

2. 幼儿园处理家长投诉的方法

当家长投诉的时候，园长要有接待家长投诉的技巧：（1）首先要感谢家长给幼儿园提建议，投诉本身就是对幼儿教师、对幼儿园的关心和信任。（2）详细记录家长反映的问题。（3）向家长阐明幼儿园相应的具体措施。（4）告诉家长等待幼儿园的处理结果。对于家长的投诉，要尽快回复，否则就要事先给家长承诺：幼儿园会在什么时间之内解决，或在调查清楚后在何时给他答复。

3. 幼儿园处理家长投诉的流程

第一步，干部深入班上，调查具体情况，走访老师和一些当事人。

第二步，部门主管分析家长投诉的问题。

第三步，部门主管与班级老师共同协商，找出解决问题的方法，并把研究结果和处理意见报告园长。

第四步，园长把处理的意见和结果及时反馈给家长，并与家长沟通意见。

第五步，把投诉的问题转化成建议，改进今后的工作。

幼儿园是为幼儿、为家长服务的，处理好与家长的关系是幼儿园的重要工作之一，必须把家长投诉放在一个重要位置上来对待。每个幼儿教师要认识到：从法律上讲，家长对幼儿园起着监督作用，他们有权对幼儿园提出投诉。既然允许家长投诉，幼儿园就应该有相应的解决投诉的办法。制定制度、建立程序、规范管理是处理家长投诉的一般要求，教师遇到家长投诉要知道先干什么、后干什么，先找谁、后找谁，这样不会惊慌失措，能冷静地处理和解决问题。同时，正确对待家长的投诉，不管是幼儿园还是教师都要有“有则改之，无则加勉”的态度。

第三节　家庭教育的发展趋势

【引子】

林则徐家训

清朝名臣林则徐是家喻户晓的民族英雄。他的成长与父亲林宾日的家教有很大的关系，无论林则徐到哪里做官，他的房间里总是挂着父亲亲笔题写的对联：

粗茶淡饭好些茶，这个福老夫享了；

齐家治国平天下，此等事儿曹任之。

这副对联，后来成了林家的家训，不仅林则徐的儿孙铭记不忘，而且林家的亲家子弟也视作传家宝，模仿誊写悬挂于中堂之上。

林则徐出身于一个没落的官宦人家，至其父已衰败，家无一尺之地、半亩之田。林父因家境贫寒，中途放弃举业，做了私塾先生，半饥半寒，将就度日。林则徐出生后，林父寄厚望于他，历尽艰辛，发誓要将儿子培养成才。

林则徐刚满四岁，林父就开始实施启蒙教育，每天上私塾课，便带上儿子入塾识字读书。尽管父亲望子成龙心切，但却十分注意施教方法，从不压抑孩子的天性，总是让儿子在快乐的活动中享受读书的乐趣。孩子淘气，林父从不打骂，在授完课后，让孩子放任地玩耍一阵，然后把儿子抱在膝上，一字一句地教他诵读文章和诗词。至七岁时，林则徐已经能熟练地背诵许多文章和诗词，而且知道不少道理。于是林父便开始教他写文章。当时有人劝林父不要这样早教林则徐作文，林父说："此儿性灵，时有发现处，不引之则其机反窒。"由于林父耐心教诲，循循善诱，林则徐的智力得到开发，很快便以童年擅文名于乡里，被人们视为"神童"。

林家生活非常清贫，平时难保温饱，每到除夕之夜才能吃上一顿素炒豆腐。尽管如此，林父即使典当衣物，也要保证儿子学习。一年春夏，青黄不接，林父将家中仅有的一点粮食借给了人家，自家人却饿着肚子，林父母挖回野菜让儿子充饥后仍不放松他的学习。

由于林父很有学问，加上教导有方，在地方上颇有声望。正在林家处于度日如年的困境中时，当地的一个富豪恶霸来到林家，要以高于他人数倍的聘金请林父上他家坐馆教书。林父一来疾恶如仇，二来不愿抛下儿子，让儿子荒疏学业，遂坚决辞却。与此同时，他教育儿子要学习古人的德操，越艰难困苦，越要磨炼意志，越要坚定信念，越要正直做人。

林则徐在父亲的精心教导下，知识学问根基扎实，德行高洁，从小立下以治国平天下为己任的远大志向，并养成百折不挠的坚强意志。20岁那年，他乡试中举。然而命运多舛，初次入京会试落榜，他回乡后仍不改匡时济世的凌云之志，勤学不辍。嘉庆十六年（公元1811年），再试举进士，入翰林。由此开始他的政治生涯。他曾先后在浙江、江苏、陕西、湖北、河南、河东、两江等地任地方官，颇有政绩，以至有"林青天"之誉。他在为官任上始终以国计民生为头等事，"苟利国家生死以，岂因祸福避趋之"是他拯世救民的品德写照。他一生抱定父亲对他"齐家治国平天下此等事儿曹任之"的教训，凭借自己的知识、学问、才能和品德，为国家的兴盛和富强鞠躬尽瘁，死而后已，其风范彪炳千秋。林则徐成为一代伟人，林父的家教之法亦为世人垂范。

点评：事实上，林则徐的智力得到较早开发是林父教育方法适当的结果。诲人不倦，循循善诱，讲授义理时注意以具体可见的事情来举例说明，以直观形象的教学方法点燃孩子的智慧。同时，制造愉快的学习气氛和耐心的教育环境，也是培养孩子学习兴趣的重要办法。据林则徐回忆："每际天寒夜永，破屋三椽，朔风怒号，一灯在壁，长幼以次列坐，诵读于斯，女红于斯，肤粟手皲，恒至漏尽。"父子勤读，母女苦织，清苦家庭的勤劳家风，对林则徐的道德品质培养起了很大的作用。

古人的“家风”教育卓有成效，今人应如何传承呢？

【知识殿堂】

一、家庭教育的发展历程

（一）原始社会是家庭教育的萌芽期

人类从群居杂婚的生活方式过渡到血缘家族，社会教育是最原始的教育形式。随着社会生产力的发展，原始社会逐渐向奴隶社会过渡，私有财产制最终代替了原始社会的公有财产制，一夫一妻制的个体家庭最终代替了父亲大家庭，对子女的教育逐渐成为家庭内家长的私人事务，真正意义上的家庭教育出现了。可以说，私有制的出现催生了家庭教育。

（二）古代社会是家庭教育的形成稳固期

古代社会的家庭教育主要包括奴隶社会和封建社会的家庭教育，在这两种社会形态中，存在的都是以农业和手工业的个体经济为基础的小生产方式；在生产方式上存在着剥削和被剥削的矛盾和斗争；家庭是比较稳固和封闭的经济单元、生产单元和生活单元，是社会的主要组织形式。这两个社会的家庭教育虽然在具体目标、内容和方法等方面有所不同，却有许多共同点。以我国为例，具体特征如下：

1. 古代社会教育体系中家庭教育占有极为重要的地位

随着社会的发展，在奴隶社会产生了专门的教育机构——学校，并形成了初步的教育体系。但学校教育并不发达，只有少数贵族子弟才能入学。奴隶主子女在家庭中接受教育仍是主要的教育形式。平民和手工业者的子女没有到学校受教育的权利和机会，接受的完全是家庭教育。奴隶没有家庭，没有任何人身自由，其子女不可能有正常家庭教育，只能做奴隶。

到了封建社会，学校教育有了很大发展，但家庭教育仍是地主阶级子女接受教育的主要形式，很多书香门第，其子弟的教育都是在家庭中完成的。如中国历史上孔子家族的经学；司马迁、班固家族的史学；王羲之、苏洵家族的文学艺术等，都是通过家庭教育代代相传的。一些启蒙教育机构如私塾、书馆基本都是在家族内举办的，可以称之为扩大了的家庭教育。所以，地主阶级十分重视家庭教育，家庭教育在整个教育体系中占有极为重要的地位。但对劳动人民来讲，他们没有上学的机会，一生只能接受家庭教育。

特别强调一点，在古代社会还没有出现学前社会教育机构，学龄期儿童的教育全部是在家庭中进行的，家庭教育是学前儿童接受教育的唯一方式。

2. 古代社会的家庭教育具有鲜明的阶级性

在古代社会，家庭教育成为奴隶主阶级和地主阶级进行统治的重要工具。在奴隶社会，奴隶主阶级的家庭教育是相当受重视的。在西周时期，就已经有了按年龄、按性别安排的教育计划，家庭教育的目的就是让子女学会奴隶社会的生活方式和社会秩序，区别贵贱尊卑等。奴隶主也对家庭中的奴隶进行教育，是为了使奴隶成为熟练的劳动者和勇士，以维护奴隶主本身的利益，为奴隶主阶级服务。

在封建社会，尽管社会教育得到了一定程度的发展，但封建统治阶级为了维护和巩固自己的统治地位，尤为重视家庭教育。中国封建社会实行的是“家天下”的统治，“国”与“家”相通，君权和父权相互为用。所以，在《大学》中就提出了“修身齐家治国平天下”的格言，把“修身”“齐家”作为“治国”“平天下”的前提，而家庭教育则是“齐家”的重要内容。这样，家庭教育便成为巩固封建强权政治的工具，通过灌输“伦理纲常”“男尊女卑”等思想，培养地主阶级需要的忠臣顺民。在封建社会，家庭不仅是经济生活的共同体，在政治上也是福祸相依，荣辱与共，一个人的命运决定全家甚至全族的命运。所以，在这种情况下，家庭教育又承担起了传宗接代、光耀门楣的重任。

3. 古代社会家庭教育的重要职能是传递生产经验为生产服务

古代社会，学校教育是统治阶级的特权，只为培养统治阶级的接班人服务，主要传授“治人之术”，统治阶级极端鄙视体力劳动和体力劳动者，因此，轻视生产知识的传授，为生产服务的职能十分薄弱。传递生产经验、为生产服务的职能主要通过家庭教育来实现。统治阶级出于管理生产的需要，通过家庭教育，向下一代传递一些与生产有关的知识。平民和农民及其他手工业者，他们的子女各自在家庭中由家长传授一些必不可少的生产、生活知识和技能。长大之后，“子承父业”“弟承兄业”，通过家传的方式传递着稼穑百工之艺。古代社会的能工巧匠都是通过家庭教育培养出来的。

4. 古代社会家庭教育的方式是专制保守的

在古代社会，子女被看作家长的私有财产和隶属物，家长对他们具有生杀大权，可以任意处置他们。因此，古代社会的家庭教育实际上是家长专制的教育，家长具有绝对的权威，子女必须绝对服从。为了使孩子听话，体罚成为主要的教育手段。由于子女是家庭的私有财产，家庭教育以家庭利益为宗旨，要求子女守在家长身边，安守祖业，许多家传的职业、技术、学问等，往往是祖传密授，不传外人，甚至“传子不传女”。

（三）现代社会是家庭教育的发展深化期

现代社会是指现代资本主义社会和现代社会主义社会，二者是两种不同性质的社会制度，所以其家庭教育也有鲜明的阶级差别。但是，由于二者都建立在社会化大生产和较发达的商品经济基础之上，家庭不再是社会基本的生产组织，因此，其家庭教育有以下共同特征。

1. 家庭教育的部分功能移向社会，家庭教育地位凸显

随着科学技术和社会化商品经济的发展，依靠家庭教育世代相传的劳动技能已不能满足社会生产力发展的客观需求，因而学校教育迅速普及发展，家庭的生产职能向社会转移，国家以社会教育的方式教育全体成员，通过学校教育机构培养社会需要的各类具有专门知识和劳动技能的生产者。家庭教育中传授生产知识和技能方面大大减少。

工业革命后，专门的学前教育机构如雨后春笋般涌现，原来家庭照顾、教育学前幼儿的部分责任，转移到社会的各类学前教育机构。但是，子女在独立生活之前，大部分时间是在家庭中度过的，子女仍需要家庭教育，家庭对幼儿的社会化有不可替代的作用。现代社会对人才素质的要求越来越高，这种素质不仅包括某些文化知识、劳动技能，还包括良好的道德修养、身心素质及处事能力等多方面。而家庭教育在这些方面潜移默化、终身性的引导和影响，是学校教育和社会教育所不具备的。

2. 家庭教育与社会密切联系

在现代社会，家庭教育的私人性质大大削弱，社会和国家对家庭教育的干预不断加强，许多国家都颁布了关于保护儿童的法律法规，立法的范围包括对父母养育、教育子女的责任，家长对子女的教育不能任意为之，必须接受法律的约束和社会的监督。各国普遍建立家庭与教育机构合作机制，一方面，由教育机构向家庭普及教育科学知识，随时指导家长改进教育方法；另一方面，吸引家长自觉主动参与学校的各种活动，取得家庭的积极配合。古代社会那种家庭教育与学校教育相分离、各自为政的封闭体系被打破，逐步建立起家庭、学校、社会教育分工合作的开放的教育体系。

3. 家庭教育的内容和手段逐步科学化、规范化

以计算机和网络的广泛普及应用为特征，科学技术以前所未有的速度迅猛发展并向社会各领域渗透，其带来的优势和不足深刻地影响着家庭生活和家庭教育。由于教

育科学和心理科学的发展与普及，家长的教育理念日趋科学，教育方法日趋理智，家庭教育逐渐走出经验状态，接受科学的指导，使家庭教育开始建立在科学基础之上，初步实现了家庭教育的科学化、规范化。

4. 家庭教育趋向民主化，儿童在家庭教育中的主体地位逐渐确立

在现代社会，人们的民主观念增强了，家庭中的教育者和受教育者建立在民主平等的关系基础之上，父母作为主要的教育者，在培养教育子女的同时，承认年轻一代是独立的个体，不是父辈的附庸，其接受教育的过程是一个积极的、能动的发展过程，并在一定程度上对父辈产生影响，逐渐确立了儿童在家庭教育中的主体地位。许多国家通过法律明文禁止父母体罚子女，取消了父母责打孩子的权利。尤其是近几十年，保护儿童的权益受到世界各国的普遍关注。1959 年，联合国大会通过了《儿童权利宣言》，认为儿童和成人一样，应该得到人的尊严和尊重，享有生存、学习和生活的权利。紧随其后，许多关于儿童权利的国际法纷纷出台。今天，父母与子女的关系越来越趋于平等化，家庭教育越来越趋向于民主。

从历史发展中我们看到，家庭教育与家庭的产生、发展密切联系，并随着社会政治、经济、文化、科学技术的发展而发展。

二、我国家庭教育的发展概况

我国素有重视家庭教育的优良传统，家庭教育源远流长。我们的前人不仅重视子女的家庭教育，还特别重视总结、积累经验，给后人留下了丰富的家庭教育文化遗产，如以《周易》之作在殷周为据，则中国有文字记载的家庭教育已有三千多年历史。

我国从魏晋南北朝开始，出现了一系列“家训”“家诫”“家教”“家范”等专门论述家庭教育的著作或专供家庭教育用的读本。北齐颜之推写的《颜氏家训》是我国现存最古老的家训。他提出家庭教育必须遵循威严而有慈、戒溺爱、重早教、重熏陶影响、爱子当均等原则。在教育内容上，总的要求是“德艺同厚”，即对子女进行“增益德行”和“修以学艺”的教育。《颜氏家训》既是我国古代家庭教育理论的奠基之作，也是世界上第一部家庭教育专著。此后，唐代无名氏的《太公家教》、南宋司马光的《家范》、宋代袁采《袁氏世范》、明代姚牧顺《药言》、明代庞尚鹏的《庞氏家训》、明代吴麟征的《家诫要言》、明代温以介《温氏母训》、明代高攀龙《高子遗书》、清初朱伯庐的《治家格言》、清代孙奇逢的《教子家训》、清代李毓秀的《弟子规》、清代蒋伊所作《蒋氏家训》以及《曾国藩家书》等。据《中国丛书综录》所列数目记载，此类著作、读本共有 117 部之多。其中，司马光的《家范》，以儒家经典理论“齐家”之道理

为主线，广集历史人物故事来阐述各项道德准则和治家方法。宋以后的家教著作往往采用此体例。朱伯庐的《治家格言》世称《朱子家训》，仅 506 字，在清代几乎成为家庭教育的专科书。

纵观这些家庭教育的范本，从对子弟的人品、志向培养到人际交往的朋友情谊，从日常生活消费习惯的养成到生活情趣的熏陶，从行为处事、工作态度到对职业的选择，从幸福观的培养到如何拥有一个健康的体魄，无不饱含父辈对子孙后代生活各个方面的谆谆教诲和告诫。又如《曾国藩家书》通过家书来传递中国文化中的家训思想和为人处世之道，使之成为一种传统。中国古代，尤其在明清两朝，大量有关家庭教育的格言、家训为后人提供了丰富的家庭教育遗产，这是世界上其他任何一个国家都不能比拟的。

如果说家庭教育在中国古代处于各种理论的探索阶段，那么家庭教育作为一门学科真正从教育学分化出来，形成自身的理论体系，与近代大批有关家庭教育论著的出现是分不开的。

我国现代著名教育家陈鹤琴在广泛深入研究儿童心理的基础上，对自己的儿子和别人的子女所受的家庭教育进行系统的观察、试验，写成了《家庭教育——怎样教小孩》一书，其内容包括儿童的心理、学习的性质及原则，并提出了 101 条家庭教育的教导原则，陶行知先生在读过此书后深深感慨“愿与天下父母共读之”。

从社会学角度出发，彭立荣所著的《家庭教育学》出版于 1993 年，书中体现了时代对家庭教育理论的迫切需要，提出符合当时国情需求的一些理论和具体的操作方法，具有当代教育科学新理论的学科特点。

由吴奇程、袁元编著的《家庭教育学》作为师范大学的教材，较为深入系统地探讨了家庭教育的一些主要理论，进一步构建了家庭教育的概念体系和理论框架，学术性方面有了较大的提升。

在《大教育视野中的家庭教育》一书中，杨宝忠教授在大教育观的引导下，用系统的观点考察家庭教育，丰富和发展家庭教育的理论，更是对终身教育思想的传承和发扬。

此后，诸多学前教育专业的建设为幼儿教育的发展提供了足够的资源，扩大了学前教育的规模，提升了学前教育的质量。但不可否认的是，随着社会的发展和改革开放的不断深入，家庭教育的地位越来越重要，家庭教育的作用越来越大，家庭教育的功能越来越得到充分发挥。与此同时，家庭教育也暴露出越来越多、越来越尖锐的问题。为了适应新的历史时期家庭教育的需要，满足家长的愿望，广大的理论工作者和家庭教育指导者纷纷就社会上反映强烈的家庭教育热点问题，广泛地开展深入调查和理论探索。诸如大众传媒对家庭教育的影响问题、网瘾的预防和治疗问题、留守儿童教育问题、父母离异对子女的影响问题、单亲家庭和再建家庭子女教育问题、隔代教育问题、贫困家庭儿童教育问题、休闲教育问题、未成年人家庭保护问题、家庭暴力问题、亲子关系疏离问题、生命教育问题及家庭教育指导模式等，尚需要广大教育者和家长继续努力开展纵向与横向关联问题的研究。

总之，家庭教育作为一门古老而又崭新的学问，脱胎于教育学；家庭教育作为“社会细胞”——家庭的基本职能，又受到了家庭和家庭之外众多社会因素的影响，因此，对家庭教育的研究需要借鉴各相关学科的理论基础和实践经验。教育学、社会学、伦理学、心理学、人类学、生态学都与家庭教育的研究密不可分，对家庭教育进行多学科综合研究是现代教育科学发展的必然趋势。

【复习思考】

一、名词解释

1. 家庭

2 教育

3. 家庭教育

二、简述题

1. 幼儿园家长工作的主要内容是什么?

2. 家长与教师常见矛盾的表现有哪些？教师的态度怎样?

3. 现代社会家庭教育的共同特征是什么?

三、实训题

1. 搜集《幼儿园家长委员会章程》3 份并认真研读比较，写下其共同点和不同点。

2. 拟订一份幼儿园中班的家园合作培养目标。

【拓展阅读】

袁隆平的家庭教育

袁隆平（1930—），农学家、杂交水稻育种专家。江西德安人。1953 年于西南农学院农学系毕业。历任研究员、湖南杂交水稻研究中心主任、湖南农科院名誉院长、国家杂交水稻工程技术研究中心主任，1995 年当选为中国工程院院士。袁隆平长期从事杂交水稻育种理论研究和制种技术实践。1964 年首先提出培育“不育系、保持系、恢复系”三系法利用水稻杂种优势的设想并进行科学实验。1986 年提出杂交水稻育种分为“三系法品种间杂种优势利用、两系法亚种间杂种优势利用到一系法远缘杂种优势利用”的战略设想，被同行们誉为“杂交水稻之父”。

袁隆平祖籍江西德安，那是钟灵毓秀的庐山脚下一个山清水秀的小县城。德安西部青竹板地势西北高东南低，丘陵起伏，气候温暖湿润，适宜种植水稻。他的先祖世代在此躬耕垄田，繁衍生息。19世纪后期弃农经商，因经营有方，家道日盛。他的祖父袁盛鉴，历任德中县高等学校校长、农会会长、广东琼崖行政长官秘书长等职；父亲袁兴烈曾任高等小学校长、督学，后就读南京东南大学中文系，毕业后任北平铁路局高级职员。

袁隆平1930年9月1日出生，兄弟五人，他排行第二，属马，被称为"调皮的小马驹"。少年时他经常闯祸遭罚，做事又显得笨手笨脚。父母想训练和调动他的积极性，要他帮忙拿碗，碗却摔破了；要他拿杯，杯掉到地上。但是父母不因为他摔坏了东西便停止差使他，相反更频繁地让他参与。他好奇心特强，有什么问题必追根究底，父母往往不厌其烦地解答。母亲贤惠善良，酷爱花卉。母亲侍弄花卉的时候，小马驹在一旁手忙脚乱地"帮忙"。他爱动脑子，感兴趣的必亲自体验。比如第一次看到荞麦粉，他想弄点尝尝，结果弄得整个成了白粉人；看到木匠钉钉子时嘴衔铁钉，他也拿一个衔在嘴里，一个跟斗，铁钉掉进肚子，送到医院才取出来。袁隆平7岁时随父母逃难乘船渡浣江时，被四弟不小心碰了一下掉入江水，幸被船工救起，于是他下决心一定要学会游泳。到重庆后，去长江边照图例一步步练习分解动作。一个暑假下来，仰泳蛙泳来往自如。后又学自由泳。10岁时能横渡长江。他还参加比赛，出人意外地游出了"汉口赛区一百米、四百米自由泳第一名"的成绩。他从小就是这样，一旦认定目标，就百折不回的不达目的誓不罢休。

读中学期间他好学勤思，成绩优异，志趣高远，爱好广泛，课余博览群书，思维比一般同学敏捷活跃。他喜欢从不同角度思考问题，喜欢提问，琢磨为什么。这种寻根究底的执着在以后的科研中起了至关重要的作用。

多年后，同行们引用学术用语与他开玩笑："袁教授，你有那么多常人没有的优点，是不是远缘杂交造成的?"袁隆平回答："差不多吧，母亲江苏人氏，父亲江西人，个性不同，父亲小聪明多，母亲聪慧善良。"这虽然是说笑戏言，但事实上他确实从父母身上得到了丰厚的给养。

父亲袁兴烈是一位正直爱国的知识分子。当年平汉铁路被日寇占领，他毅然投笔从戎，参加了冯玉祥将军领导的西北军，在抗日烽火中成了上校秘书，抗战胜利后在南京政府中任侨务科长。这给了袁隆平深刻的印象，他有了立志报效祖国的宏愿。他高中毕业时，父亲希望他考南京名牌大学，学数理化。他却另有打算。他那根深蒂固的忧国爱民振兴中华的情怀，那种探索自然奥秘的献身热望使他决定学农。开明民主的父母见劝说无效，便尊重他的意愿，长叹一声道："俗话说望子成'龙'，我是望子成'农'了。好在我们袁家先祖世代务农，但愿你这个农民与祖先不同，能超越祖辈，成为新型农民。”他重温少年的梦，考入重庆相辉农学院（1950年改成西南农学院），主修遗传育种学，奠定了他成为“杂交水稻之父”的人生轨迹。

他非常努力地学习遗传学，为日后的科研打下了坚实的基础。他毕业后被分到安江农技学校当教师。教课以外，他不忘自己的理想，在学校里开始试验，先搞无性杂交。他认定以染色体基因遗传学说指导选育良种，从分子角度找问题，搞清作物遗传内因，是今后发展的方向。就这样，他的科研选题，从大处着想，与国家的兴旺与人民生活密切相关。学校试验田频繁出现他的身影，六年无功，他却没有被一次次失败压倒。“平生清苦何所有，水稻为伴书作友。”1966 年，《水稻的雄性不孕性》发表在《科学通报》上。1972 年，杂交水稻被国家列为全国重点科研项目，全国协作攻关，他选择了海南岛为育种基地。他在海南期间父亲病危，父亲理解、支持儿子，不让家人通知他。结果等袁隆平回来，父亲已经病逝几个月了。

袁隆平坚信“天下之大事必做于细，天下之难事必做于易”。他以超乎寻常的智慧、坚忍不拔的毅力、严谨的科学态度、扎实的工作作风和乐观向上的情操，“十年磨一剑”，研究终于初见成效。1973年水稻亩产从300公斤提高到500公斤。他没有停止脚步，大胆提出一个新的杂交水稻发展的战略设想。一步一个脚印地前进，被广大农民亲切地称为“中国神农”。

点评：父母的耐心，孕育了袁隆平的雄心壮志；父母的民主成就了袁隆平学农、教农、研农的理想；父母的支持造就了袁隆平“中国神农”，世界“杂交水稻之父”的荣耀。一个伟大人物的诞生，有识之士的家庭教育功不可没，功在千秋。

【参考文献】

[1] 吴邵萍. 幼儿园管理与实践[M]. 南京：江苏教育出版社，2012.

[2] 张慧敏. 幼儿园组织与管理[M]. 北京：人民邮电出版社，2014.

[3] 蔡连玉. 幼儿园经营与管理[M]. 上海：华东师范大学出版社，2013.

[4] 孙立双. 学前儿童家庭与社区教育[M]. 北京：北京出版社，2014.

[5] 杨旭，龙耀明. 幼儿园教师入职指南[M]. 长沙：湖南大学出版社，2016.

[6] 刘萍. 学前教育管理[M]. 北京：北京出版社，2014.

第二章　幼儿园家园共育的主要形式

【学习目标】

1. 了解家园共育主要形式的内容及意义。
2. 掌握家园共育主要形式的实践操作流程和操作的注意事项。
3. 形成重视家园合作的意识。

第一节　家园联系手册

【引子】

访谈记录：家园联系手册——孩子的成长记录卡

我的孩子都已经上中学了，但我仍然保存着孩子在上幼儿园小班时候的一份“家园联系手册”。手册里有老师记录了孩子一次上课的情况。我觉得那就是一个美妙的故事。

那天，老师教孩子们唱歌。孩子们学会歌曲之后，老师就让四个小组的孩子轮流表演唱。我家孩子特别喜欢唱这首歌。她在第一小组唱完，赶紧跑到第二小组里跟着他们一起唱，然后她又再跑到第三小组、第四小组，跟着每个小组一起把这首歌唱了一遍又一遍。老师觉得这个事情很有意思，就写在了家园联系手册里，告诉我孩子喜欢唱歌。

我一看老师的记录，很担心孩子会不会影响教学秩序，会不会变得无组织无纪律……我拨通了老师的电话，和老师就这个问题做了沟通。老师充分肯定了孩子的歌唱才能，并表示课堂是孩子们的，她会尊重孩子的兴趣，也会根据孩子们的表现来调控课堂。老师还说，规则的意识和习惯的培养，不能以扼杀孩子的天性为代价。孩子在唱歌这样的活动中的“违规”，不是原则性的问题，而是爱好歌唱的天性的流露，让我不要担心。

感谢老师对孩子的尊重和引导。有这样关爱孩子的老师，我真的不担心。

点评：从这一份访谈记录中，我们可以感受到家园联系手册给幼儿园和家庭双方带来的好处。一份家园联系手册不但记录了孩子的成长，促进了家园双方的沟通，也留给了孩子和家长们一份宝贵的回忆。所以，学会使用家园联系手册将会给幼儿园的家长工作带来便利。

【知识殿堂】

一、家园联系手册的含义

家园联系手册是幼儿园中使用得最普遍的一种家园联系方式，是一种重要的家庭教育指导形式。家园联系手册是教师采用书面通信方式与家长保持联系，相互交流在家、在园的表现，交换对孩子的评价，征求家长的意见、建议，共同商讨教育幼儿的形式。

二、家园联系手册的功能

（一）便于家园双方充分交换信息

相较于幼儿园早来园和晚离园时间的交流，家园联系手册中的信息交流更加充分。因为在入园和离园的时间，教师比较忙碌，家长也比较多，教师无法做到与每位家长进行长时间的交谈。但在家园手册中，教师就可以对幼儿的某些问题描述得比较详细，家长在回复时也能传达得比较清晰。特别是对于一些忙于工作、很少有机会亲自接送幼儿的家长，家园联系手册就显得尤为重要。它可以帮助这些无法与教师进行深入交谈和沟通的家长们，更好地了解幼儿。

（二）便于家庭双方深度交换信息

家园联系手册是一种书面的沟通形式。作为一种书面沟通的形式，在手册中所使用的语言是可以经过深思熟虑的。所以教师和家长在手册中的表述应该更有针对性和实用价值。教师将会结合自身的工作经验，就孩子的问题与家长沟通，让家长了解幼儿的在园情况；同时，还可以为家长提供一些额外的育儿经验和育儿方法，帮助家长树立正确的育儿观念。

（三）便于家庭双方“个性化”地交换信息

这里提到的“个性化”不单是指对幼儿教育的个性化，也是指与家长沟通的个性化。人手一本的家园联系手册，使得老师能够与每一位不同性格的家长进行交流，不会因为某些家长的不善言辞、不主动交流而忽视了与其沟通。也因为是人手一本，所以每本手册针对的都是不同的幼儿，这样更体现出教育的针对性。又因为家庭联系手册的双向性，老师在与家长的互通互信中，可以形成具有个性化的教育方案。

（四）便于家庭双方更为融洽地交换信息

书面联系的形式虽然耗时，但人们在进行书面语言的写作时会更加严谨和细致。这种经过字斟句酌后形成的语言，更真诚与准确。家长与教师的关系就在亲切的言语中更拉近了。同时，一对一的形式让家长感受到教师对自己孩子的关注与重视，会让家长更加信任教师，从而更好地推进家园共育。

三、家园联系手册的应用

（一）家园联系手册的内容

家园联系手册的主体内容包括幼儿在家园两个教育环境中的活动记录和发展评价。主要包括幼儿进餐（点心）的情况、睡眠、交往、活动、情绪表现等，这些内容大多是带有三级或者五级格式的评价。

家园联系手册也有需要家长和教师进行文字描述的填写内容，如“家长说说”“教师说说”。教师根据孩子的情况做好各个项目的登记工作。

家园联系手册还可以根据不同年龄阶段幼儿的活动特点和各个领域的发展目标来列出记录项目，然后教师和家长根据幼儿的表现，进行相关内容的评定。

（二）家园联系手册要突出重点内容

家园联系手册不要写成流水账，也不要使其成为一种“例行公事”。教师可以根据幼儿的具体情况，记录一些重要内容。比如，记录不同幼儿存在的不同行为问题：有的幼儿午休的时候总是睡眠困难，有的幼儿饮食习惯不好，有的幼儿情绪不稳定爱哭闹。教师对这些孩子的问题行为要重点观察，做重点记录。但教师也不要将手册变成“告状册”，手册里的记录应该“有喜也有忧”。同时注意，在记录幼儿的一些需要改变的行为时，教师应该在充分肯定幼儿优点的基础上再提建议，以便于家长接受。

手册里不仅要做好幼儿表现记录，还要记录教师的教育对策，并写出对家庭教育的建议等。教师要重点记录这些幼儿存在问题的变化情况。

幼儿的行为变化也是重点记录的内容，没有太大变化的表现则可以不一一记录。例如，某幼儿平时本来每天吃饭都表现很好，但突然连续几天幼儿都需要老师的监督才能把饭吃完。对幼儿的这种变化，教师就要记录，并写下自己的教育引导措施。同时，教师要及时和家长联系，了解幼儿出现该问题的原因，共商解决问题的策略。

（三）幼儿园教师需要指导家长填写好家园联系手册

比如，要求家长真实记录幼儿在家的活动相关，如礼貌情况、用餐情况、睡眠情况等。不要因为担心“家丑外扬”而刻意隐瞒孩子的问题，也不要过于担心孩子的问题而过度渲染。

家长要对教师在家园联系手册卡中记录的现象、提出的问题和建议做出反馈。家长也可以在家园手册中提出自己的教育困惑和需求。这样，家园联系手册才能发挥最大的作用。

（四）填写家园联系手册要规范

家园联系手册的填写规范主要包括书写规范、字迹工整，能真实、全面而且准确反映孩子个性发展特征，描述的问题要客观，对幼儿的评价要以鼓励性语言为主。家园双方填写意见和建议的时候，都要采取友好、平等、协商的态度来进行。

（五）家园联系手册的记录和交流都要及时

家园联系手册的内容较多，所以教师要做到每天及时记录，保证周末时能够把手册交到家长手中。同时，要叮嘱家长，周末时候填写好相关回馈信息，在周一时按时交还给老师。

如有特殊需要，家园之间平时也可以通过家园联系手册交流，而不必等到周末。

（六）家园联系手册的展示

有些家长对家园联系手册的填写特别用心，他们会详细记下孩子在家的表现，会把自己在家庭教育中遇到的问题记录下来向老师求教，或开诚布公地谈论对育儿问题的看法。教师可以将这样的家庭联系手册展示出来，供其他的家长参观和学习。同时，对于一些教师记录和回答家长问题有特色的手册可以在教师大会等情况下将对应内容念出来，供教师互相学习。

另外，教师在幼儿毕业时，可以将其三年所有的家园联系手册汇集成册，做成幼儿的成长档案，给家长留作纪念。这对幼儿和家长来说是一份最宝贵的礼物。

四、家园联系手册应用中存在的问题

（一）内容填写量大，更新频率高

常见的家园联系手册对幼儿情况的记录是定量评价和定性评价相结合的。在定量评价中，教师和家长只需根据观察到的幼儿发展情况，在相应的表格内做上记号就可以了。但因为定量评价缺乏具体性，比较笼统和抽象，所以还需要定性评价进行补充。在定性评价中，需要教师和幼儿以文字的形式描述幼儿的表现。但因为家园联系手册一般一周交换一次，所以填写的量大，频率也较高，特别是对于教师来说。这在一定程度上容易造成家长和教师填在写时的形式化。特别容易让教师感觉到麻烦，进而无法完成高质量的沟通。

（二）有效信息不易读取

在阅读家园联系手册时，家长常抱怨手册内容过于简单，他们无法从中获取足够的信息；而老师又时常觉得，家长并没有认真对待教师提出的问题并与之协商解决，自己的辛苦付出没有得到重视和回报。久而久之，家长会越来越不重视家园联系手册，教师也会渐渐对这一项工作不上心，如此一来，家园联系手册就失去了存在的意义。

我们可以发现，双方对家园联系手册不满的焦点在于从家园联系手册中获取的有效信息偏少。造成这一现象的原因主要有两个：一是双方都看轻了家园联系手册的价值，没有认真填写家园联系手册，使得手册当中能够让对方获得的有效信息偏少；二是不少家园联系手册的设计不够合理，家长和老师即使都填写完整，但也无法让对方获得足够的有效信息。

五、特色家园联系手册的设计

其实，家园联系手册设计的好坏直接关系到手册的使用效果。那么，什么样的设计才能提高双方信息的获取度呢?

家园联系手册可以设置得更加细致一些，让家园双方对需要记录、有记录意义的内容心中有数。

幼儿园教师可以根据本园的具体情况，制作活动卡片，添加本园的特色内容。比如，可以设计“爱的叮嘱”或者“宝贝加油”栏，与需要特殊关注的孩子家长交流，可以设计“慧眼识珠”栏，专门记录孩子的特殊表现。

每个幼儿园可以根据各自的情况，设计出更具个性、更方便使用的家园联系手册。幼儿园还可以通过自己的家园联系手册设计,传达幼儿园的教育理念和宣传园本文化，使家园交流更具深刻性和完整性。

第二节　家　访

【引子】

家访纪实

李老师班上的一个孩子在上厕所时不小心摔倒了，头上磕破了点儿皮，当班教师立即送孩子到医务室进行了伤口处理。而当时，李老师正在外面开会。开完会，她了解清楚情况后立马去做了家访，夜里 11 点才回到家。

李老师的好朋友说，家访不但很辛苦，占用你自己很多的业余时间，你还把别人带班时出事的责任揽下来了，你是怎么想的？是不是因为听说家长来接孩子的时候情绪很激动？李老师解释道，这孩子家里是三代单传，爷爷对孙子照料得很细致，看到孩子受伤，情绪激动，是可以理解的。我主要考虑的还是顺顺当当地把班级工作做好。现在家访工作开展得并不多，但必要的时候进行家访有利于增强家园沟通的效果，可以化解很多矛盾。

点评：从以上案例我们可以看出，家访是建立幼儿园与家庭良好关系的催化剂。那么，做好家访工作，教师需要了解哪些方面的内容呢?

【知识殿堂】

一、家访的含义

家庭访问简称家访，是幼儿园通过面对面的形式与每个幼儿家庭进行个别交流的一种重要形式，是与幼儿家长深入交流幼儿生活状况、沟通教育观念、共商教育策略的方式。

二、家访的功能

（一）对教师的作用

家访有助于教师真实、全面地了解幼儿在家的表现，感知幼儿家庭的互动方式，了解家长的教养态度、方法以及幼儿家庭和周围环境对幼儿身心发展的影响。同时，通过家访，家长更容易接受教师的建议，与教师达成共识，教师的家庭教育指导更易实现。

（二）对家长的作用

教师亲自上门的行为、恳切的言语，让家长感觉到教师对幼儿教育的高度责任感，从而增强家长自身对孩子教育的关注度，更加积极地配合教师进行教育。再者，在家访中，家长更容易就孩子的问题和自己的观点进行清晰的表达，加上教师具有针对性的分析，双方的交流会更加顺畅。家长将会对自己的教育方式、行为进行更深入的优劣势反思，对解决问题的方法有更开阔的视野。

（三）对幼儿的作用

每一个幼儿都希望从他人身上获得更多的关注。教师家访的行为代表了教师对幼儿的关心和重视，拉近了师生彼此间的距离。加上家访后家长对幼儿教育问题的重视，幼儿更能感受到来自双方的爱，这能帮助孩子增加克服困难的勇气和信心，提升幼儿在教育中的配合度。

三、家访的类型

根据家访的目的和内容，我们将家访分为两类：一类称为常规式家访，另一类称为焦点问题式家访。

（一）常规式家访

常规式家访的主要访问对象是即将入园的新生或要插班的新生及其家庭。家访的时间一般比较固定，通常是在新学期开学前。目前大多数幼儿园进行的家访工作一般都是针对新生进行的常规式家访，也称为“新生家访”。

（二）焦点问题式家访

焦点问题式家访面对的主要对象是已经进入幼儿园学习的老生及其家庭。家访的时间一般不固定，是根据幼儿或家园共育中的某些特殊问题进行的个别家访。例如，孩子发生意外事故后；幼儿家庭发生重大变故需要给予安慰和协助时；幼儿在一段时间内突然表现出行为异常和问题，如持续一段时间不愿吃饭睡觉，或长期缺勤等，需要了解原因时等。

【知识小贴士】

幼儿园的“五必访”制度：

1. 新学期开学必须普遍家访。
2. 幼儿取得明显进步后必须家访。
3. 幼儿或家庭发生突发事件后必须家访。
4. 对个别特殊儿童必须连续家访。
5. 家长对幼儿园工作有意见和建议时必须家访。

四、家访的实施及注意事项

（一）幼儿园常规家访

幼儿园常规家访也称为“新生家访”。有效的新生家访，能够帮助教师制定具有针对性的教育策略，拉近教师和家长之间的距离，建立彼此之间的信任感。如此，可以促进家园互动的有效性。教师在新生家访中，应说明家园合作的目的和作用，提出保持家园合作一致性的要求，以减缓教育的阻力。

那么新生家访到底该如何实施呢？

1. 新生家访的准备工作

（1）了解幼儿信息。

根据《新生入园登记表》（见表 2.1）了解幼儿和家长的有关信息：孩子的身体情况、生活行为习惯、兴趣爱好、个性特点等。对特殊信息，如单亲、有生理缺陷、特异体质等情况要特别关注，对家长辅助说明的有关事项要一并了解清楚。

一般来说，《新生入园登记表》由家长自行填写，并于开学前交给班级老师。

【案例分享】

表 2.1　普罗旺斯幼儿园幼儿入园基本情况记录表

<table>
<tr><td>孩子姓名</td><td></td><td>性别</td><td></td><td>出生年月</td><td></td></tr>
<tr><td>家庭住址</td><td colspan="3"></td><td>紧急联系电话</td><td></td></tr>
<tr><td>家庭成员</td><td colspan="3"></td><td>主要接送人</td><td></td></tr>
<tr><td>健康状况及饮食习惯</td><td colspan="5">1. 是否经常患病：________
2. 适应季节、环境的能力如何：________
3. 心理健康方面：是否经常保持情绪愉快__________；是否任性________
4. 是否自己吃饭：________
5. 是否偏食________
6. 有无过敏史________
7. 有无抽风史________</td></tr>
<tr><td rowspan="5">基本生活能力（习惯）</td><td>饮水</td><td colspan="4">是否有饮白开水的习惯（　）是否会用杯子喝水（　）</td></tr>
<tr><td>睡眠</td><td colspan="4">是否独睡（　）　是否陪睡（　）　是否尿床（　）</td></tr>
<tr><td>穿脱衣服</td><td colspan="4">是否自己穿（　）脱（　）衣服　是否由成人帮忙穿（　）</td></tr>
<tr><td>玩用具整理</td><td colspan="4">是否自己收拾玩具________
有无幼儿自己支配的空间________</td></tr>
<tr><td>如厕</td><td colspan="4">幼儿能否自己如厕大、小便（　）　是否由成人把屎、尿（　）</td></tr>
<tr><td>活动兴趣</td><td colspan="5">最喜欢的活动：________
最喜欢的玩具：________
对什么事情最感兴趣：________</td></tr>
<tr><td>交往</td><td colspan="5">喜欢与成人交往吗？
有同龄小伙伴吗？
家长每天是否有时间与孩子玩或交流
（时间：______　具体内容：____________________）</td></tr>
<tr><td>孩子需要特别关照的地方</td><td colspan="5"></td></tr>
</table>

注：请家长认真填写，此表有助于我们对孩子身体发展情况进行全面了解，便于个别照顾。“( )”里请填“是”或“否”。

年　月　日

（资料来源：广西贵港市普罗旺斯幼儿园）

（2）提前预约。

至少提前一天和家长确定家访的时间，落实家访的地点，并简单告知家长家访的目的。还可以让家长将此事提前告诉幼儿，让幼儿有心理准备，缓解幼儿的紧张感。本着“家庭和幼儿园是合作伙伴”的观点，尊重家长的决定，约定一个双方都能接受的时间和地点见面即可，不必强求在幼儿家中见面。

（3）物质准备。

教师在家访前要做的物质准备有：确认携带完好的入园指导手册（家长手册）、开学所需的物品清单、接送卡、家访记录本、幼儿基本情况调查表等材料，教师也可提前准备一些送给幼儿的小礼物。

（4）恰当的仪容仪表。

教师家访时的着装应大方得体，整洁自然，不用特意求新求异。但可适当化些淡妆，显得精神饱满。整体要给家长平易近人、亲和力强的印象。

（5）设计合理的家访路线。

教师要进行的家访对象比较多，为了能够高效完成并且保证充足的谈话时间，必须确定切实可行的家访路线。但一般来说家访的时间不宜超过 40 分钟，也不要少于 20 分钟。

（6）拟定一份简单的提问大纲。

一般来说，可以两位教师共同进行家访。两位教师进行分工，一位主要负责沟通，另一位主要负责记录。谈话内容尽量围绕大纲进行，这样能够保证家访的内容紧扣主题，也能打破新进教师无话可说的境况，确保家访的有效性。

2. 新生家访时的沟通原则和内容

（1）沟通原则：要倾听、记录和微笑。

学会倾听，倾听家长对孩子的介绍，对孩子的担忧和对教育的见解，在倾听中让家长形成对教师的好感；学会记录，让家长感觉到教师在用心，并且帮助教师回去后整理幼儿的信息，做好教学策略；学会微笑，在消除陌生感的同时留下好感，营造融洽的交流氛围。

（2）沟通内容。

一般来说，新生家访的沟通内容包含两方面：一是幼儿基本情况了解，二是给家长提出建议。

需要了解的幼儿基本情况包括：身体健康状况、性格特征、自理能力。

给家长提出的建议：向家长介绍在新生入园阶段幼儿园所做的各项工作，嘱咐家长不要因幼儿哭闹心软，要坚持送幼儿入园；建议家长有意识地培养孩子的生活自理能力，因为自理能力的强弱关系着幼儿入园适应期的长短；建议家长尽量让孩子的生活作息时间逐渐与幼儿园接轨；向家长介绍办园理念；鼓励孩子多与社区中的同伴交往；不要用上幼儿园来吓唬孩子，以免让幼儿形成不愿上幼儿园的心态；幼儿因为刚入园的不适应可能会对其身心健康有短暂影响，有可能会生病，请家长理性对待，因为一旦适应了，这些症状就会自然消失；避免在幼儿面前消极地评判教师的行为，阻碍教师和幼儿感情的建立。

3. 家访结束后的整理工作

（1）整理家访记录，形成家访小结。

根据幼儿在家的表现，结合家访中了解和掌握的资料，对幼儿进行分析评估，提出适宜的、个性化的教育措施，并把这些资料作为制订“班级计划”“个案追踪”等的重要依据。这有助于教师在今后的工作中能做到有的放矢。

（2）延续沟通渠道，开放交流平台。

利用现代科技手段，开设班级网页或 QQ 群、微信群等，开辟“家长论坛”“新生入园你问我答”等针对新生入园的版面，架设一座便捷、通畅且响应及时的沟通桥梁。

（二）幼儿园焦点问题式家访

【案例分享】

家访记录

家访时间：2015 年 4 月 3 日

家访地点：面谈

家访对象：聂××妈妈

家访目的：让幼儿养成良好的学习习惯

家访记录：

聂××聪明，好动，性格外向，学东西也很快，总的来说各个方面都不错，也挺讨人喜欢的。但最近一段时间以来，他上课注意力不集中，总是和旁边的小朋友讲话，不好好听课。为此下午放学时，我和聂××的妈妈进行了一次谈话。她说：“我平常很忙，他爸爸上班时间紧，也没有时间来管他。”我说：“你们再忙，也不能不管孩子，就要升入一年级了，帮助孩子养成良好的学习习惯很重要。”她说：“以后我们一定要多抽时间关心孩子，经常和孩子交流，多和老师联系，一起来教育孩子，让孩子健康活泼地成长，并养成上课认真听讲、爱学习的好习惯。

家访心得：

通过此次家访活动，家长了解了幼儿在园的真实情况，另外，教师提醒家长在家庭内部也要有意识地培养幼儿良好的学习习惯。好的学习习惯对于幼儿来说会终身受益，让家长了解了好的学习习惯培养的重要意义。

1. 幼儿园焦点问题式家访的准备工作

（1）寻因溯源。

焦点问题式家访，发起的原因大多都是幼儿在日常生活中突然和长时间出现了异常的行为。这时就需要教师细心地观察幼儿，分析问题形成的原因。如果确定问题的根源来自家庭，则需要针对此问题，进行家访。

（2）提前预约。

与常规式家访相同，焦点是问题家访同样需要提前预约，和家长定好时间与地点，告知家访的目的，争取幼儿家长的理解与配合。

（3）物质准备。

这种针对老生进行的个别家访仍然需要教师提前做好物品准备。如教师填写的“焦点问题式家访记录表”、与幼儿行为有关的相关理论书籍、幼儿近期在园所做的各个领域的作品等。这样做是为了让家长了解幼儿的行为，能够与教师一同配合解决问趣。

（4）了解家长。

教育提倡个性化，与家长的沟通也要采取不同的方式。因为家长的学历、个性、脾气、职业、学识阅历、育儿观念都不同，这就会导致他们对问题的认识以及对教师的家访存在不同的态度。家访前，教师应多了解家长的相关信息，这样才能寻找到合适的沟通方法与家长交流。

（5）了解孩子。

家访前，教师必须对孩子以往的在园表现、学习习惯、兴趣爱好、同伴交往、个性、优缺点等全面掌握。要认真分析幼儿的发展状况，深入研究可能导致幼儿异常行为产生的原因，制订家访的计划，并确定本次家访重点要解决的问题（见表 2.2）。

表 2.2　幼儿园老生家访情况记录表

家访时间		住址			
家访教师		班级		家访对象	
家访目的（突发性事件）					
效果分析及解决策略					

2. 幼儿园焦点问题式家访的主要环节

（1）开始环节。

先与幼儿家长礼貌性地打招呼，接着询问幼儿在教师到达之前所进行的活动。目的在于活跃气氛，消除家长的隔阂感与幼儿的紧张感。

（2）中间环节。

教师借助带去的幼儿作品，以及幼儿最近的行为表现记录，再次表明此次家访的目的。

倾听家长对幼儿在园所表现出的异常行为的想法和感受，引导家长针对幼儿的问题说出自己的判断。

观察幼儿在家中的行为以及与家庭所有成员间的互动情况，寻找导致幼儿异常行为的根源。

运用专业知识，和家长共同分析产生问题的原因以及提出应该采取的相应的对策，并且努力取得家庭中所有成员的理解与支持。

请家长配合幼儿园，尝试改变或减少家庭中导致幼儿不良情绪产生的因素，降低对幼儿的伤害。

（3）结束环节。

提出家长和幼儿园配合的请求，并对家长的教育要有信心，对幼儿未来的改变充满希望。

3. 家访结束后的整理工作

与常规式家访一样，焦点问题式家访中，教师要及时做好家访记录，结束后要做及时梳理和总结。更重要的是，要持续跟进。当幼儿有改变时，应记录并及时向家长反馈成效。

五、幼儿园家访存在的问题

幼儿园家访工作是非常传统的家校联系形式，但与现今更为便捷的电话访谈、QQ与微信等联系方式相比，家访显得既耗时又费力，所以家访这一形式在很多的幼儿园几乎都消失了。这一现象的出现，不单是因为“电子家访”方式快捷方便、简单易行，也是因为家长的家庭私密生活意识增强，同时也是因为教师工作任务增加。教师的工作任务比以前更加繁重和烦琐。教师除了备课、上课外，还要构建园本课程，要花费大量的时间查资料、做教具、布置环境、辅导活动区，要忙于日常班务、业务学习、在职进修、做教研、搞研讨、写论文等。再进一步分析，现代人们的生活压力非常大，难以分出精力来接受家访。另外，一些家长过分热情，在家访中常常既请客吃饭又送礼，让教师进退两难。

但无论如何，传统的家访形式还是具有诸多优点。所以，传统家访如果要维持下去，既需要制度保障，也需要改变和创新。

第三节 家长接待活动

【引子】

×××幼儿园接待家长来访规定

1. 凡我园幼儿教师，遇有家长来访，必须热情接待，语言文明，举止得体，和家长建立平等、友善的关系。

2. 认真询问，了解家长来访因由。

3. 如实向家长汇报幼儿在园的学习、生活情况。

4. 和家长密切配合，尽全力帮助家长解决实际问题。

5. 认真倾听家长意见或建议，努力改进工作。

6. 认真做好家长来访记录，做到有总结，有落实。

7. 如遇到特殊情况，应及时向有关领导汇报请示。

文中的规定针对的到底是怎样的接待类型呢？具体应该如何操作呢？在本节的内容当中，我们将进行详细介绍。

【知识殿堂】

一、接待的含义

家长接待活动是幼儿园安排专门时间和场所，由幼儿园的领导和教师接待幼儿家长的家园合作活动。它是幼儿园和家长近距离交流的一种家园合作方式。

幼儿园接待家长的时间既有固定的，也有灵活安排的。固定的家长接待时间主要有入园接待和离园接待，还有较为特殊的园长接待；根据工作需要灵活安排的家长接待主要指家长约谈这一形式。

二、接待的意义

（一）问题解决的及时性

通过入园接待和离园接待时的交谈，家长和教师双方都可以了解到幼儿当下需要注意的一些问题，且因这一接待形式在幼儿到园的每一天都会发生，所以家长和教师之间的沟通频率非常高，这有助于及时解决问题。再说园长接待，因为园长是幼儿园各项工作较高层级的决策者，所以很多问题在和园长沟通后就可以得到解决。而家长约谈这一形式，因为约谈主题的集中性，家长在短时间内可以较大程度地了解幼儿存在的问题。

（二）情感沟通的紧密性

虽说现在很多新媒介的出现缩短了幼儿园与家长沟通的距离，但在情感传达的亲密性上却无法与“面对面交谈”相提并论。面对面的交谈，通过人的神情与动作更好地起到了传情达意的作用。同时，教师在接待的过程之中，向家长传达出对孩子的关注和喜爱、对教育事业的认真、对家长需求的了解与关注，有助于拉近彼此之间的距离，加强情感交流。

（三）观念传达的有效性

通过多种接待方式，教师能够更好地结合幼儿的发展现状，与家长共同分析幼儿的表现，在了解与信任的基础上共同制定适合于幼儿发展的策略；同时，在与家长的沟通中，能够了解教育方案实行的效果，便于不断地调整教育方案并指导家长，将幼儿园的教育理念有效地延伸到家庭教育之中。

三、接待活动的实施

（一）入园接待活动的实施

1. 入园接待的主要内容

（1）细心观察。

观察是晨间入园接待中十分重要的环节。通过观察，教师可以了解幼儿的身体状况和情绪，对幼儿当天的在园生活做一定的调整，也可以避免与家长在离园接送中产生误会。一部分家长可能在送幼儿来园时并没有发现幼儿已经存在的异样，如果晨间检查时教师主动询问就可以避免误会的产生。

（2）检查物品。

家长带幼儿来园时，有时会带上教辅用具、已完成的手工作业、孩子的衣服等，对于这一类东西教师要收放在指定位置；家长有时也会带来孩子的玩具甚至一些零食，对于这一类物品在确定不会给幼儿自身和其他幼儿带来不利因素的情况下，也要妥善收置。因幼儿处于生病期间，有些家长也会带来药物，教师一定要做好登记，并叮嘱家长验证名字、服用方法和时间。有特殊服用方式的药物，教师一定要制作特别的标签置于显眼处。

（3）交流与沟通。

教师在家长送幼儿来园之时，要做到主动交流，让家长感受到被尊重与热情。交流的内容非常广泛，可以是了解孩子前一天晚上在家的表现，也可以是了解孩子在来园路上的情绪，或者询问家长孩子今天有没有特别要注意的地方，等等。

教师除了主动交流外，还要做到耐心倾听与规劝解释。教师要耐心倾听，并回答家长对幼儿园工作提出的疑问，认真对待家长提出的建议和意见。当家长因对幼儿园的一些规则、制度不理解而提出不合理的要求时，教师有责任向家长进行解释，消除误会并传达正确的教育观点。

同样，当家长对教师有所托的时候，基于有利于幼儿身心发展的原则，教师应当真诚地接受委托，在工作中完成家长的嘱托。例如，幼儿因妈妈要出差，心情低落，家长希望在出差的这段时间，教师能够给予孩子特别的关注。那么，教师就应该配合家长，让幼儿在家长出差的这段时间内能够保持情绪愉悦。

2. 入园接待的具体要求

（1）礼仪与语言要求。

晨间入园接待时，教师要提前站在班级门口迎接家长，身体面向家长来的方向。接待家长时要积极主动，面带微笑，语调亲切平和。接待用语要注意规范，既体现出教师的素养，也给幼儿树立一个好榜样。在沟通时，必要情况下应蹲下与幼儿说话；碰到老人来送幼儿时，一要关照，二要尊重。如在教育教养问题上遇到与老人观点不符的情况，不必据理力争，可等机会与幼儿父母沟通。

（2）班级教师配合要求。

晨间来园时间段，人员繁多，要做到不忙中出错，这就要求班级教师们合理分工。入园时间，班级三位教师——主班教师、配班教师、保育员应同时在岗。大体的分工应该是：一位教师在门口迎接家长，一位教师在活动室陪伴先到来的幼儿，还有一位教师在两位教师之间配合，随时在人手紧张时进行补充。

（3）观察要求。

晨间入园时，教师主要是观察幼儿的情绪、衣着仪表以及身体状况。对情绪不好的幼儿，教师要注意询问原因并给予安慰；对于着装不符天气情况的幼儿，或头发不整齐的女孩子，教师应帮助其调整。教师还要注重观察幼儿的身上和脸上有无伤痕和虫咬痕迹，手和额头温度是否正常等。如存在异常现象，应及时询问家长。

（二）离园接待活动的实施

1. 离园接待的主要内容

（1）反馈。

教师在离园接待中一个很重要的任务，就是让家长了解到幼儿当天在园的表现。所以教师在离园接待时，可以与家长反馈幼儿当天的学习、生活、交往等方面的情况；同时还应与个别家长反馈他们入园时所委托事项的完成情况。

（2）交流。

相对于晨间入园接待，离园接待时家长的时间更为充裕。教师可以利用这一点，与近期存在突出问题行为的幼儿家长进行较为深入的交谈，共同分析幼儿行为产生的原因，进而制定解决问题的策略。

（3）交代。

离园接待时还有一个很重要的任务就是向家长交代当天、第二天和近期需要家长配合的工作。例如当天布置的需要亲子共同完成的作业、第二天需要幼儿携带的简单的教学辅助工具等。

2. 离园接待的具体要求

（1）反馈时的要求。

反馈时的具体要求就是真实、高效。这就要求教师反馈情况时一定要以当天的真实观察情况为基础，并且要用简洁准确的话语描述与此相关的问题，而不是随意闲谈。对于家长入园时所委托事项的完成情况，要做认真反馈，让家长感受到教师对家长所托的重视。

（2）交流时的要求。

交流时，要注意控制时间。因为家长对离园交流所预期的时间不长，过长的交谈会使家长失去耐心，降低沟通的效果。同时要注意，交流的问题应该是幼儿比较突出的问题。

（3）交代时的要求。

教师在交代需要家长配合的事项时，一定要做到具体、简洁、明了。特别需要注意的是，若来接幼儿的不是活动完成者，则教师还需通过其他方式向活动完成者传达活动要求。

（三）家长约谈活动的实施

1. 家长约谈的主要内容

家长约谈是家长与教师围绕幼儿教育中共同关注的问题有目的、有计划地展开的对话与沟通。这种约谈一般为教师与家长间一对一的交流，约谈的发起者可能是教师，也可能是家长。一般来说，以教师对家长的约谈为多，主要内容涉及两方面：一是针对家长的个别约谈，二是针对幼儿的个别约谈。其中又以针对幼儿的个别约谈为多。

（1）针对家长的个别约谈。

家庭教育对幼儿发展的重要性不需赘言，而承担着家庭教育重任的家长，自然是家园共育中的重要合作对象。但有部分家长自身素质不过关，或在教育理念上存在偏差，这就会使幼儿园的正面教育大打折扣。所以针对家长自身的约谈就特别有必要了。同时，针对家长的个别约谈，还可以涉及对幼儿园某个活动的理念和内容的解说，以求得家长对活动的支持，调动家长参与活动的积极性。

（2）针对幼儿的个别约谈。

针对幼儿的个别约谈，主要内容分为三个方面：一是与家长交流幼儿在园的学习和生活情况；二是就幼儿某一时间内表现出来的某一突出问题进行的谈话；三是对幼儿在幼儿园发生的意外进行约谈。

我们发现，个别约谈这一种形式也会出现在家访、入园和离园接待时，但各自的侧重点不同。家访更加侧重的是教师对幼儿家庭教育环境和方法的调查和访问，入离园接待因时间的限制，无法就内容做到深入展开，所以话题一般是日常性的大众话题，而家长约谈因与家长事先进行了预约，所以时间更充裕，聊的内容更深入、更有针对性。

2. 家长约谈的具体要求

（1）谈话时间与地点的选择要求。

为了将谈话话题更充分展开，必须要选择一个交谈双方都方便的时间。所以在约谈前，教师必须要与家长预约好时间。

地点选择的原则：保证安静与私密性。家长访谈涉及的问题都是个别幼儿的问题，为了保护孩子和家长的隐私，不应选择在有无相关人士在场的情况下进行约谈。而且安静的环境有助于营造良好的谈话氛围，让双方的情绪都比较平和，便于沟通和问题的解决。

（2）孩子是否在场要视具体情况而定。

对于谈话时孩子是否应该在场的问题，教师要考虑到问题的性质及家长的性格等因素。如果问题比较敏感，孩子家长性格又比较急躁，那么最好不要让孩子在场，以防孩子因家长当下的激烈反应产生不良情绪。但当讨论孩子的一些行为问题时，可以让孩子在场，以便于及时询问孩子产生不良行为的原因，并让孩子在教师与家长的交谈中直接受益。

（3）材料准备工作。

在与家长约定了交谈的时间和地点后，教师就应该根据约谈的主题，汇集、整理孩子的相关材料，从中提取出有用的事例，以备交谈使用。如果是汇报孩子的发展情况，教师还应该收集幼儿的活动作品、照片、录像等资料。如果是涉及教育理念的一些问题，教师在做好自我“备课”的同时，还要多搜集约谈专题所涉及的教育信息，必要的时候还可请教其他教师或行政领导。

（4）先报喜再报忧。

在就孩子的问题行为与家长约谈的时候，要先说孩子表现好的方面，再切入主题。在谈论孩子的问题行为时，要注意叙述的客观性，不保留、不言过其实，也不要带有个人感情，切记不要使用“迟钝、愚蠢、能力差”这类词语对幼儿妄加评判。在交流的过程中，教师要向家长传达正确的儿童观，即孩子都处在发展之中，有优点也有缺点，缺点是可以改正的，优点也是可以培养的。这也是约谈的意义所在，让教师和家长共同为孩子的发展而努力。

（5）以平等的身份与家长交谈。

教师是一个令人尊敬的角色，但并不代表着教师在与家长交谈时可以居高临下，盛气凌人。如果教师以此态度进行约谈，那么约谈的结果可想而知。所以，教师在与家长交流时，要避免使用“必须、应该、否则就会……”这类让人感觉像在发号施令的词语。教师要尊重家长，虚心倾听家长的教育方法，对合理的地方给予赞同；对不合理的地方，教师应用委婉的方式指出，态度要真诚而谦和。教师在向家长提出具体的教育措施时，最好采用商量和建议的口吻；同时，也要鼓励家长提出自己的方法。

（6）避免使用专业术语。

教师使用专业术语，虽然会让人感受到教师的专业性，但对于约谈本身来说是无意义的。过多专业术语的使用，会让家长难以理解，更不用说照着去做了。所以，教师在交谈中，要把专业术语转换成通俗易懂的生活化的语言，并且多用生动的事例去说明某些教育理念；教师在给予建议时，也尽量要使建议具体化、可操作化，而不仅仅是理论层面的东西。

（四）园长接待活动

家长接待活动中还有一种很重要的接待方式是园长接待活动。园长接待活动是指由幼儿园的园长或副园长，在相对固定的时间里，接待幼儿家长来访的家园合作方式。这一接待方式的优势就在于问题解决的便捷性，因为园长作为幼儿园高层决策者，对于家长提出的一些简单问题可以直接给出处理意见。

现在越来越多的幼儿园开始定期开展“园长接待日”活动，家长在活动中可以就幼儿园中开展的各项工作对园长提出问题和建议。除活动当日的接待外，还会配合采用“园长信箱”“园长邮箱”等形式来完成此项工作。如此一来，园长接待活动就与入离园接待、约谈活动共同构建了一个多向、多层次的沟通渠道，及时发现家园双方交往中存在的问题，及时化解矛盾，增进家园的沟通，促进家园共育。

第四节　家长会

【引子】

幼儿园家长会发言稿

各位家长，你们好！首先衷心地感谢你们一直以来对我们工作的理解和支持，也很高兴各位家长能在百忙之中，抽出你们宝贵的时间来到我园参加这次家长会。在这里我代表本班两位老师对你们的到来表示热烈欢迎。为了我们能更好地开展教育工作，首先由我简单地介绍一下我们中一班的班组成员：我是朱老师，是中班的班主任老师；我们班和蔼、年轻漂亮的向老师，她是我们班的副班老师；还有我们班35位可爱聪明的宝宝。为了给孩子营造更好的学习环境，我们严格遵守幼儿园的卫生保健制度，坚持每天早中晚打扫卫生，保持室内外的整洁，幼儿的毛巾和水杯每天消毒一次，玩具每周消毒一次，寝室教室每天在幼儿离园后用醋进行消毒等，保证幼儿舒适、整洁的生活和学习环境。……

这份家长会发言稿的内容适合用在什么类型的家长会呢？家长会的发言稿到底应该包含什么样的内容呢？我们将在这一章节为大家全面介绍和幼儿园家长会相关的知识。

【知识殿堂】

一、幼儿园家长会的含义

幼儿园家长会就是以幼儿家长为主体的集会，是幼儿园常规家长工作的重要方式之一。幼儿园家长会的发起者可以是园长、年级组长，也可以是各班教师，他们面向全园、全年级或各班的家长发起会议。发起者以面对面的形式对家长进行家庭教育的集体指导，这有助于家长教育素质的提高和合作意识的增强，是家园共育的一种重要方式。

二、幼儿园家长会的功能

（一）有助于家长对幼儿在园生活的全面了解

幼儿家长对幼儿园中的一些教育活动存在疑问是很正常的现象，但如果教师对每一位家长一一进行解释的话，未免效率太低。但利用班级家长会，教师就可以在短时间内，较为集中、全面地为幼儿家长进行介绍，使他们能够了解幼儿园某些教育活动的实施意图。同时，教师也可以利用此机会，介绍班级近期的重点目标、孩子们的年龄特点和发展水平，分析全班幼儿的群体优势和不足，为取得家长们在教育中的配合打下基础。

（二）有助于家长之间的相互了解和学习

家长会为家长们提供了一个育儿经验分享与交流的平台。利用家长会，可以请一些育儿有方的家长现身说法，谈论一下他们在家庭教育方面做出的努力，以及与幼儿教师互相配合取得的成果。由于家长与家长之间更容易产生共情，这种交流更能极大地促进幼儿家长对正确教育理念和行为的吸收。

（三）有助于家长育儿水平的提高

有些家长平时较少与教师接触，接送幼儿时也常常来去匆匆。但家长会营造了一个较好的氛围，让家长愿意去倾听和学习教师倡导的正确的教育思想。又因为家长能够通过家长会较为全面地了解自己的孩子，如此一来，在正确的教育思想的引领下，家长能够更好地结合孩子的实际情况对家庭教育的方法和方式做出改变，提高自身的育儿水平。

（四）有助于教师和家长之间联系的加强

家长会提供了一个教师和家长之间面对面长时间进行交流的机会。在交流中，家长了解了教师对幼儿的付出；同时，教师可以抓住机会收集家长对幼儿园的意见和建议，了解家长们的需求。如果教师能最大限度地满足家长们的合理需求，家长的配合将会更加积极。

（五）有助于教师对所带班级的了解

家庭教育是幼儿发展的一个重要影响因素，只有保证家庭教育和幼儿园教育的一致性，才能保证幼儿园教育的有效性。因此，教师非常有必要了解每位幼儿家长的特点，能够做出有针对性的家庭教育指导。

三、幼儿园家长会的类型

幼儿园家长会根据不同的分类方式有多种分类结果。根据范围来分类，有全园家长会、年级家长会和班级家长会；根据时间来分类，有期初家长会、期中家长会、期末家长会；根据幼儿年龄来分类，有小班家长会、中班家长会、大班家长会；等等。

我们根据功能，将家长会分为以下几种类型。

（一）常规式家长会

常规式家长会是幼儿园中最常见的家长会形式，是每学期初根据各年龄段的计划时间召开的家长会。其内容主要是介绍对应年龄段幼儿的年龄特点、班级阶段幼儿们的发展情况、本学期的主题活动安排以及近期需要家长配合的事项。

（二）宣传式家长会

宣传式家长会不定期召开，主要的内容是宣传学校或班级的大事项。通过家长会，向家长传达幼儿园的办园理念、办园特色、管理队伍和师资队伍的建设等。这类型家长会的对象常为新入园的幼儿家长，以求通过家长会让家长对幼儿园更有信心。这类家长会可以针对一项或多项主题，形式以教师传达和讲述为主、家长提问为辅。

（三）咨询式家长会

咨询式家长会不定期召开，其特点在于邀请一位或多位在家庭教育方面较为出色的家长来分享自己的经验，或邀请专家就某一个大家都感兴趣的话题来进行介绍。这一类的家长会主要是以咨询、讨论的方式进行。因为氛围较为轻松，互动较多，受到多数家长的欢迎。

（四）焦点问题式家长会

焦点问题式家长会的特点在于话题的集中性、内容的针对性以及对象的特定性。焦点问题式家长会的主题只有一个或两个，教师会组织家长就这一到两个主题展开深入的学习和交流。内容的针对性导致对象的特定性，因为有些话题并不适合所有的家长。比如“留守儿童家庭教育”的话题就没必要让班中所有的家长参与。

四、幼儿园家长会的组织流程

（一）准备环节

家长会是否能顺利举办，在很大程度上取决于会前的准备工作。会前准备工作做好了，就会达到事半功倍的效果。

1. 明确家长会的目的

每次家长会的举办都是为了达到一定的目的。只有先把目的确定了，才能选择家长会的内容，继而取得举办者想要的效果。那么如何去确定目的呢？这就要考虑到幼儿的表现、家长的需要、幼儿园的发展这几个因素，并结合国家当下的相关政策和法规。

2. 确定家长会的内容

确定了家长会的目的之后，就要着手选择合适的内容了。因为家长会的主体是家长，所以教师要从家长的角度去思考，如家长想听什么、想知道什么、想讨论什么。我们可以通过家访、问卷调查、接送时的询问来获取到有用的资讯。

3. 确定家长会的形式

确定家长会的形式，就是要考虑是采取讲座形式，还是论坛的形式抑或是辩论赛的形式等。形式是为内容服务的，所以千万不要为了形式而形式，而是要考虑什么样的形式能够把内容更好地呈现出来，进而达到活动的目的。

4. 确定家长会的时间

家长会时间的确定，要同时考虑到幼儿园和家长的工作安排，如邀请了专家和嘉宾，还要考虑到他们的时间。总之，就是要选择一个举办方和参与方都方便的时间。

5. 确定家长会的流程

家长会流程的确定是前期准备工作中非常重要的环节。流程的合理确定与落实到位能够在很大程度上保证活动的顺利完成。一般来说，家长会流程以时间为顺序，涉及会议中发言的顺序、讨论的主题范围、会议的基本环节以及每个环节的时间设定和人员安排。

下面为大家介绍家长会的主要环节。一般来说，家长会的主要环节包含以下几方面。

（1）主持人欢迎家长到来，感谢家长参与。

（2）主持人向家长介绍今天的主题发言人，随后介绍到场的嘉宾及领导（班级家长会一般不需要）。

（3）主持人邀请发言人进行主题发言。

（4）主持人鼓励家长自由发言、提出问题、共同探讨。

（5）主持人感谢主题发言人、嘉宾、领导及家长，并感谢全体家长的参与和分享。

要注意的是，家长会的主题内容应该是与幼儿教育、发展相关的话题，注重的是相互交流和探讨，尽量避免家长会成为一言堂和某个专家的宣讲会。

6. 准备发言稿

教师，特别是新手教师一定要认真准备发言稿，就如上课一般，要事先备好课。发言稿一般是家长会的开场白、串场词和结束语，教师要准备充分，最好能做到脱稿，让家长感觉到亲切和自然。其实，教师在准备发言稿时，还要设想到可能发生的意外和处理方法，教师还要预备与本场家长会相关的知识，回应家长可能的提问。

7. 发放通知

教师要提前将家长会的时间、地点、主题内容等通过多种渠道通知家长；同时，还要确定大致的赴会人数，以便做好场地和座位安排工作。

8. 布置会场

会场的布置，包括场地的确定、卫生的打扫、环境的布置、位置的安排、音响和课件的准备、车辆停放、现场签到、秩序维护、家长接待、会后整理等非常细碎又很重要的工作，举办者一定要悉心安排，每个工作都有具体的人员负责，这才能保证家长会的顺利进行。

（二）实施环节

前期准备工作做好了，实施环节就是按照既定的流程一步步完成。但需要注意的是，我们无法预料是否有意外发生，所以举办者要做好随机应变的准备，在活动的准备阶段就应该做好预案。同时，要注意安排专人对家长会进行记录，根据需要采用音频、视频和纸质等不同记录方式。

（三）总结反思环节

家长会举办完之后一定要进行总结和反思，教师要把家长会举办过程中还存在的问题一一记下，以便下回改正；同时，还要对家长进行回访或反馈，保持家长参与的热情。对于家长反映的问题，教师能解决的就及时解决；教师不能解决的，需要请求上级帮助的，就及时上报给园里。对于未能及时解决的问题，要对家长做好解释工作，让家长继续对幼儿园充满信心。

【案例分享】

贵港市普罗旺斯幼儿园班级家长会方案要求

一、会前准备

做好 PPT。PPT 最主要的目的是便于家长直观地了解孩子在园的一日生活，所以要多放孩子的活动相片。PPT 版面要求：不必太花，要有一定的美感，字号要大，以白底黑字为宜。应以图片说明为主，文字不宜过多。

二、会议进行时

问好语。

1. 介绍会议流程（1、2、3、4 等）

2. 介绍班级情况，家长相互介绍认识。

3. 中大班的家长会，要总结上学期孩子的发展情况及班级活动的开展情况等，小班省略这个环节。

4. 介绍本年龄段孩子的发展特点。

5. 开学以来，班级开展了哪些工作，取得了哪些进步。班级形成了哪些良好的常规，幼儿形成了哪些良好的习惯，并对全班幼儿进行分批详细汇报。还存在哪些主要共性问题，家园如何配合才能让幼儿获得更好的发展（小班侧重生活常规方面，中、大班侧重良好习惯培养、常规方面，大班侧重学习习惯培养、学习技能方面）。

6. 向家长介绍班级开展的教学活动情况（主题活动开展、课程的开展等）

7. 介绍本学期幼儿园的大型活动、班级的活动及需要家长参与的活动事项。

8. 征求家长对班级工作、家长会召开形式的意见。

9. 小结会议情况，感谢家长的积极参与，会议结束。

10. 个别谈话。

（资料来源：广西贵港市普罗旺斯幼儿园）

第五节　亲子活动

【引子】

良好的亲子关系是需要从小培养的。生活在亲子关系融洽的家庭中的孩子，一般性格活泼大方，交往能力强，语言表达能力、思维能力、接受能力也会在与家长的交往中得到加强。更重要的是，在与孩子的交往中，增进了家长与孩子之间的感情，可以在交流中及时发现孩子心理发展的动向，以便于进行及时有效的指导，将一些不好的倾向消灭在萌芽之中，避免其日积月累，影响孩子性格发展，甚至孩子出现心理问题。对于孩子的心理问题和不良习惯，预防重于改正。可是家长朋友却总遇到这样的困惑：孩子们不愿意与家长交流或对什么事情都是一问三不知。这与孩子的年龄特点是有关系的。对这个年龄阶段的孩子来说，亲子游戏是有效的交往方式之一。在与家长的游戏中，孩子可以感受到家长的关心和爱，从而自然而然地形成一种和谐的亲子关系，它的作用是任何方式都取代不了的。

如何能在家长与孩子之间架起一座良好的沟通桥梁，为孩子的发展保驾护航呢？我们将在这一节的内容中，为你详细介绍。

【知识殿堂】

一、幼儿园亲子活动的含义

在家庭日常生活中，家长和幼儿共同参与和完成的活动，就是亲子活动。家长和幼儿共同读书，称为亲子阅读；家长和幼儿共同绘画，称为亲子绘画；家长和幼儿共同游戏，称为亲子游戏，等等。

但我们这里提到的亲子活动是指幼儿园中的亲子活动，它与家庭的亲子活动有所不同。幼儿园的亲子活动是由幼儿园组织的一种特殊的教育教学活动，活动形式多样，由家长、幼儿、教师三者共同参与完成。亲子活动旨在增进亲子感情，密切家园联系；同时，通过寓教于乐的活动形式，增强家长的育儿能力，促进幼儿的全方面发展。

二、幼儿园亲子活动的意义

（一）有利于帮助家长全面地了解幼儿

平时家长更关注或者只能了解到孩子在家庭生活中的表现，但在亲子活动中，家长能够看到孩子在群体中的状态和表现，从而能对孩子有更为全面的了解。在亲子活动中，幼儿园给孩子提供了一个表现自我的机会，家长会发现孩子在家中未能表现出来的优点。当然，也会在活动中发现孩子在家中不曾表现出的一些问题。如此一来，家长就可以有针对性地调整自己的教育策略。

（二）有利于加强家园互动，融洽感情

亲子活动由教师、家长和幼儿共同参与。在活动的过程中，家长可以感受到教师工作的辛劳，教师也更能感觉到家长与幼儿之间亲密的情感。通过一系列的活动，家

长与教师之间渐渐熟悉起来；而置身于亲子活动愉悦和温馨的氛围中，家长与教师的感情也愈加融洽。这就为家园共育搭建了一个良好的沟通的桥梁。

（三）有利于促进家长育儿能力的提高

亲子活动是寓教于乐的教育教学活动，教师在活动中对家长和幼儿的指导，都渗透着一定的教育教学理念。家长可以通过观察教师的教育行为和孩子的表现，反思自己平日的做法，从而树立正确的育儿观念，掌握正确的育儿方法。所以，亲子活动是家园共育的一种重要形式，它既能让幼儿和家长同时感觉到快乐，又能让幼儿在快乐的氛围中学习，获得发展。

（四）有利于提升教师的专业素养

亲子活动需要教师能够根据不同年龄段幼儿的特点，并结合家长的需求进行设计。在这一过程中，教师必须要运用自己的专业知识去进行思考，并且还要不断地结合新的方式和方法，力求将活动办得丰富有趣。在活动的过程当中，不但要关注孩子，还要关注家长，要随机应变地处理各种突发问题。在活动结束后，还要认真分析活动取得的效果，进行总结与反思。这样一来，一次亲子活动，就可以锻炼教师进行活动设计、组织与实施的多项能力。

三、幼儿园亲子活动的类型

幼儿园亲子活动的形式多种多样，一般来说有亲子郊游、亲子运动会，以及围绕既定主题开展的、围绕各类节日开展的其他亲子活动。

（一）亲子郊游

一般来说，在春、秋两季的时候，幼儿园会组织春游和秋游活动，邀请家长和孩子们一同外出游玩。亲子郊游不是单纯游玩，在游玩中教师要进行活动的组织，沿途设置一些任务让家长和孩子共同去完成。到达休息地点后，可以组织一些集体活动，让所有家长和幼儿都能参与。当然，出发前，一定要做好安全教育，保证郊游的安全。

（二）亲子游戏

亲子游戏是幼儿非常喜欢的亲子沟通方式。孩子的天性是爱玩爱闹的，在游戏中，孩子可以更好地释放自我，家长与孩子可以一同在游戏中感受到快乐，享受亲子时光。亲子游戏非常多，教师要根据幼儿的年龄特点选择合适的游戏。

除了一般的亲子游戏外，还可以举行亲子运动会。如开展“阳光宝贝，快乐奔跑”户外乐跑活动，发展幼儿走、跑等基本动作，让幼儿在幼儿园组织的户外跑步过程中，克服困难、挑战自我、锻炼意志，同时与家长一起亲近自然，感受亲子共同活动带来的快乐。

亲子游戏案例分享

亲子游戏一：齐心协力把果吃

目的：幼儿能用清楚的语言“指挥”家长，正确判断出方向。

准备：圣女果若干，小碟子四只，遮眼布四条。

人数：共12个家庭，每个家庭由三人组成，四个家庭为一组，共分3组进行预赛，每组胜出者参加决赛。

玩法：妈妈手持圣女果，站在指定位置，爸爸蒙上眼睛，背着孩子，原地转三圈，在孩子的语言提醒下，去寻找妈妈手中的圣女果，并吃掉它，最先吃完者获胜。

要求：爸爸妈妈不许发出任何声音，任何人不许用手碰果实，违者取消游戏资格。

亲子游戏二：小人穿大鞋

游戏准备：小凳子若干。

游戏玩法：每个家庭派一名家长与一名幼儿参加。家长脱下鞋子坐在场地的一边，幼儿穿上家长的鞋子站在另一边。幼儿将自己的鞋子脱下后放在身旁。听到口令后，幼儿出发向家长走去。幼儿走到家长所处位置，帮家长穿上鞋子。家长穿好鞋子后，背起幼儿跑向场地的另一边，帮幼儿把鞋子穿好。看谁先完成。

要求：家长的鞋子必须由孩子穿上，家长不可动手帮忙。

（三）围绕既定主题开展的亲子活动

围绕既定主题开展的亲子活动，内容的选择更具针对性，比如以“爸爸本领大”为主题开展的爸爸与孩子们一起做科学实验的活动；又比如以“爱心义卖”为主题的亲子活动，让孩子们将家里一些闲置的物品拿出来售卖，就是让孩子在家长的陪伴下，锻炼社交能力，增强团队意识。

【案例分享】

快乐卖报献爱心

活动主旨：

让孩子通过自己的力量献出一份爱心，同时也锻炼孩子的社交能力、团队意识，以及胆量，敢于和陌生人打交道。

活动准备：

1. 为每个孩子准备一些新出的报纸。

2. 找到人多的适合场地（如超市、商场门口）。

3. 自己备好水壶、纸巾等用品。

活动对象：

本次活动适用于中、大班年龄段幼儿，他们有一定的交往、表达能力。

活动过程：

1. 家长和幼儿在指定时间和地点集合。

2. 分成A、B两组比赛，展开当天的活动。

3. 活动中家长全程跟随孩子，但不打扰孩子，如遇到孩子解决不了的问题时，可以出面引导孩子解决问题。

4. 把自己手上报纸卖完，完成任务以后，可以向老师申请再拿几份继续叫卖，也可以整理自己义卖得到的善款，结束活动。

5. 整理善款金额，请家委会代表保管，并寻找合适的渠道捐出善款。

6. 合影留念，活动结束。

——夏征：《家庭与社区教育》，武汉大学出版社2015年版。

（四）围绕各类节日开展的亲子活动

在节日的时候组织家长和幼儿进行亲子活动是非常有价值的。通过举行活动，不但可以让幼儿了解节日的来历，也可以让幼儿学习一些特殊节日知识。所以在妇女节、植树节、劳动节、儿童节、端午节、中秋节、重阳节、元宵节这一类节日中，幼儿园都会组织相应的亲子活动。

四、幼儿园亲子活动的组织与实施

（一）准备环节

幼儿园亲子活动的准备环节与上一章所讲的家长会的准备环节是相类似的，思路是一致的，都要从活动目的、活动内容、活动时间与地点、活动形式、活动流程、活动的通知发放与活动的场地布置几个方面来考虑。但特别要注意的是，因为亲子活动需要家长配合的地方比较多，所以最好提前开一个活动动员会，或者通过多种渠道向家长介绍本次活动，取得家长的支持。

特别要指出的是，在亲子活动的准备中，要充分利用家长资源。教师可以邀请热心的家长参与活动的策划，并安排家长作为活动某个环节的工作人员。如此既迎合了家长的需求，也增强了家长的主人翁意识，提高了家长参与的积极性。

（二）实施环节

在活动的实施环节，除了按既定的流程完成活动的每一个项目外，亲子活动在实施的过程中还有一个特别需要注意的地方，就是教师要对家长进行合理的引导，发挥家长在活动中的作用。

在亲子活动，特别是亲子游戏中，免不了有竞争的存在。有些家长胜负心比较强，或者说比较爱面子，就会出现“着急”的心态，总想帮着孩子把事情都做完。这种包办代替的行为是不可取的，会淹没孩子们的创造性，打击孩子们的积极性，使孩子们失去锻炼的机会。如此一来，亲子活动的意义就不存在了。所以，教师在活动中加强对家长的引导是非常有必要的。那么应该如何去做呢？

1. 活动前给孩子们充分表达的机会

部分家长常存在一种心理，就是“孩子还小，他什么都不懂，还是让我来吧”。其实，这是家长不信任孩子的一种表现。孩子虽小，但也有自己独特的想法。比如，中二班准备举行一个水果拼盘的亲子活动，教师借着家长会的机会宣布了这一消息，并邀请了小朋友进班共同讨论如何制作的问题。孩子们兴奋地提出自己的想法，有些想法非常具有创意而且也有操作性。教师希望通过这样的方式，让家长意识到孩子也是一个独立的个体，他们也有自己独特的想法，家长应该尊重孩子们的想法，多倾听孩子们的声音，而不是把自己的意愿强加在孩子们的身上。

2. 明确游戏规则，严格游戏操作

亲子游戏在很多情况下是以锻炼孩子们的能力为主的。比如我们前面举例的“小人穿大鞋”游戏：游戏规则特别明确了必须先由孩子为大人穿上鞋，大人才能背着孩子起跑。这里就规定了必须是“孩子”帮大人穿鞋，而不是“大人”自己穿鞋。如此一来，就可以避免家长为求快，而包办代替的可能性。当然，在游戏的过程当中还要注意监督，发现违规行为，必须对比赛者做出相应的处罚，这样才能在游戏中真正锻炼孩子们的能力。

3. 适时提醒，给予孩子发挥的空间

对于一些技能的掌握，也许孩子们会比大人更强。在这样的情况下，教师就应该适时引导，让家长意识到孩子有这样的能力，并给予孩子展示机会。在“我的泥娃娃”

这一活动中，要求家长与孩子用既定的材料制作泥娃娃，而材料有彩色黏土、鲜花、藤条等。当小羽的妈妈大包大揽，用仅有的几种颜色制作娃娃的裙子时，老师亲切的问："小羽，你想娃娃穿什么颜色的裙子啊？"小羽说："紫色"。小羽的妈妈说："别想了，黏土都没有紫色的。"小羽想了想说："用红色和黑色的黏土混合在一起，就成了紫色的黏土啊。"于是，小羽将这两种颜色的黏土沾了一点水进行了融合，果然紫色的黏土就做出来了。小羽的妈妈很惊讶，她没想到原来黏土也是可以混色的。其实，关于黏土混色搭配的小知识，教师在课堂上是教过的。所以教师在活动中的询问，就是为了让家长发现孩子这一方面的能力，给予孩子更大的发挥空间。

（三）总结反思环节

关于亲子互动的总结反思，也与上一章所介绍的家长会的总结反思环节相似，都要对活动本身进行总结反思，也要对家长进行回访和反馈。要了解家长对本次活动的想法，接受他们提出的合理建议。

特别要提及的是，"亲子作品展览交流会"在这一环节中也是一种值得选择的方式。亲子活动丰富多彩，特别是在手工活动中，家长和幼儿共同制作出了许多优秀的作品。教师要把这些作品展示出来，并请幼儿对作品进行介绍。这不仅可以锻炼幼儿的语言表达能力，也可以让家长从幼儿自豪骄傲的言语中感受到与幼儿共同创作的乐趣。

【案例分享】

贵港市普罗旺斯幼儿园秋季亲子运动会方案

活动目的：为了增强幼儿体质，培养孩子的自信心，让孩子在锻炼中磨炼自己的意志，拉近家长与孩子间的感情，丰富师生和家长的文化生活，我园定于 2020 年 9 月 20 日上午 8：30—11：30 在贵港市体育中心综合场馆开展幼儿冬季运动会。

活动准备：各年级需要的器械、幕布、安全指示牌、摄影器材

活动时间：2020 年 9 月 20 日上午 8：30—11：30

活动地点：贵港市体育中心综合馆主场馆

参加人员：幼儿、教师、家长

活动流程如下：

一、操节展示

1. 运动员入场式；

2. 大班、学前班篮球队表演；

3. 小班早操展示；

4. 中班操节展示；

5. 大班操节展示；

6. 学前班操节展示。

二、团体项目

1. 小班：走高低平衡木—双脚跳布条（横幅）—钻布洞（横幅）—跳摘一颗星星。

2. 中班：走梅花桩—钻洞—单双脚跳（跳圈）—走竹梯—攀爬水管架—跳摘星。

3. 大班：走弯的平衡木—过水桶架—钻方架—爬架子—走高架—跳高摘星。

4. 学前班：助跑跳马（轮胎）—钻轮胎—过水管架子—走高架竹梯—高处跳下—跳高摘星。

值得一提的是，团体项目中所有活动步骤教师应再三确认，确保幼儿安全。

三、小组项目

1. 小班：走遛遛布（家长拉布）

2. 中班：（15 人）单人趴滑板：幼儿分两边站好，比赛开始，一名幼儿从 A 点到 B 点，另一名幼儿从 B 点到 A 点。（每组三个滑板）

3. 大班：（20 人）踩水车比赛（4 人合作）。幼儿分两边站好，比赛开始，第一组幼儿踩水车从 A 点到 B 点，交给第二组幼儿，第二组幼儿从 B 点到 A 点。先完成者获胜。

4. 学前班：（14 人）滚大圈（2 人合作）。一人骑在圈内，一个推圈从 A 点到 B 点再拐回 A 点交给第二组幼儿，先完成者获胜。

5. 中班：（20 人）运送小动物（2 人合作）。两人抬担架（上面放一个小动物），幼儿从 A 点到 B 点放下小动物，再拐回到 A 点，第二组出发。

6. 学前班：（15 人）运球上篮。幼儿从 A 点拍球到 B 点投篮再回到 A 点，第二名幼儿出发。投入最多者获胜。（备选项目：滚轮胎上桥过平衡木，从 A 点到 B 点交接，第二名幼儿出发）

7. 大班：（14 人）划船。（2 人合作：两个滑板连接，两幼儿坐上拿桨）从 A 点划到 B 点拐回 A 点交给第二组幼儿，先走完者获胜。

8. 学前班（16 人）：伐木工人（2 人合作）。两人扛木头从 A 点出发 ——过高低独木桥 ——过梅花桩到 B 点拐回 A 点交给第二组幼儿，先走完为胜。

四、家长项目

1. 每班派 10 位家长进行平板支撑比拼（每位家长背后贴上号数），谁坚持到最后谁胜。取前十名。

2. 拔河比赛：抽签分组（4 组）（各组负责人：A 组蒋××，B 组杨×，C 组汤×，

D组刘×），先在组内进行比赛，每组决出第一名参加决赛，决出一、二、三、四名。

贵港市普罗旺斯幼儿园

2018年1月4日

（资料来源：广西贵港市普罗旺斯幼儿园）

第六节　家长开放日

【引子】

2016年感恩节，我有幸参加了孩子幼儿园的"家长开放日"活动，虽然只有短短半天，但是收获却不少。回家的路上我想了很多，对孩子的教育也有了更深刻更清晰的认识。

说实话，孩子已经上中班了，可我真正参与他的在园生活却少得可怜，平时都是急匆匆地送他上学、放学，除了偶尔和老师说上几句，简单地了解一下他近期的表现，就连想真诚地和老师好好沟通一下都没有时间。所以，个人觉得学校这次开展这个活动还是非常有意义的，不仅为老师和家长们搭建了一个很好的沟通平台，让家长更多地了解老师的教学方法，也增进了家长对孩子的了解，让我们更直观地看见了孩子在园的情况，有效地促进了家校共育理念。

由于去得稍微晚了点，错过了孩子们的早操时间，正赶上他们在教室里吃早餐。老师们耐心地引导孩子们吃完早餐，组织参加室内外活动、学习健康知识、参加课间操，孩子们都有序地配合着，一切都是那么自然。可儿子并没有像我想的那样认真地参与各种活动，大胆地表达自己的想法，好像总是提不起兴趣，不能全身心地投入，虽然不止他一个小朋友这样。他无所适从地望着我，我的心里还是充满了不安，但我还是微笑着回应他，示意他应该积极一点儿。直到这一刻，我才意识到自己好像做错了什么。晚上回家，和孩子说起今天在幼儿园的表现，他好像意识到了什么，一直躲避着我的眼睛。我没有责备他，因为这不是孩子的问题。于是我们很认真地进行了沟通，听到他告诉我"我不想说或我不想做"的时候，除了鼓励他要积极参与活动，勇敢地告诉大家自己的想法外，更多的便是在我自己身上找原因。

回想最初对孩子的期望：希望他能健健康康、快快乐乐地做个平凡人，做一个有责任心、有公德心、有爱心、有恒心的人，做一个坚强勇敢的人。重新审视自己这些年来对孩子的教育，不得不承认在追寻一定结果的同时却忽视了很多本质的东西。午饭的时候和孩子的爸爸认真地讨论了这些问题，也深刻地反思了各自的做法，重新摆正了我们的位置。

现在的家长都对孩子抱有很大的期望，都是望子能成龙成凤，而对于幼儿园来说，一个优秀孩子的标准又是什么呢？我觉得孩子是否优秀不应指向于算数算得是否快、汉子写得是否工整、英语说得是否流利等，有的家长或许并不赞同我的看法，我一直坚持一个生命的成长自有它的规律，我们应该本着尊重的原则适加引导。“在正确的时间做对的事情”这句话说得很好，对于这个年龄段的孩子来说，更应该注重和培养他们的专注力、创造力以及想象力，不要总用成人的眼光去看孩子，兴趣才是最重要的。既然我们不能为他们挡掉成长道路上所有的绊脚石，那就从小培养他战胜困难和解决问题的能力。所以从某种意义上来说，我们对孩子根本做不到教育，只能做到影响，说的那部分没有意义，做出来的那部分才影响深远。

——来自某幼儿园家长参加家长开放日活动后的感受，有删改

（资料来源：https://www.meipian.cn/9ez0plh）

你是否也希望你班里孩子的家长也能有这样一种感悟呢？也能如文中的家长一样支持你的工作呢？这些都可以通过家长开放日这一形式来实现。那么，本章我们就将为大家介绍与家长开放日有关的知识。

【知识殿堂】

一、家长开放日的含义

《幼儿园教育百科辞典》指出，家长开放日就是托儿所、幼儿园定期或不定期邀请家长来园所参观教育活动，如让家长观看上课、游戏、幼儿作品展览等，促使家长增进对幼儿园工作的了解；在与同龄儿童的比较中，了解自己子女的发展水平；学习幼儿教育的方法；体验教师工作的辛苦等。国家教委于1996年颁布的《幼儿园工作规程》中指出：“应建立幼儿园与家长联系的制度……幼儿园可实行家长开放日制度。”

幼儿园家长开放日活动与幼儿园亲子活动有一定的重合之处，那就是亲子活动会是家长开放日中的一部分内容。但两者还是有很大的区别，主要的区别在于参与者的角色定位不同。家长开放日中，大多数情况下家长主要作为观摩者，而教师和幼儿是活动的主要参与者；在亲子活动中，教师主要作为指导者，而家长和幼儿是活动的主要参与者。

二、家长开放日的意义

（一）帮助家长更全面地了解自己的孩子

在家长开放日中，家长可以了解孩子在集体生活中、在课堂中、在游戏中的不同状态。家长可能会发现原来在家是“小霸王”的孩子，在幼儿园中听话又有礼貌；在家里不爱说话的孩子，在课堂上表现得很积极；在家从不收拾玩具的孩子，在区域角活动中却会帮着别的孩子一同收拾……孩子各种与在家时不同的表现，可以使家长较为全面、客观地了解自己的孩子，也促使家长去思考家庭教育与幼儿园教育的不同。在观察自家孩子的表现之外，家长们还可以观察到其他孩子的表现，从而可以对比得出自家孩子的发展水平，进而能够有针对性地提高孩子某方面的能力。

（二）帮助家长更深入地了解教师工作

在家长开放日活动中，家长通过对教师授课的观摩，了解教师的教学水平；通过对孩子一日生活常规的观察，了解教师的保育能力。而在整个开放日活动的过程中，家长也能看到教师对于一些问题的处理，从而了解教师的教育能力。在这一过程中，家长更能体会幼儿教师工作的不易。再加上教师亲切自然、和蔼可亲的待人态度，家长会更愿意去信任、尊重、配合教师的工作。

（三）帮助家长更细致地了解幼儿园的教育教学工作

在家长开放日活动中，可以了解幼儿园对于幼儿的各项安排：幼儿园的一日常规、幼儿的饮食、幼儿园的课程、游戏安排、户外活动安排等。这样一来，在很大程度上就打消了家长对幼儿在园如何生活的疑虑，也提高了家长对幼儿园教育专业性的认可度，加强了家长对幼儿园工作的理解，最终能够达成家园共育的共识。

（四）帮助家长提高育儿能力

这一点其实无须赘述，因为在家长对教师教育教学工作的观察中，家长自然会去思考自我家庭教育方面存在的问题；而在对幼儿园教育教学工作有了深入了解后，家长会逐步建立起对幼儿教师、幼儿园教育的正确认识，端正教育态度。

（五）帮助教师了解家长的教育态度、观念和能力

现代社会压力大，很多父母都因忙于工作而把接送的任务交给了祖辈，或者即使是父母亲自来接，也是来去匆匆。这种情形就难以让教师对家长有深入的了解。家长

开放日活动就为教师提供了一个机会，能够近距离较长时间地与家长接触。在与家长的沟通中，在家长与幼儿的互动中，教师可以了解家长的教育观念和教育能力，从而给予有针对性的指导和合理的建议。

三、家长开放日活动的多种形式

家长开放日活动的形式多种多样，在一次开放日活动中，可能只有一种形式，也可能是以一种形式为主，多种形式为辅。教师可以根据幼儿的发展水平和家长的需要灵活安排。

（一）半日生活型

半日生活型的家长开放日，主要向家长展示的是幼儿的生活情况。幼儿园可安排上午或下午的时间，让家长了解幼儿在园的生活状况。教师平日就要注重对幼儿常规习惯的培养，如洗手、吃饭、如厕、睡眠、收拾玩具、举手发言、按顺序排队等。这样，家长在来园时就能看到幼儿园的教育成果。

（二）教学展示型

教学展示型的家长开放日，主要向家长展现的是教师的课堂教学能力。相对于大多数家长来说，教师受过更多的与幼儿相关的教育教学的训练。教师在教育内容的选择上、教学方法的应用上，可能比部分家长更具科学性，尤其是在音乐、美术、舞蹈、手工等方面的技能技巧以及教学方法都优于普通家长。家长可以通过家长开放日这一途径，对教学方法进行观摩学习。

（三）教研观摩型

幼儿园为了增强自己的师资力量，很重视对教师教学能力的培养。所以，幼儿园几乎每个学期都会举行内部的教学观摩和研讨活动。教研观摩型的家长开放日会首先邀请家长进行教学观摩，之后旁听教师围绕这一节课展开研讨活动，最后让家长发表意见。这一类型家长开放日的用意在于让家长感受到幼儿教育并不只是“简单的生活照顾和简单的知识技能教育”，更不是“找一个人帮我看孩子”，而是以幼儿心理学、教育学为指导的科学的、专业的教育。同时，也会使教师形成紧张感，更努力地提升自我专业素质。但这一类型的活动较少，原因一是有些幼儿园没有意识到此活动的价值，二是相对来说这一活动类型比较枯燥，感兴趣的家长不多。

（四）能力展示型

在家长开放日，向家长展示幼儿在幼儿园中新学到的知识和本领，是很多教师经常设计的内容。教师常以节目演出的形式来展现幼儿的歌唱、舞蹈、朗诵等能力。但要注意的是，在节目设计中，要让人人都有机会展示；在节目排练时，要注意劳逸结合，激发孩子们的兴趣。对于绘画、手工等能力的展示，教师常常以作品交流展示会的方式呈现，并与其他形式的活动搭配在一起进行。

（五）游戏制作型

在家长开放日，为了提高家长的参与度，教师还可以设计让家长直接参与的亲子游戏和亲子制作活动。在户外活动时间，教师可以设计幼儿和家长共同参与的亲子游戏；在区域角活动时间，教师可以安排家长进入活动区，与幼儿一同进行搭建、手工制作、阅读等区域活动。一般来说，这一形式的活动会与其他类型的活动搭配在一起进行。

（六）庆祝节日型

节日是举办家长开放日的好时机。这是因为在节日这个大背景下，教师容易设计出既有趣又有意义的活动。以迎接新年为例，教师可以设计一个“迎新年歌唱比赛”，让家长欣赏到幼儿优美的歌声；还可以设计一个“福”字手工制作活动，让家长也参与其中。如此一来，幼儿的能力得到了表现，家长也被孩子们营造的其乐融融的氛围所感染。这一活动既满足了家长期盼看到孩子表现的心理，又使教师得到了家长的肯定。

四、家长开放日活动的注意事项

在这里，我们不再从“准备环节、实施环节、总结反思环节”这一角度来谈论家长开放日活动的组织和实施。因为我们相信在经过前两节内容的学习后，同学们已经大体掌握了活动的设计和实施方法。在此，我们就来谈论家长开放日活动的一些特殊要求。

（一）教师要调整对家长的期望

刚入职的教师对教育教学活动有极高的热情。当他们得不到家长同等的回应时，积极性就会受到打击。但我们要明白的是，每一位家长对教育抱有的热情和持有的态度是不一样的。这其中有很多因素的影响，如家长的文化程度、收入水平、职业性质、家庭教育的观念、行为和方法等。教师要调整好自己的心态，对不同类型的家长提出不同的要求。这就意味着教师要尊重家长之间的差异，用适合不同类型家长的方法对他们进行鼓励和引导。

（二）教师要预先向家长宣传观察的方法

1. 学会全面观察孩子，学会纵向比较孩子

在当今社会，大多数家长更加关注的是孩子认知能力的发展，而忽视了其社会化发展，从而造成了观察的片面化。孩子社会化的发展需要在与同伴的交往中进行。所以在家长开放日活动中，教师应该引导家长观察孩子是否养成文明礼貌的习惯，是否积极参与集体活动，是否主动与同伴交往，是否学会了平等、尊重、协商等高级交往技能。

家长要避免仅从横向比较孩子，避免只看到孩子好的一面或者不好的一面。要从纵向上评价孩子的发展，看到孩子的变化，尊重孩子的个体差异，保持平常心。

2. 观察教法，学会科学育人

幼儿教师毕竟接受过专业训练，在处理孩子的一些问题时会更加有针对性。教师要引导家长观察幼儿教师如何耐心地引导孩子解决疑惑、解决与同伴相处中的矛盾；引导家长观察在孩子行为问题产生时，教师采用了何种手段。

（三）幼儿园要增加开放日的次数

目前大多数的幼儿园一学期仅举办一次家长开放日，次数太少了，无法满足家长的需求。在仅有一次的家长开放日，如果个别家长正好有事怎么办呢？特别是对于工作较忙的家长，这个假“请还是不请”就成了一个大问题。领导能批准当然好，不批准就只能错过了。但错过家长开放日，尽责的家长又会有负罪感，觉得让孩子失望了，也让教师不愉快了（家长签到率过低，会影响教师的工作考核）。即便有些家长请了假来参加活动，也会常出现不停接电话的现象。所以，增加家长开放日的次数是非常有必要的。这样一来，家长就可以选择合适的时间，全身心地参与到活动中来。

其实，幼儿园应该做到“天天向家长开放，随时欢迎家长来访”。美国、英国、澳大利亚等幼儿教育发达的国家都是如此实行的。但目前我国的幼教事业还欠发达，出于安全和教学管理等方面的考量，幼儿园还不能做到“天天向家长开放”。但我们应该看到，近些年来，我国的幼教事业发展得非常迅速，我们必将逐渐与国际接轨，逐渐增强我园幼教事业的科学性。

【复习思考】

一、名词解释

1. 家长会

2. 家长开放日

3. 家园联系册

二、简述题

1. 幼儿园家长接待有几种形式?

2. 幼儿园举办亲子活动有什么意义?

三、实训题

1. 请举办一次模拟家长会。

2. 请撰写家长开放日活动方案。

【拓展阅读】

微课承载家园共育的新思路

摘要:家园共育对于幼儿教育具有积极的推动作用,然而,传统的幼儿教育教学模式在一定程度上限制了家园共育的效果。随着现代信息技术在各领域中的不断应用,微课逐渐被广泛应用于幼儿教育教学过程中,包括幼儿家园共育。文章认为,应该从多个角度发挥微课在幼儿教育中的积极作用,使幼儿教育教学模式得以优化,推动幼儿家园共育。

关键词:微课;家园共育;幼儿教育

家园共育教育教学模式为幼儿教育搭建了良好的平台,使幼儿园和家庭在教育过程中的优势和特点得到充分发挥,形成了幼儿教育的合力,推动幼儿教育事业健康发展。随着现代信息技术的不断发展,幼儿教育教学过程中也大量采用现代化教育教学手段,以优化教育教学模式,使幼儿教育的效果更加明显。当前,微课是幼儿教育过程中被广泛应用的一种教育教学手段,对于家园共育的探索和创新发展起到了积极的推动作用。

一、用微课搭建新型家园共育平台

在传统家园共育教学模式下,幼儿园和家庭对于幼儿的教育教学工作更多地依赖于语言这一单一载体,通过言传身教的方式来完成家庭和幼儿园对幼儿的教育。微课作为一种新型的教育教学载体,能够以一种声情并茂的方式来融入幼儿教育的全过程,使幼儿在接触单一语言教育载体以外，能够有机会接触到声音、图片、动画等多元化的要素符号，从而能够达到更为理想的家园共育教育教学效果。

首先，用微课来增进家长与幼儿之间沟通和交流的灵活性。相比传统家园共育模式下家长与幼儿之间的语言沟通而言，微课让幼儿体会到家长的另一面，换句话说，家长不仅能够与幼儿之间建立简单的语言交流关系，而且能够通过共同关注的图片、音乐、动画来创造更多的交流结点，从而有了更多与孩子之间沟通的话题和兴趣爱好。幼儿能够乐于同家长进行深度的交流，家长也更容易了解孩子的心理变化，以及兴趣爱好等特点，从而在教育过程中能够有针对性地教育和引导孩子，使家长与孩子之间的关系更加融洽。

其次，用微课来搭建家长与家长、家长与教师之间交流的平台。幼儿教育是一门复杂的学问，在教育过程中每一名家长都有不同的感受和经验。对于家园共育教学模式而言，不仅需要家长与家长之间能够积极地沟通幼儿教育的经验，而且需要家长与教师之间经常开展交流和沟通，从而实现幼儿教育教学模式的最优化。微课的设计与使用恰恰能够把幼儿教育的过程和经验体会以一种更为直观的方式表现出来，这样就能够打破传统家园共育模式下家长与家长、家长与教师之间的语言交流，使家长们能够通过微课中的图片、视频等，了解孩子在幼儿园的表现，为更好地参与家园共育奠定良好的基础。

最后，用微课来调动家长参与幼儿教育的积极性。在传统的幼儿教育模式下，家长对于幼儿园有很强的依赖性，很多家长都是把孩子送到幼儿园以后交由幼儿教师来完成对于孩子的教育和管理。当教师发现孩子在幼儿园期间存在问题时，也大多是简单地与家长进行沟通和反馈，这种沟通和反馈并不一定能够引起家长们的足够重视。相反，微课在家园共育教育教学过程中的应用，能够把幼儿在幼儿园期间的各种表现编辑到微课中，以图片、视频的方式直观地展现出来。这样家长能够更加直观地了解幼儿在园期间的实际表现，更愿意配合幼儿园和教师完成对于幼儿的教育工作，达到更好的教育教学效果。

二、用微课丰富家园共育的教学载体

微课在幼儿家园共育中的应用使教学载体更为丰富，突出体现了幼儿教育的特色化发展，并让优秀的教育经验得以积累，使微课参与的家园教育更有利于幼儿的全面发展。

首先，用微课丰富家园共育的教学内容。一些幼儿家长忙于工作，对于孩子教育所花费的时间和精力都存在不足，这就打破了家园共育的平衡，把幼儿教育更多交给了幼儿园的教师，显然不利于幼儿身心健康发展。微课将丰富的幼儿教育教学内容融入其中，不仅有幼儿在幼儿园期间的各种活动照片，而且有幼儿各种教育过程的点滴视频影像，家长可以根据微课中的内容参与到家园共育中，丰富了作为家园共育主体之一家长的教学内容。

其次，用微课突出家园共育的教学特色。尽管微课在很多教育教学领域中都有应用，但是把微课应用到幼儿教育领域并没有普遍性，尤其将微课应用到家园共育过程中更能体现教学过程的突出特色。幼儿教师可以将微课的相关资料通过客户端的方式推送给其他教师或者幼儿的家长，这样不仅能够丰富教育教学的内容，而且能够建立起微课的资源群，为下一步更具特色的家园共育慕课探索做好准备。

最后，用微课积累家园共育的教学经验。无论是家长还是幼儿教师都能够在家园共育的过程中积累很多宝贵的幼儿教育经验，这些宝贵的经验能够通过微课的方式更加形象地展现，例如家园共育中关于幼儿安全教育的知识、动手能力培养的知识、角色互动的知识等，可以借助音频、视频、图片、动画等方式将这些知识制作成为微课，使微课能够直观地反映家园共育过程中所积累的经验。当面对不同的幼儿教育对象时，面对不同层次的家长群体时，可以选择不同的微课来推进家园共育教学，从而达到更为理想的教育教学效果。

三、用微课优化家园共育的教学手段

在家园共育过程中会涉及很多的教育内容和教育环节，针对不同的教育内容和教育环节应该采取差异化的教育教学手段。微课作为一种现代信息技术手段，介入家园共育教学活动中，使家园共育的手段得以优化。

首先，用微课提升幼儿教师的教学能力水平。尽管微课比传统的课程在时间上要短，但是从微课中能够反映出的教学内容来看并不单一。教师为了围绕某一教学内容设计出一节精品的微课，就需要针对这节课的核心部分搜集大量的家园共育素材，其中包括具有代表性的视频、图片等，为了让这些视频或者图片能够最大限度地反映出这节课的主题，教师就需要对这些内容进行必要的逻辑设计，使其既满足于幼儿教育的需要，又满足于家长参与家园共育的需要。显然，完成了整个微课的设计过程，教师的教学能力水平将全面提升。另外，为了达到更为理想的教育教学效果，教师还要在微课设计前做足现代信息技术的“功课”，使自己所整理出的素材能够被运用到微课的制作中，这样才能够体现出微课在家园共育过程中的独特优势。

其次，用微课实现家庭个性教育手段的优化。每个家庭都有不同的特点，这就造成了家园共育的差异性，因此，在实施家园共育模式时，应该差异性地对待不同的家庭客体，充分体现不同家庭的个性化特点，使幼儿教育达到更为理想的教学效果。教师在进行微课设计和制作时，可以把不同的家庭作为个体案例，选择合适的切入点，使这些差异性家庭的个性得到有机的体现，在进行家园共育时教师可以把这些家庭的个案进行广义性的分享，这样家长就可以根据其他幼儿家庭的个案特征来优化自身的教育手段，从而在借鉴中实现对家庭个性教育手段的优化。

最后，用微课推动教学过程的动态化发展。家园共育是一个动态化的教育过程，微课的介入使整个教育过程更具开放性，家长有机会通过更为直观的现代信息化载体来了解幼儿的具体情况，也可以借助微课的形式来增进幼儿与家长之间在教学上的互动。家长能够随时随地了解幼儿在园期间的表现，更多地参与到家园共育的过程中，实现对于幼儿的动态化教育和动态化管理。

综上所述，从简单的 PPT，到兼具音频、视频、图形的微课，在家长与学校之间架起沟通的平台，让家园共育的教学更为灵活生动，让家长了解现代信息技术在幼儿教育中的应用，使幼儿教师的教学载体与手段得到丰富，幼儿也能够非常直观地通过微课来接受新颖的教学模式。

参考文献

[1] 刘焕丽. 网络时代探索微课创新家园共育新模式的研究[J]. 理论界，2016（1）.
[2] 焦皎，吕承文. “家园共育”内涵剖析与幼儿教育发展探究[J]. 太原大学教育学院学报，2013（3）.

家长微课堂

在互联网时代，大到浩渺的宇宙天体，小至如何烧菜洗衣，几乎没有网上找不到的知识,有着强大数据库和人工智能支撑的各种产品已经成为我们身边一位无所不知、有问必答，而且随叫随到的“老师”。这些还仅仅是已经走进了广大普通家庭的产品，在不久的将来，还会有更方便的技术，比如 VR 产品的普及。在这样的背景下，幼儿园可利用的新型媒介也越来越多，与家长进行沟通的渠道也会越来越多，开展家园共育的手段也会越来越丰富。

但互联网带来便捷的同时也带来了放大化的关注，不管是好信息还是坏事件都会让舆论过度参与，有时候甚至会断章取义。但总的来说，能推动着幼儿教育更加透明化和规范化。

比如在沟通方面，就有从约谈面聊，到电话、短信、QQ、微信，从文字到语音，从图片到视频再到直播的变化。在之前的家园共育上，老师和家长的沟通只有晨接、晚送或者预约、家访、电话，现在有了即时通信的各种 App，让交流变得无障碍，提高了家长与教师之间的黏合度；但弊端是绑架了老师的时间：部分家长凌晨 1 点还会给老师发信息了解孩子的情况。所以，在运用这些便捷工具上，还需要我们制定出共同的规则，使它更人性化。

再比如信息的公布，从黑板文字到通知文件，到利用各种 App 发送的电子邀请函、小程序等都更加便捷高效。信息的分类和传达也更直接更具有针对性，如微信公众号，目标人群就非常明确，就是推送给本园家长的一些育儿知识、园所活动、问卷调查、每周伙食、招生宣传……同时也起到一定的宣传推广作用。而一些校园掌上通 App 则可以让家园互动更有链接性，吸引更多的家长参与到互动中。

下面和大家分享一个案例，看看班级老师如何利用微信实现班级家长教育理念同步。

每个学期初，我们都会召开家长会。但因为个别家长的缺席和家长会时间的限制，很多问题没有办法展开来谈。当时班上的老师就想着，那就利用其他时间再召集家长来开分享会或者沙龙。但是每次到家长沙龙时间，报名参加的家长就一两个。老师们很挫败，感觉班上的家长都不支持工作。最后经过讨论，我们决定改变模式，把面对面的家长沙龙及家长知识讲座活动，改成在微信群里面做家长微课直播活动。这样一来，就解决了家长们时间难统一的问题。刚开始的一两期，家长们都是回复“谢谢老师！”“老师辛苦了！”“感谢老师的分享！”这样的句子，只有一两个家长会就问题简短讨论一下。可是到第三期的时候，群里就越来越热闹了，家长们会在直播结束之后，和老师们在线上讨论问题，这样就会更加容易解决问题、达成共识。一个学期坚持下来，班里的家长对微课堂产生了期待，期待老师的下一次分享；老师们也从中受到了鼓励，更加认真地去学习和钻研育儿知识，更好地去开展微课。在双方的促进下，家长们越来越理解和配合老师的工作；老师们也有了成就感，对自己也越来越认可，在工作中也掌握了更加多的育儿理论，更好地去开展教育教学工作。

（资料来源：广西贵港市普罗旺斯幼儿园教师曾明）

【参考文献】

[1] 刘亭. 家园共育中若干问题的思考[J]. 科技信息，2010（28）.

[2] 吴云侠. 家园共育中的多方职责[J]. 新课程（教师版），2013（3）.

[3] 冯晓霞，王冬梅. 让家长成为教师的合作伙伴[J]. 学前教育，2000（2）.

[4] 李生兰. 幼儿园与家庭、社区合作共育的研究[M]. 上海：华东师范大学出版社，2004.

[5] 钱月琴. 活环境·活教育·活本领——“生活教育理论”指导下的幼儿园社区教育资源的开发和利用[J]. 学前教育研究，2005（5）.

[6] 周红. 家园沟通存在的问题与对策[J]. 学前教育研究，2003（2）.

[7] 邹艳娜，唐慧，梁淑贞. 关于“家园沟通”的调查与思考[J]. 学前教育研究，2003（2）.

第三章　学前儿童家庭教育的方式和方法

【学习目标】

1. 了解学前儿童家庭教育的目的和概念。
2. 掌握学前儿童家庭教育的内容。
3. 掌握学前儿童家庭教育的原则。
4. 掌握学前儿童家庭教育的方法并运用于学前儿童家庭教育的指导。

第一节　学前儿童家庭教育的目的、任务与内容

【引子】

封建社会学前家庭教育的目的是培养封建社会需要的统治人才，因此封建社会的许多家庭在实施学前家庭教育的过程中，长辈们常以“学而优则仕”的思想教育儿童，以日后求官晋爵的知识启蒙儿童。同时，统治者亦非常重视学前家庭教育，视其为封建教育的重要组成部分和造就官僚后备军的人才教育的开始。

如果说家庭是缩小的社会，那么社会便是扩大的家庭。封建社会的政治统治就是建立在家庭的基础之上的。“国”与“家”常常合为一词，“国”即为大“家”。因此古代儒家士大夫将进取目标概括为“修身、齐家、治国、平天下”。从这个意义上讲，为齐家治国奠定基础，也是学前教育的目的之一。

如果说齐家治国是政治家为古代学前家庭教育制定的终极目标，那么光宗耀祖则是普通百姓家庭实施学前教育的实质动机与最切近实际的目的。在封建社会，家中长辈都视子女为私有财产，希望通过家教早日使子孙“成龙”，以达到振兴家业、光宗耀祖的目的。同时，子孙们亦以身许家，把光宗耀祖作为自己的奋斗目标和报答父母养育之恩的最好方式。

点评：教育的目的受到不同社会的政治、经济、文化、科学、技术发展和受教育者身心发展状况的影响。随着社会的变化和发展，人们的生活发生了翻天覆地的变化，

相比于封建社会，人们对于把孩子培养成为什么样的人也有了不同的想法。想法不一样，具体的教育内容就会有所不同。本节的内容就将和大家详细讲解现代社会学前儿童家庭教育的目的、任务与内容。

【知识殿堂】

家庭教育的目的既是教育的出发点，也是教育过程的依据和最终的归宿。家庭教育的目的制约了家庭教育的方向，决定其总体效果，所以家庭教育的目的是家庭教育的核心，是决定家庭教育发展方向和成败的根本。没有具体的教育目的，家庭教育的所有实践活动都是盲目杂乱的；而没有任务内容的具体实施，家庭教育的目的就会落空，无法实现。因此，明确家庭教育的目的、任务和内容，是家庭教育成功的保证。

一、学前儿童家庭教育的目的

（一）家庭教育的目的

教育目的是教育者根据国家的教育总方针，依据受教育者的身心发展特点，通过教育活动，期望受教育者达到的预期结果。家庭教育目的就是通过家庭教育活动和家庭教育的全过程，把受教育者（主要是孩子）培养成什么样的人。家庭教育是非正规教育，不像学校教育那样有组织、有领导、有周密的计划、有完整的体系。但它与学校教育一样，也有一定的教育目的，担负着一定的教育任务和内容。

确定家庭教育目的主要从社会发展和人的发展的需要两方面出发。首先，人是生活在社会环境下，受到社会的政治、经济、文化等方面的制约，所以制定家庭教育目的要根据社会的教育目的来制定；其次，家长是家庭教育的主要教育者，家长的人生阅历、学历、职业、兴趣等都会影响家庭教育目的的制定；最后，家庭教育的目的还要受到家庭每个孩子的个性特点制约。

（二）学前儿童家庭教育的目的

学前儿童家庭教育的目的是指家庭对所要培养的孩子的质量规格总设想或规定。换言之，就是人们希望通过家庭教育让学前儿童在身心诸方面发生一些什么样的变化，或产生什么样的结果。这一问题古今中外各个社会和阶级都非常重视，在全球化的今天更是如此。国际 21 世纪教育委员会提出为了适应不断变化的社会，新世纪教育的宗旨是使儿童“学会认知”，有正确的学习态度，掌握正确的学习方法；“学会做事”，具有较强的发现问题、分析问题、解决问题的能力和冒险精神；“学会共同生活”，能够了解别人、尊重别人，参与别人的活动，与别人相互依存与合作；“学会生存”，充分发挥自己的人格特征，使自己的一切潜力包括体力、记忆力、判断推理能力，自主性和责任感，美感和交往能力都得到发展。联合国第44届大会提出教育儿童的目的是：（1）最充分地发展儿童的个性、才智和身心能力。（2）培养对人权和基本自由以及《联合国宪章》所载各项原则的尊重。（3）培养对儿童的父母、儿童自身的文化认同、语言和价值观、儿童所居住国家的民族价值观、其原国籍以及不同于其本国的文明的尊重。（4）培养儿童本着各国人民、族裔、民族和宗教群体以及原为土著居民的人之间谅解、和平、宽容、男女平等和友好的精神，在自由社会里过有责任感的生活。（5）培养儿童对自然环境的尊重。

我国政府也格外重视学前儿童家庭教育的目的这一核心问题。《中国儿童发展纲要（2001—2010年）》根据我国儿童发展的实际情况，以促进儿童发展为主题，以提高儿童身心素质为重点，以培养和造就21世纪社会主义现代化建设人才为目标，从儿童与健康、儿童与教育、儿童与法律保护、儿童与环境4个领域，提出了2001—2010年的总目标是：坚持“儿童优先”原则，保障儿童生存、发展、受保护和参与的权利，提高儿童整体素质，促进儿童身心健康发展。儿童健康的主要指标达到发展中国家的先进水平；儿童教育在基本普及九年义务教育的基础上，大中城市和经济发达地区有步骤地普及高中阶段教育，逐步完善保护儿童的法律、法规体系，依法保障儿童权益；优化儿童成长环境，使困境儿童受到特殊保护。十多年来，国家加快完善保护儿童权利的法律体系，强化政府责任，不断提高儿童工作的法制化和科学化水平，我国儿童生存、保护、发展的环境和条件得到明显改善，儿童权利得到进一步保护，儿童发展取得了巨大成就。2011年，国务院颁布了《中国儿童发展纲要（2011—2020年）》。从健康、教育、福利及社会环境等方面详细规定了促进中国儿童发展、保障儿童合法权益的目标和策略措施。其中教育方面的主要目标第一条提出“促进0～3岁儿童早期综合发展”；第二条提出“基本普及学前教育。学前三年毛入园率达到70%，学前一年毛入园率达到95%”。实现主要目标的策略措施方面明确指出要“积极开展0～3岁儿童科学育儿指导”和“加快发展3～6岁儿童学前教育”。

《中国儿童发展纲要（2011—2020年）》总目标为：完善覆盖城乡儿童的基本医疗卫生制度，提高儿童身心健康水平，促进基本公共教育服务均等化，保障儿童享有更高质量的教育，扩大儿童福利范围，建立和完善适度普惠的儿童福利体系，提高儿童工作社会化服务水平，创建儿童友好型社会环境，完善保护儿童的法规体系和保护机制，依法保护儿童合法权益。在《中国儿童发展纲要（2011—2020年）》中学前儿童教育相关内容包括：学前教育对幼儿身心健康、习惯养成、智力发展具有重要意义；遵循幼儿身心发展规律，坚持科学保教方法，保障幼儿快乐健康成长；积极发展学前教育，重视 0 ~ 3 岁婴幼儿教育。

综上所述，学前儿童家庭教育的目的可以表述为：家长充分利用家庭优势和社会资源，创设良好的家庭环境，对学前儿童施以多种影响，培养学前儿童良好的生活习惯和自理能力，增强体质，激发认知兴趣，提高认知能力，掌握社会行为规范，塑造良好个性品质，发展审美能力，促进学前儿童身心全面和谐、健康发展。

用一句话来概括：学前儿童家庭教育的目的就是通过家庭教育，让学前儿童在品行、智能体质、审美等方面全面发展，为成人成才奠定基础。

二、学前儿童家庭教育的内容

父母是孩子的第一任教师，家庭是孩子的第一所学校，古今中外早有记载家庭教育的内容。不同时期不同国家的社会制度下会有不同的家庭教育内容，如中国奴隶社会奴隶主阶级的家庭教育内容为“六艺”：礼、乐、射、御、书、数；西欧封建贵族家庭教育是“骑士七艺”训练。现代家庭教内容主要促进幼儿人格的健康发展，其主要内容包括健康教育、情感教育、智能教育和审美教育。

（一）学前儿童家庭健康教育

1. 学前儿童家庭健康教育的含义

学前儿童健康教育是教育者根据学前儿童身心发展特点，提高儿童健康认识水平、改善儿童健康态度、培养儿童健康行为、保持和促进儿童健康的教育活动。学前儿童健康教育不能简单地理解为学前儿童体育。学前儿童健康教育是广义的学前儿童体育的重要组成部分，它以帮助学前儿童获得基本的健康常识、形成健康态度、养成健康行为作为主要任务。与狭义的学前儿童体育共同构成学前儿童身心发展不可或缺的两个方面。

学前儿童家庭健康教育是一种非正规的教育，它具有较大的随机性和随意性，家庭健康教育常常更具针对性，更富有弹性，因此，比学校教育更容易做到因材施教、因势利导。

2. 学前儿童家庭健康教育的内容

学前儿童家庭健康教育内容的选择和组织应根据学前儿童健康教育的目的和任务确定。健康教育涉及的范围十分广泛，实施学前儿童家庭教育包括学前儿童的身心特点及社会对学前儿童健康教育所要达到的基本要求。因此，学前儿童家庭健康教育包含学前儿童身体、心理和安全卫生三个方面的内容。

（1）身体健康发展教育。

加强学前儿童身体健康发展教育，首先，家长要为幼儿创设一个良好的健康教育环境。《幼儿园教育指导纲要（试行）》指出，幼儿园体育活动应以培养幼儿体育活动兴趣、发展基本动作、提高幼儿动作的协调性和灵活性为主。当今家庭结构越来越向核心家庭发展，父母忙于工作，陪伴孩子的时间也就越来越少，家长应该充分利用现有条件和资源，为孩子创造一个身体健康发展的环境。家长可以利用双休日带领孩子到附近的公园一起做运动，运用公园的小器材做游戏，充分发展孩子的奔跑、跳跃、投掷等能力。其次，家长应多参与幼儿园举办的各类亲子运动。在运动会上，家长和孩子通过听老师的口令做游戏，以此来发展孩子的大小肌肉运动，促进他们身体健康发展。

（2）心理健康发展教育。

当今社会，儿童心理健康越来越受到家庭和社会的关注，对家庭的美满和维护社会的稳定具有重要的意义。学前儿童家庭心理健康教育内容广泛，主要包括以下几个方面：让学前儿童学习适当表达情绪情感和思想的技能和方法；培养学前儿童对自己和他人的积极情感；培养学前儿童形成与他人合作、分享的品质；帮助学前儿童发展自尊、自信、自主和自我控制；让学前儿童初步养成良好的行为习惯，以及培养对心理健康问题的决策能力，自觉抵制有损心理健康的行为等。

（3）安全卫生教育。

学前儿童处于生命的初期，对这个世界充满好奇心和探索欲望，同时他们又是善良纯真的，面对这个世界的恶，他们往往不能很好地判断并保护自己。因此，学前儿童的安全卫生教育越来越成为家庭、幼儿园乃至整个社会关注的问题。家长应经常陪伴幼儿，教给他们有关安全卫生的知识，如家长可以利用空余时间与孩子一起阅读有关安全卫生的绘本。除此之外，家长还应向幼儿传授有关幼儿个人卫生和性教育的知识，培养幼儿个人卫生习惯、生活自理能力、有规律的生活习惯、清洁卫生习惯及饮食卫生习惯等。学龄前期是儿童性观念和性认知形成的关键时期。通过教育，让儿童逐步学习各种有关性的知识，培养儿童具有正确的性别自我认同和性角色意识。家长可有意识地利用自然界的现象和日常生活情景，让学前儿童逐渐认识一些关于动植物和人类繁衍后代的知识。

3. 实施学前儿童家庭健康教育的措施

（1）更新家长的健康教育知识，树立健康第一的理念。

对学前儿童实施健康教育是为了保护和增进他们的身心健康，增强他们的体质，提高他们适应环境的能力。由于家庭教育所具有的特性，如早期性、亲密性、长期性、渗透性等，在家庭中对学前儿童实施健康教育有其特殊的意义。家长可以随时随地把健康的理念传递给自己的孩子。传统的观念认为，学前儿童健康教育只需要关注孩子的身体健康就可以了，殊不知，学前儿童的心理健康发展也是家长不可忽视的教育内容。因此，家长要更新自身的健康教育知识，把学前儿童的身心健康发展作为学前儿童健康教育的首要目标。

（2）培养学前儿童热爱运动、珍爱健康的习惯。

学前儿童家庭健康教育的首要内容是让学前儿童了解关于健康的基本常识，使孩子们逐步知道自己身体的构造、机能和特点，明白自己成长的过程；其次是帮助孩子们养成良好的卫生习惯，以适应现代化的健康和卫生要求。家长不仅不应该限制学前儿童的活动，而且要培养他们从小热爱运动，珍爱生命，珍视健康。

（3）关注学前儿童心理健康。

学前儿童的心理健康教育也是当今家庭健康教育的重要内容，对学前儿童实施心理健康教育，主要有以下几个方面的内容：首先，实施学前儿童心理健康教育要对其进行情感教育。要让孩子学会表达爱的情感，父母对孩子无私的爱使孩子具有了安全感和幸福感，这种深刻的情感体验是孩子健康心理的坚实基础。其次，实施学前儿童心理健康教育要对其进行行为习惯的培养。叶圣陶先生曾说，教育就是要养成习惯。家庭教育在培养孩子行为习惯方面有其特殊的方式。最后，实施学前儿童心理健康教育要完善学前儿童的个性品质。个性品质的培养是心理健康教育的核心。从小培养孩子诚实、勇敢、坚忍不拔、独立、自信、有同情心等，良好的个性品质是家庭心理健康教育内容的重要内容。

（二）学前儿童家庭情感教育

1. 学前儿童家庭情感教育的含义

情感是人类对客观事物态度的体验，是一种与认知、意志相并列的特殊心理过程。学前儿童家庭情感教育是指由家庭中的家长根据学前儿童的身心发展特点对学前儿童实施的旨在培养学前儿童健康积极的情绪情感状态，塑造其良好文明的品行，使其形成健康人格的一种教育。

2. 学前儿童家庭情感教育的内容

培养学前儿童的情感发展主要从培养学前儿童的道德情感、社会技能、情感技能三个方面入手。

（1）陶冶学前儿童的道德情感。

移情是学前儿童在察觉他人情绪反应时所体验到的与他人共有的情绪反应，是理解他人的感情能力。家长要让孩子全面体验各种感情，以丰富孩子的情感世界，帮助孩子掌握基本的社会道德规范。首先，家长要注意培养孩子讲究礼节，尊重家长的道德情感。尊师重道、孝敬父母是中国的传统美德，作为家长，在家庭中要以身作则，尊重自己的父母，孝敬自己的父母，让孩子在这样的家庭氛围中潜移默化，逐渐学会尊重家长。其次，家长要重视孩子诚实、正直、善良、有爱的道德情感。一个人的优良个性品质可以伴随人一生的成长。在生活中，如果孩子做错了事情，家长可以运用说理教育的方法及时纠正孩子的错误行为。最后，家长还要让孩子体验恐惧、担心、失落、内疚等负面情感。家长要让孩子明白人的一生并不都是一帆风顺，人的一生也并不都是快乐相伴，生活中的酸甜苦辣才组成了人生的华彩篇章。

（2）训练学前儿童的社会技能。

家长要培养孩子的愉悦感和幽默感，增强孩子的交往技巧。《3—6 岁儿童学习与发展指南》指出，幼儿社会领域的学习与发展过程是其社会性不断完善并奠定健全人格基础的过程，人际交往和社会适应是幼儿社会学习的主要内容。社会交往技巧是幼儿一生必备的技能之一。首先，家长要帮助孩子学会放松自己，带领孩子多多参加户外活动，多交朋友，在人面前可以大胆地表达自己，不胆怯不畏缩。其次，家长要帮助孩子形成积极乐观的态度。笑对人生是人生活的至高境界，乐观能够调节人的心理健康和身体健康的重要内部资源。在压力情境下，乐观主义者比悲观主义者在工作方面表现得更好，因为乐观者和悲观者采取了不同的策略来应对他们面临的问题，乐观者采用积极的应对策略，而悲观者采用的是消极的应对策略。因此，当孩子在学习生活中面临挫折或困难的时候，家长要让孩子明白消极的心态不但不会解决问题，反而会使解决问题的思维停滞不前，要以乐观的生活方式面对人生。

（3）提高学前儿童的情感技能。

家长要培养孩子的同情心，学会控制自己的冲动，坚持不懈地完成任务。首先，家长要发展孩子的情感共鸣能力。情感共鸣能力以同情心为基础，同情心是学前儿童对别人情感的反应能力。其次，家长要培养孩子的情感倾听能力。幼儿期是语言发展，特别是口语发展的重要时期。学会倾听是一个人重要的个人修养。在生活中，家长要有意识地注意，与孩子说话交流的时候孩子是否能认真倾听，倾听别人说话时不打断别人，等别人说完话时再表达自己的观点。

3. 实施学前儿童家庭情感教育的措施

（1）创造温馨和谐的家庭情感氛围。

家庭情感氛围是学前儿童成长的重要心理环境，对孩子情绪、情感的发展产生重大的影响。家庭是以血缘为纽带联系起来的情感共同体，家庭情感氛围表现为家庭内部一种稳定、典型、占主导优势的情绪状态。父母是家庭氛围的主导力量，父母之间关系是其主要因素。如果父母互敬互爱、和睦相处，善于处理自己的情绪，经常表现得愉快、幽默、乐观向上，孩子便会感到轻松、快乐；反之，将使孩子感到压抑、焦虑，不利于其情感的发展。

（2）丰富学前儿童的情感体验。

情感是人内心的一种特殊体验。对学前儿童进行情感教育，促进其情感发展，就要增加学前儿童的情感经历。比如，带学前儿童到大自然中去，使其感受大自然的奇妙；让他们接触音乐、美术作品，培养他们的美感；给儿童讲一些故事、寓言，让他们学着去分辨美与丑、善与恶，培养正义感等。总之，家长应通过各种途径尽量挖掘生活中的情感教育素材，在一点一滴中丰富儿童的情感体验，在他们幼小的心灵中播下各种情感的种子，这对儿童情感的丰富化、深刻化和社会化发展都有积极的促进作用。

（3）帮助学前儿童形成情绪调节的能力。

对学前儿童进行情感教育，首先，父母应当正视儿童的各种情绪而不是回避；其次，父母还应当帮助学前儿童学会恰当地表达和合理地宣泄自己情绪情感，采取积极的教育手段对学前儿童进行教育和引导，帮助其形成良好的情绪调控能力；最后，父母还应当对幼儿设立一定的规范，让孩子明白自己情绪情感的宣泄不能没有限度，不能妨碍其他人，使其从小养成良好的行为习惯。

（三）学前儿童家庭智能教育

1. 学前儿童家庭智能教育的含义

智能是智力和能力的总称。智力是使人能顺利地从事某种活动所需要的一般性认知能力，是一种综合的认识能力，由注意力、观察力、记忆力、想象力和思维力等基本因素组成。能力是一种直接影响活动效率，使活动顺利完成所必须具备的个性心理特征，是顺利完成或实现某种活动所必需的心理条件。学前儿童家庭智能教育是指在家庭中由家长对婴幼儿实施的，旨在帮助婴幼儿扩大知识领域，发展智力才能，培养技能技巧等教育活动，尤其要把观察力、注意力、记忆力、思维力、想象力、创造力等方面的培养与智能教育紧密结合起来，注重培养孩子的独立性、创造欲以及学习知识的兴趣。

2. 学前儿童家庭智能教育的内容

（1）传授周围自然界和社会生活中粗浅的知识和技能。

向幼儿传授的知识主要来源于幼儿所接触到的周围的生活。幼儿对事物的认识具有直觉行动性和具体形象性特点，在大量直接经验的基础上，抽象概括的认识才能有所发展。所以，主要是使幼儿学习丰富的感性知识，积累丰富的感性经验。这些感性经验不仅是幼儿独立生活所必需的，也是发展思维、语言、形成幼儿知识的基础，并为其入小学学习系统的文化科学知识做准备。在进行知识教育的同时，应着重发展幼儿的智力，并可进行一些专门的智力活动，发展他们的听觉、视觉、触觉，以及分析问题和解决问题的能力。

（2）发展幼儿的语言能力。

语言是幼儿交际的工具。幼儿正处在语言发展的敏感期，能基本掌握全部口头语言，词汇量逐渐增多。缺乏这方面的教育，则会产生语言发展缓慢和语言障碍现象。发展幼儿语言的任务是使幼儿发音正确、清楚，会说普通话，丰富幼儿的词汇，发展口头语言的表达能力。口头语言的培养是幼儿园语言教学的主要任务。

（3）培养幼儿学习兴趣、求知欲望和良好的学习习惯。

学习兴趣和求知欲是发展智力、获得知识的先决条件。如果一个人没什么学习兴趣，那也不可能获得多少知识，智力也不可能高度发展。所以，家长要注意培养幼儿学习的兴趣和求知欲望，还要培养幼儿良好的学习习惯。在学习时能注意听、仔细看、认真思考、积极提问题，能克服困难，对学习表现出主动性和积极性。良好的学习习惯是幼儿获得知识、技能、发展智力以及今后取得学业上成功的必要条件。

3. 实施学前儿童家庭智能教育的措施

学前儿童家庭智能教育受到越来越多的人的重视和关注。但是如何实施家庭智能教育却是值得我们共同研讨的问题。

（1）为学前儿童营造一个良好的心理环境。

良好的心理环境是儿童智能发展的前提条件。婴幼儿处于人生发展的最初阶段，身心的发展有赖于大人的培养。他们需要爱、温暖、安全和鼓励，需要游戏活动。在充满爱和温暖的环境中，儿童的智能才可能得到发展。作为父母，应树立正确的儿童观、教子观、人才观，给学前儿童的发展创造一个良好的心理环境。

（2）智能教育要适合学前儿童身心发展的特点。

有些家长在对孩子进行教育时，一味追求早期智力方面的教育，而忽视健康教育、品德教育，这不免使家庭教育陷入片面化局面。智能教育要适合学前儿童身心发展特点，就要开展得适时、适宜。所谓适时就是要把握好教育时机，根据孩子的心理年龄特点和发展水平不失时机地进行教育。

（3）给学前儿童提供适宜的材料和活动。

在家庭智能教育的过程当中，我们要注重给孩子提供适宜的材料和活动，可以给孩子买一些积木、积塑、儿童图画书等，同时也可采用看图讲故事、做游戏等方式，使孩子广泛接触大量事物，给儿童提供操作和游戏的机会。同时在家庭空间布局方面，要尽可能地考虑和照顾儿童的需要，为儿童设置儿童房或儿童区。

（四）学前儿童家庭审美教育

1. 学前儿童家庭审美教育的含义

审美教育又称美育或美感教育，它以具体的、生动的美的形象来熏陶和感染人们的情绪、情感和思想行为。学前儿童家庭审美教育就是家庭中的教育者根据儿童的身心发展特点，教会幼儿逐步理解生活美、自然美和艺术美，发展学前儿童对美的感受力、表现力和创造力，培养他们认识生活、认识世界的能力，使他们从小形成正确的审美观念，具有健康的审美情趣，陶冶情操，促进其身心健康成长。

2. 学前儿童家庭审美教育的内容

学前儿童家庭审美教育就是在家庭中家长对 0 到 6 岁儿童进行的审美教育。家庭审美教育是通过家长的言传身教和家庭环境的熏陶感染，启发诱导学前儿童从小热爱一切美好事物，表现美、创造美的情感和能力。

（1）培养学前儿童的美感和初步的审美能力。

美感和审美能力是对于美的感知、鉴别、欣赏和理解能力。它是人们进行审美活动和艺术创造活动的基础，对丰富人的精神生活有着重要意义。在现实生活中既有不少美的事物，也有许多丑的东西。一个缺乏美感和审美能力的人，不仅不善于欣赏领略现实美和艺术美，甚至连美丑都分辨不了。学前儿童的美感和审美能力非常弱，既不善于发现现实生活中各种美的事物，更缺乏对美的鉴别、欣赏和理解能力。

（2）培养学前儿童对艺术的兴趣和艺术才能。

艺术兴趣和艺术才能的培养，有助于提高一个人的文明修养和思想境界。不论孩子将来是否能成为一个艺术家，做父母的都应让他从小具有一定的艺术兴趣和艺术才能。除了教给学前儿童一些简单的艺术活动技能之外，应着重发展学前儿童的艺术创造力，不能一味让他们进行机械模仿，使他们的想象力和创造能力受到束缚。

（3）培养学前儿童文明的举止。

一个人的言谈、举止和行为，不仅是美与丑的外在标志，也是美与丑的心灵表露。父母应在日常生活中，处处注意培养学前儿童文明的举止行为，如教育孩子与人交往时要活泼大方，讲礼节懂礼貌；在公共场所要遵守纪律，爱护公物，保持清洁卫生；在衣着仪表方面要注意美观整洁。这些看来都是小事，但都是家庭教育所不可忽视的。

3. 学前儿童家庭审美教育的措施

在学前儿童的生活里，无论衣、食、住、行、学习或游戏，都与美育有关。生活到处充满着美，美育应在日常生活中进行。丰富多彩的自然界，赏心悦目的艺术世界，美妙神奇的童话世界，都可以使学前儿童获得美的享受。

（1）创设优美的生活环境。

高尔基说："按照天性来说，人人都是艺术家，他无论在什么地方，总是希望把美带到他的生活中去。"实际上，父母在精心布置自己的家庭环境时，就已经把自己对生活美的感受和理解展现在孩子面前了，在一定程度上体现了一个家庭的文化修养与精神面貌。家长的审美情趣不同，家庭环境布置的格调也往往不同。父母在环境布置上的审美观，对子女情趣爱好和个性特点的形成有着重要作用。

（2）创造和谐的家庭气氛。

家庭成员之间互敬互爱，互相关心，互相体贴的习惯，和睦愉快的情绪和气氛，对学前儿童美育的培养也很重要。父母的言谈举止、待人接物以及对周围事物的态度，都会对孩子产生很大的感染力。如果孩子每天生活在你争我吵的无休止的纠纷中，处于提心吊胆的状态，不仅会影响正常的心理发展，有损孩子身心健康，而且有可能养成孩子动不动就和人争吵的习惯，甚至会过早地对人与人之间的一切关系感到失望。在这种家庭气氛中，根本谈不上感情上的满足和美感的享受。

（3）家长要带领学前儿童走进大自然。

早在 19 世纪，俄国教育家卡普捷列夫就提出：儿童应该尽早而且长时间地投身于大自然，体验由大自然激起的每一种思想感受。有些家长自己不喜欢出外活动，或者忙于工作和操持家务，往往习惯于把孩子关在家里，致使有的孩子孤陋寡闻、视野狭窄，缺乏生气和活力，不仅影响孩子的身心健康，而且不利于发展他们的智慧与才能。

（4）在大自然中培养学前儿童美的鉴赏能力。

学前儿童的各种能力，包括注意力、观察力、记忆力和想象力等都可以在大自然中培养和发展。大自然也为培养学前儿童美的鉴赏能力提供了最生动、最丰富的教材。学前儿童一旦会走路，就应该带他出去散步，让他注意江河湖水、树木花草、天空旷野、房屋建筑，注意它们的形状、颜色，让千姿百态的大自然成为培养锻炼学前儿童对美的鉴赏力的场所。在儿童游乐场玩耍时，教育孩子学会正确对待不相识的小朋友，不抢夺，不争吵，友爱和睦地和他们一起玩。这些都能培养学前儿童对美的鉴赏能力。

第二节　学前儿童家庭教育的原则与方法

【引子】

案例一：

一天，一家三口陪老家来的爷爷奶奶外出吃饭。4 岁的儿子主动给大人们用勺子盛菜，爸爸妈妈高兴地夸奖孩子："这么小，就知道体贴大人，真是爸爸妈妈的好宝宝。"而爷爷奶奶却说："光顾别人，自己可能就没得吃了。要做个小人精，善待自己，好好享受。"

案例二：

凯凯不怕摔。在他家人们常可以听到"轰"的一声钝响，那一定是他搭椅子爬桌子想要拿零食或是准备放碟时摔下来了，但人们却几乎听不到哭声。

一次凯凯就摔在客人面前，客人心里一颤，正准备去扶他，却被凯凯妈妈一手拽住：不要扶，他自己会爬起来。见客人有点不忍，他妈妈笑了："我一直就是这么教育孩子的，摔倒了没什么，自己爬起来。我还让他爷爷、奶奶也这样做呢。"

客人觉得凯凯妈妈的话很有道理，但又总觉得对孩子来说有点无情。而现在，凯凯在地上挣扎了几下就爬了起来，还是满脸的开心，继续跳着叫着，似乎刚才什么也没发生过。

点评：案例一当中的"爸爸妈妈"和"爷爷奶奶"对孩子同一行为的不同反应，折射出各自不同的价值观。孩子的价值观正属于形成期，家长们不同的教育观点会让幼儿感到混乱，不利于正确价值观的形成。案例二当中显现出了面对同一问题时，人们不同的教育方法。孩子跌倒以后，很多家长都会赶快跑过去扶起孩子，给孩子拍身上的灰，安慰孩子不要哭；有的把小孩扶起来后不再让他自己走，而是背在身上哄着；有的则朝着绊倒孩子的地出气，说"这地真坏，看妈妈怎么踩它"，以此来安抚孩子。我们会发现这一些教育方法会使得孩子脆弱、独立性差、过分依赖父母，也容易让孩子形成一种错误归因的思考模式。这就要求家长们在进行家庭教育的过程当中，遵循一些原则，学会灵活使用一些教育方法，以便于更好地去塑造孩子良好的个性品质，使幼儿的身心得到全面、和谐、健康的发展。

【知识殿堂】

古人云："无规矩不成方圆。"游戏有游戏的规则，人在一生当中也是按社会的规则来行事的。在学前儿童家庭教育当中，家长如果遵循一定的教育原则来教育孩子、引导孩子，就会产生良好的教育效果。

一、学前儿童家庭教育的原则

家庭教育的原则，即实施家庭教育时必须遵循的基本要求，是处理家庭教育过程中一些基本矛盾和关系的基本准则，家庭教育原则反映了家庭教育的规律和特点。在我国，由于培养人的目的、要求和指导思想的一致性，家庭教育和学校、社会教育在教育原则上既有共性，又有各自的特点。根据学前儿童的年龄特点，家庭教育遵循以下原则：严慈相济原则、因材施教原则、教育一致原则、循序渐进原则、言传身教原则。

（一）严慈相济原则

爱是每个家庭和儿童成长的精神食粮，儿童在没有爱的滋润的家庭中生活，他们的心理健康就要受到威胁。家庭在儿童教育的过程中发挥着重要的作用，但是，父母对孩子爱应该是理智的、有分寸的，绝不能溺爱，把爱和严格要求结合起来，否则就会成为孩子身心畸形发展的祸根。

第一，家长要善于表达对孩子的爱。沐浴在爱的雨露下成长的孩子将来也会是一个有爱的人。家长在日常生活中要常常表达自己对孩子的爱，不要不好意思去表达。例如，孩子做了好事的时候，或帮助家庭做力所能及的家务活时，家长可以给孩子一个大大的拥抱或者亲吻孩子的额头，以此来表达自己的爱意。

第二，爱中有严，严而有度。在家庭中，父母对孩子的爱中要有严格的态度，面对孩子的需求时，家长要正确对待，对孩子的需求要具体分析，要以家庭的实际经济状况和有利于孩子的身心健康为前提，不能百依百顺、有求必应。过分地满足孩子的需求容易引发孩子过高的欲望，使其养成越来越贪婪的恶习。此外，严格也要有一个度，让孩子在宽松民主的家庭氛围下成长。

（二）因材施教原则

因材施教就是要根据孩子的年龄特征、个性差异以及身心发展水平确定教育内容、方法和要求。不同的孩子的身心发展存在一定的差异性，家长要理智地看待这一差异，而有些家长却一味地喜欢拿自己的孩子与别人的孩子相比，殊不知自己的孩子是最珍贵的。家长要认真研究自己的孩子，发现他们之间的差异，并且接纳欣赏他们的特质，让孩子感觉到自己不能代替别人，别人也无法取代他们，让孩子从内心感受到父母的的确确看到了他们身上的与众不同之处。除此之外，正因为每个孩子是不同的，所以，家长应该根据自己孩子的具体情况，采取适当的方法，进行有针对性的教育。

（三）教育一致原则

在对孩子进行家庭教育时，家庭成员要互相配合，协调一致，使孩子的品德和行为按照统一的要求发展。孩子的思想品德和行为习惯的形成既是一个长期发展的过程，又是一个连续完整的过程。现代家庭有很多是祖辈三代共住在一起的，而爷爷奶奶或者外公外婆的教育理念往往与新时代家长的理念是不一致的，因此，在家庭中，家长的教育理念要一致，在对孩子进行教育时，即使意见有分歧时也不要在孩子面前表现出来，否则会给孩子的身心造成不良的影响。因此，只有家庭成员对孩子的教育互相配合、协调一致，有统一的认识和要求，发挥教育的最大合力，才能取得良好的效果。

（四）循序渐进原则

循序渐进原则是指在家庭教育中家长必须根据孩子身心的实际发展水平，由易到难、由浅入深、逐步提高对孩子的要求，让孩子不断体验成功的快乐，最终达到身心健康发展的目标。要贯彻好这一原则，需做到以下几点。

第一，了解孩子身心发展的实际水平，做到量力而行。要使教育获得成功，就要全面了解孩子身心发展的实际水平，遵循孩子生理和心理的发展规律，以此考虑教什么、怎么教。因此，在家庭教育中，家长一定要全面了解孩子身心发展水平和所学知识的实际水平，在此基础上选择合适的教育内容和有效的教育方法，如此才能达到理想的效果。

第二，要循序渐进地传授知识，培养能力。每一门科学文化知识都有它的逻辑性，而且有一定的连贯性。在向孩子传授知识的时候，要注意新旧知识的联系，增强知识的系统性。既要注意巩固孩子已学过的知识，又要启发孩子学习新的知识，并要启发、诱导孩子进行独立思考，逐步培养孩子系统思考问题的能力，要注意观察、了解孩子掌握知识的情况。

（五）言传身教原则

言传身教就是用自己的语言教育别人，用自己的行动带动别人，用自己的做法感动别人。若想要孩子成为什么样的人，做父母的首先要成为那样的人。家长在教育孩子过程中，不仅要善于用说理的办法，同时也要用自己的行动给孩子做出榜样，也就是既重视言教，又要注意身教，把二者统一起来，使教育取得良好的效果。家长要告诉孩子什么是对的、什么是错的，什么应该做、什么不应该做，因为孩子非常缺乏生活经验，不会明辨是非，时刻都需要父母的指点。另外，孩子的模仿能力强，心理学家班杜拉认为，孩子是在观察中习得各种经验的。因此，家长要以身作则，注意自己的一言一行、一举一动，若父母的品德行为高尚，待人接物文明礼貌，关心爱护孩子，孩子就会对父母尊重和崇敬，并模仿父母。

二、学前儿童家庭教育的方法

学前儿童家庭教育不但要遵循正确的原则，而且必须通过科学的方法去实施。学前儿童家庭教育的方法是指学前儿童的家长在对孩子实施教育时所选择和运用的具体方式和手段。能否恰当地选择并创造性地运用科学的教育方法，直接关系到家庭教育能否顺利进行，直接影响到教育效果，决定着家庭教育目的和任务能否实现。

家庭教育所承担的任务是多方面的，影响家庭教育的因素是多种多样的，家庭教育过程中所遇到的问题也是错综复杂的。那么家庭教育的科学方法都有哪些?在实践中如何运用好这些教育方法呢?下面逐一加以具体介绍。

（一）环境熏陶法

1. 含义

墨家学派创始人墨子在论述人性的时候说：“人性如素丝，染于苍则苍，染于黄则黄。”墨子将人的本性比作白丝，如果把白丝染上青色就是青丝，把白丝染上黄色就是黄丝。揭示了环境对人的重大影响作用。环境熏陶法就是在家庭教育中，家长要有意识地为幼儿创设一个和谐的家庭环境，培养孩子良好的道德品质。家庭生活包括物质生活和精神生活两个方面。

2. 正确运用环境熏陶法的基本要求

（1）为儿童创设良好的物质生活环境。

儿童在家庭中生活的时间比在学校生活的时间更长，良好的家庭环境能够对孩子起到潜移默化的作用，是引导孩子走好人生第一步的关键。著名的教育家蒙台梭利认为，环境是会说话的教育者，是孩子的第三任老师，所以，家长要充分利用家庭的物质环境来为孩子的健康成长铺垫道路。例如，可以在家里的客厅为孩子创设一个温馨的阅读小天地，摆放一些孩子喜欢阅读的故事书、绘本、适合儿童的舒适的桌椅、抱枕等。此外，家庭物质环境的布置还要考虑到幼儿的喜好，应简洁整齐、美观大方，少摆家具，给儿童提供一个玩耍、游戏、操作的空间。

（2）为儿童创设一个良好的家庭精神环境。

一个完美的家庭，民主、和谐的家庭氛围是必不可少的，良好的家庭氛围对孩子个性的形成和养成会起到积极促进的作用，反之则会起到消极负面的作用。为儿童创设良好的家庭精神氛围，首先，家庭成员之间要互相尊重、互相关心，共同关注孩子的健康成长。其次，家长要发挥榜样的作用，在生活中待人有礼貌，做人诚实友善，严格要求自己。最后，创设一个民主、和谐、宽松的家庭氛围。

【案例分享】

不同家庭环境下两个人不同的命运

两百多年前，美国康涅狄格州有一个叫嘉纳塞·爱德华的人，他是一位博学多才的神学家、哲学家和虔诚的道德家。他的子孙八代，其中有13人当了大学校长，100多人任大学教授，14人创建了大学或专科学校，60多人当了医生，100多人当了牧师，75人是军人，80多人成为文学家，1人就任副总统，1人做了大使，18人成为报社的负责人或者主编……但是，同在200年前，美国纽约有一个叫马克斯·朱克的酒鬼、赌徒，他的子孙也有八代，其中有300多人成了乞丐和流浪者，并因生活无着落死于路旁，7人因杀人被判死刑，63人因偷窃、诈骗等被判刑，因喝酒死亡或成为残废者多达400余人。50人曾在监狱劳改，学会了一些手艺，出狱后才能勉强糊口。前者是人才辈出的盛况，后者是穷途末路的惨境，爱德华和朱克两大家族之间的惊人差异，除了深刻的社会历史原因和遗传因素的影响之外，父母的思想品德、言行举止等都在后代身上留下了深深的烙印。

（二）榜样示范法

1. 含义

榜样示范法是指学前幼儿家长以自己和他人的好思想、好品质、好行为来教育和影响孩子，使其形成优良品德的方法。

2. 正确运用榜样示范法的基本要求

（1）父母首先要做孩子的榜样。

榜样的力量是无穷的。因为学前幼儿的模仿性强，生动形象的典型易于感染他们、激发他们向榜样学习的热情。孩子的年龄越小，榜样的感染力就越大，印象越深刻，甚至终生不忘。因此，家长在教育幼儿时，要选择那些既有教育意义又切合幼儿实际的典型人物和事例。

（2）引导孩子像榜样或者同伴学习。

家长给子女树立榜样，借助革命领袖、英雄模范、历史伟大人物和文艺作品中正面典型形象教育子女，引导孩子向幼儿园的老师、同伴及亲朋和各行各业普通劳动者学习。

（三）实际锻炼法

1. 含义

实际锻炼法是指根据孩子自身的发展和社会的需要，让孩子参加各种力所能及的实践活动，从中得到锻炼，以便学会某种技能技巧，增长实际才干，培养良好的行为习惯和思想品德。

2. 正确运用实际锻炼法的基本要求

（1）重视实际锻炼。

实际锻炼就是让孩子身体力行，亲自去做。学前儿童的技能技巧、良好的习惯和品德不是先天就有的，也不是自然而然形成的，都是亲身实践的结果，家长要积极引导、支持并放手让孩子进行各方面的实际锻炼，这是家庭教育的重要方法。

（2）家长要有恒心，舍得让孩子吃苦。

鼓励孩子克服困难，不怕挫折和失败，坚持到底；正确对待孩子实际锻炼中出现的失误；注意孩子年龄特征、个性特征和性别特征。

【案例分享】

一次吃苦胜过一万次说教

一个泰国的5岁男孩，早上起来不愿意上学，他的父母怎么劝都没有用。这个场景对于很多家长而言都很熟悉，但这位泰国妈妈的处理方式却很不一样，她帮孩子请了一天假，带着他去捡垃圾。

一开始，孩子还因为不用上学而高兴，但没过多久，就开始喊累了。这位妈妈丝毫没受影响，依然带着他走了3.5千米，用一小袋空瓶子换了2泰铢。

孩子累得实在走不动了，想坐公交车回家，结果因为钱不够而作罢。路过冰激凌店和餐厅，孩子一次次地停留，又不得不继续前进。最后，孩子跟妈妈说："妈妈，好累，好热，我想上学，我要回家。"

不吃学习的苦，就要吃生活的苦。与捡垃圾相比，回家上学实在是幸福太多，这位妈妈用最简答干脆的方式让孩子认识到这一点。

（资料来源：http：//www.sohu.com/a/259464313_99917963）

（四）奖惩激励法

1. 含义

奖惩激励法是指在学前儿童家庭教育中，家长激励孩子发挥其积极性，使孩子明确并发扬自己的优点、长处，认识并克服自己的不足，从而主动地按正确的行为准则去行劝。其方式包括表扬、赞许、奖励，批评、惩罚。对孩子的激励应以正面鼓励为主，“数子之过，不如奖子一长”。

2. 正确运用奖惩激励法的基本要求

（1）正确进行表扬和奖励。

① 表扬要实事求是，恰如其分。

表扬太多对孩子不一定有利。心理学家詹姆士·温德尔说：“一个依赖于激励夸奖的孩子只追求让父母满意而不是让自己满意，久而久之哪怕是做一些日常的家务活，孩子都期望家长们毫不吝惜地称赞。或者，如果没有表扬作动力，孩子就无法完成一项工作。”心理学家指出，一般而言，赞美应是批评的二至三倍，如果你的表扬太多，你的称赞也许不够真诚或夸大其词；如果太少，你未免过于挑剔了。

② 表扬要及时、具体。

表扬要及时。当您发现孩子在某一方面做得比较好的时候，要尽快给予赞扬，这样才能“趁热打铁”。如果您在孩子做得好的时候不表扬，错过了好时机，再赞扬也收不到好的效果了。表扬要具体，比如，孩子主动收拾自己的房间、帮父母做家务等，父母都可给予表扬，并不一定要做出什么大事才能表扬。另外，在表扬的时候，要关注孩子的具体行为，如“你把房间收拾好了，妈妈很高兴”“你能帮妈妈做家务，太好了”。而不是说“你真是个好孩子”“你很乖”。

③ 以精神奖励为主、物质奖励为辅。

表扬的时候不要轻易许给孩子一些做不到的允诺。有的父母一高兴了，就信口开河，不仅赞扬孩子的行为，还经常附带一些许诺，如“你真棒，我给你买一个……“我带你去旅游”。这些话如果不能实现，就可能使孩子不再信任父母。如果您真的给了孩子许诺，就一定要说话算数。

④ 注意时间和场合。

批评和惩罚孩子应该在双方都心平气和的情况下进行。孩子在大发脾气时，对父母的批评、惩罚会产生逆反心理，拒不接受。父母在气头上批评、惩罚孩子也难免会过火。因此，批评和惩罚孩子要注意时间和场合。在饭桌上、人多的场合都不宜教育孩子，因为饭桌上教育孩子，容易导致孩子厌食。在众人面前惩罚孩子或说孩子的缺点，会伤害孩子的自尊心。

【案例分享】

春秋时期，一位有名的智者路过一片稻田。他看到一个农夫赶着两头牛奋力地耕田，就随意地问道：你的哪头牛干活更好一些？老农没有答话。到了田边，他把两头牛拴好、喂上料，才来到智者身边，背对着牛小声对智者说：就那头正摇尾巴的家伙，干起活来特卖力。智者大为不解：我方才问你，你怎么不说呢?现在又为什么这么小声对我讲?难道怕谁听到吗?老农一脸正色道：不错，就怕旁边的那头牛听到我夸别的牛而冷落它，你的眼神它能察觉到，而后这家伙就会闹情绪、不好好干活了。其实牲口和人一样，都愿意被别人夸、被大伙称赞。

我们在为人师、为人父母时，是否也能像老农那样，考虑到孩子们的感受呢?试想一句："同学们，这次考试平时咱们班最差的李某某都考了 70 多分，看来咱们班的确是有了进步。"这样真能激励他们吗？"说者无意，听者有心"，这句话又会挫伤谁呢？愿我们用真心去赞赏，激发更多孩子的信心和勇气，而不是在无意中制造不必要的伤痛与苦楚。

（资料来源：https：//zhidao.baidu.com/question/1510047684889384780.html）

（五）暗示提醒法

1. 含义

暗示提醒法是指在学前儿童教育中，家长用间接、含蓄的方式对孩子的心理施加影响，从言语上提示、从感情上感染、从行为上引导的一种方法。因为暗示提醒的影响是间接的、内隐的，所以更容易为孩子所接受。

2. 正确运用暗示提醒法的基本要求

在学前儿童家庭教育中，许多家长采用的是直接给孩子以明确的指点，要求孩子可以这样做、不能那样做，从而规范孩子的行为。但是，到一定年龄段的幼儿若只用这一种方式进行教育，幼儿会产生一种抵触和逆反的心理，教育效果并不理想。所以，当"三令五申"不起作用时，家长不妨尝试用暗示提醒的方法，可能会收到意想不到的效果。

从心理学角度，暗示有多种形式：积极暗示和消极暗示，有意暗示和无意暗示，以及言语暗示、行为暗示、表情暗示、情境暗示等。

（1）言语暗示。

言语暗示就是不直接对孩子提出教育要求，而是通过讲故事、打比喻、做比较等方式把自己的观点巧妙地表达出来。父母要针对孩子的性格特征，考虑到具体情景，用合适的语言间接地向孩子传递意愿，表达感情。如孩子起床后不愿意洗脸就想吃饭，家长可以这样说："饭前洗脸洗手的孩子是好孩子，爸爸妈妈最喜欢这样的孩子了。"这比简单地说"洗完脸再吃饭"更容易让孩子接受。

（2）行为暗示。

行为暗示就是用体态语言把自己的想法表露出来，从而达到教育的目的。行为是直观的，很容易引起幼儿的注意，利用行为暗示，幼儿也会收到良好的教育效果。例如，孩子在翻看图画书或绘画时，如果坐姿不正，家长可面向孩子做几个挺胸动作，孩子接受暗示后，会相应做出反应，纠正自己的不良坐姿。

（3）表情暗示。

表情暗示是指通过表情传达多种信息，形成刺激，使暗示对象做出反应。如孩子表现非常出色时，家长可以对他报以会心的微笑，这对孩子来说是一种激励。相反，孩子表现不好，家长可以给他一个严肃的表情。这时，孩子会意识到自己当前的行为不当，从而自觉加以纠正。有时候，这种表情的暗示教育远胜过语言，可以收到一种"此时无声胜有声"的效果。

（4）情境暗示。

情境暗示是指家长利用良好的情境对孩子进行潜移默化的熏陶和感染，使其受到感化和教育。融洽亲密的家庭关系、民主和睦的家庭氛围会使孩子受到良好的熏陶，对孩子的健康成长非常有利。如孩子依偎在父母身边，在温暖亲密的氛围中家长把对孩子的要求用亲切的语言说出来，孩子是很乐意接受的。

【案例分享】

消极暗示的破坏力

第二次世界大战期间，一位盟军士兵被德国纳粹逮捕，敌人在暗室里用刀划伤了他的手臂，然后他就听到"滴答滴答"的声音，听起来好像鲜血一滴一滴从伤口流下来。不久，这个盟军士兵就死了。其实，那"滴答滴答"的声音只不过是敌人打开自来水管造成的滴水的声音，而他手臂上的伤口根本不足以造成死亡。这就是环境暗示造成的可怕结果。

积极暗示的力量

1968 年，美国著名心理学家罗森塔尔做了一个发人深省的实验。他和助手们来到一所小学，说要进行 7 项实验。他们从一至六年级各选了 3 个班，对这 18 个班的学生进行了"未来发展趋势测验"。之后，罗森塔尔以赞许的口吻将一份"最有发展前途者"的名单交给了校长和相关老师，并叮嘱他们务必要保密，以免影响实验的正确性。其实，罗森塔尔撒了一个"权威性谎言"，因为名单上的学生是随便挑选出来的。8 个月后，罗森塔尔和助手们对那 18 个班级的学生进行复试，结果奇迹出现了：凡是上了名单的学生，个个成绩有了较大的进步，且性格活泼开朗，自信心强，求知欲旺盛，更乐于和别人打交道。心理学界把这种现象称为“罗森塔尔效应”，认为人的情感和观念会不同程度地受到别人下意识的影响，而人们也会不自觉地接受自己喜欢、钦佩、信任和崇拜的人的影响和暗示。

（六）兴趣诱导法

1. 含义

兴趣诱导法是指在学前儿童家庭教育中，家长通过各种机会了解幼儿的特点，发现孩子的需要，捕捉孩子的兴趣，诱导孩子充分发展自己的个性特点的一种教育方法。

2. 正确运用兴趣诱导法的基本要求

（1）重视幼儿的兴趣。

有的孩子对小提琴感兴趣，家长偏让他学绘画，结果造成孩子的厌烦和抵触；有的孩子对钢琴有特别的喜好，家长偏让他考级达标，面对压力，孩子的兴趣和积极性慢慢消失。兴趣是最好的老师，是幼儿学习的动力。家长应珍视、引导、培养幼儿的兴趣，避免以成人的愿望代替幼儿的兴趣。

（2）结合兴趣、引导孩子发展其个性特点。

孩子的爱好是多种多样的，家长要留心观察、善于发现孩子的兴趣，发展孩子的特长。无论孩子朝哪个方向发展，都要先看孩子是否喜欢，不能全凭家长的主观愿望。

（3）创设问题情境，诱导孩子的兴趣。

要让孩子有问题意识，一个重要的做法就是安排一个情境，以激发孩子想问的兴趣。首先，要让孩子感到好奇，如讲故事讲到一半，孩子很想知道结果，就会对故事产生浓厚的兴趣。其次，鼓励孩子积极思考，主动提出问题。孩子的天性中有一种主动的求知欲望，家长应有意识地引导孩子，保护孩子的好奇心，鼓励孩子积极思考。

（七）活动探索法

1. 含义

活动探索法是指在学前儿童家庭教育中，家长让孩子通过丰富多彩的活动，不断探索，尝试错误，从而掌握更多技能，发展能力，培养孩子良好品行的方法。学前儿童有很强的好奇心和动手操作的愿望，因此，家长让孩子参与活动探索奥秘，是取得良好教育效果的重要途径。

2. 正确运用活动探索法的基本要求

（1）重视活动探索。

随着年龄的增长，学前儿童已经积累了一些知识和简单的技能技巧，注意力较为集中，活动有一定的目的性。同时，幼儿的观察力、思维能力和想象能力也有了一定程度的发展。能较清楚认识物体的形状、颜色、结构，理解事物之间的简单联系，能较全面真实地反映周围的事物和现象，手、脑更加灵活。因此，应引导孩子参加各种活动，在探索中发挥孩子的创造精神，培养孩子的坚强意志。

（2）具体指导探索活动。

家长在具体指导孩子探索的活动中，首先要从孩子的实际能力出发，探索活动的内容不要过难或过易。过难，孩子容易产生畏难情绪；过易，不能激发孩子的兴趣。家长可以安排一些适合孩子实际的活动，并在活动中加以指导。当孩子在活动中出现失误时，家长不要责怪孩子，应帮助孩子分析失误的原因，让孩子从错误中学习，总结经验，鼓励孩子继续探索，锻炼孩子的能力，发挥孩子的创造性。

【复习思考】

一、名词解释

1. 家庭教育的目的

2. 学前儿童家庭教育的目的

3. 学前儿童家庭教育的原则

二、简述题

1. 简述学前儿童家庭教育的原则。

2. 简述学前儿童家庭教育的方法。

三、实训题

以某一个家庭的教育方法为例，写一篇观察报告。

【拓展阅读】

早教方法

一、坚持与孩子地位平等，尊重孩子，绝不伤害孩子自尊心。

二、让孩子在游戏中锻炼各种能力，体验人生，绝不采用“填鸭式”的教育方法。

三、唤起孩子的兴趣，激发孩子的学习热情，让他提出问题，并耐心解答。

四、深信“百闻不如一见”，读万卷书远远比不上行万里路。

五、让孩子了解世事的真相，培养他对事物的辨别能力。

六、告诉孩子坚持真理也需要机智、灵活的头脑。

七、鼓励孩子，并教孩子赞美他人，教会孩子掌握人际交往的尺度。

八、培养孩子敢于犯错误、敢于失败的勇气，学会面对失败。

九、让孩子自己解决自己的事，培养其独立自主的能力。

十、有效的夸奖是孩子信心的源泉，同时不能错误地批评孩子。

【参考文献】

[1] 朱家雄. 学前儿童家庭与社区教育[M]. 北京：北京出版社，2017.

[2] 周雪艳. 学前儿童家庭与社区教育[M]. 2 版. 上海：复旦大学出版社，2015.

第四章 特殊年龄段学前儿童的家庭教育

【学习目标】

1. 了解胎教、新生儿期、学步期和入园适应期、幼小衔接期儿童的家庭教育。
2. 懂得特殊时期的儿童家庭教育的特点。
3. 掌握针对不同时期儿童家庭教育的主要内容。

第一节 胎 教

【引子】

豆豆妈的胎教日记（部分摘录）

亲爱的宝贝：从妈妈得知你到来到现在，你已经两个月了。感谢你的到来。因为有了你，爸爸和妈妈都觉得非常幸福，但是爸爸妈妈的生活也得从此改变。因为有了你，我们不能再随便旅游；因为有了你，妈妈不能再熬夜工作；因为有了你，爸爸也不能在我们周围吸烟；因为有了你，妈妈不能随便对付午餐；因为有了你，妈妈必须每天都保持好心情。妈妈给你取了一个可爱的名字，叫“豆豆”，希望你像豆子一样茁壮健康地成长。

经过了漫长的九个月，终于盼到了最后一个月，宝宝马上就可以和爸爸妈妈见面了，心中不免紧张。所以现在的妈妈，必须摆正心态、放松心情、调节情绪，开始所谓的情绪胎教和想象胎教。妈妈每天都尽量保持好心情，还常常想象着宝宝的漂亮模样。另外，这个月妈妈不仅要做好心理准备，还得做好身体上的准备，所以现在妈妈每天都在做孕妇体操，希望能够顺顺利利见到我的宝贝儿。

点评：胎教可以给生长到一定时期的胎儿以合适的刺激，通过这些刺激，促使胎儿生长。那么，如何有效、恰当地进行胎教呢？我们将在这一节内容中为大家详细地介绍。

【知识殿堂】

随着医学的发展，我们发现，胎儿在发育过程中不断发展新的能力，如胎儿从第5周开始即有较复杂的生理反射机能，10周时感觉、触觉功能已经形成。在17周左右，胎儿开始对子宫外的声音有反应，30周时听觉、味觉、嗅觉和视觉功能基本完善，而孕期胎教依据胎儿发育规律，科学地提供如音乐、对话、抚摸等信号刺激，使胎儿大脑神经细胞不断发展，神经系统和各个器官的功能得到合理的开发和训练，以最大限度地发掘胎儿的智力潜能，达到提高人类素质的目的。

一、胎教的概念

孕期胎教的对象既是孕妇也是胎儿。学界普遍认为，胎教主要指孕妇自我调控身心的健康与欢愉，为胎儿提供良好的生存环境；同时也指给生长到一定时期的胎儿以合适的刺激，通过这些刺激，促使胎儿生长。

二、胎教的意义

胎教的真正目的在于开发胎儿内部潜力，人们所说的“胎儿都是天才”，并不是说任何一个胎儿都能够成为天才，而是指胎儿都有可以开发的巨大潜力。胎儿是可以接受教育的，适当地进行胎教有益于胎儿在智商、性格、心理、能力等方面的发育。

胎教对胎儿产生作用主要表现在以下三个方面：

（一）胎教促进胎儿智能的发展

据科学研究表明，胎教有利于全面开发胎儿的大脑潜能。由于胎教内容形象化，其更容易调动人的右脑，更有利于促进人的全脑的发展。除此之外，孕期胎教还可以刺激胎儿的感觉器官，促进胎儿神经系统发育，使胎儿发育商提高。胎教在新生儿早期即显示出行为能力的明显提高。胎教能促进婴儿动作发育，减少婴儿行为问题。

依斯特曼音乐学院的一位教授做了一个著名的胎教实验。其中实验组胎儿从妊娠五个月一直到出生，每日听两次 5 分钟的准备好的优美音乐，而控制组的胎儿不接受任何音乐胎教。孩子出生以后，该教授每隔一两个星期就去探访实验中所有参加实验的家长和孩子，这样的探访一直坚持了十年。教授发现接受胎教组的儿童比不接受胎教组的儿童提前三到六个月会说话，并且他们的音乐天赋表现得淋漓尽致，可见，胎教对儿童的语言智能发展有明显的影响。

（二）胎教促进胎儿性格的发展

胎教为婴幼儿性格的形成奠定了良好而坚实的基础，并对儿童早期教育的开发起到了良好的促进作用。

美国心理学家欧丁格和西蒙斯在对大量调查材料进行研究后发现，妇女在孕期若有严重焦虑和高度紧张的情况，则孩子成长后情绪常不稳定，易激动，更易出现人格或情绪障碍。反之，如果妇女在孕期保持良好的心情，那么孩子出生后也会性格良好。

著名的心理学家李郁清教授在谈到胎教中的自然本性时提道：当母亲沉醉于优美的音乐中时，胎儿也会随之陶醉，这对胎儿性格的形成无疑是有益的。

（三）胎教促进胎儿心理的发展

胎教能给胎儿带来良好的心理暗示，不仅有利于培养胎儿良好的性格，而且能培养胎儿的情感接受能力，使胎儿未出世就能够拥有健康的心理体验。进行触摸胎教时，胎儿会有所反应；进行音乐胎教时，胎儿能变得很安静，这都是良好心理体验的体现。这两种能力是基本的心理功能。有了这两种能力，胎儿出生后都会有良好的心理体验。

三、胎教的主要方法

（一）我国的胎教方法

目前我国流行的胎教方法大致可总结为以下几种。

1. 饮食胎教法

其是指根据妊早、中、晚三期胎儿发育的特点，合理指导孕妇攫取食品中的 7 种营养素以食补食疗的方法来防止孕期特有的疾病的一种方法。根据妊早、中、晚三期胎儿发育的特点，合理指导孕妇攫取食品中的 7 种营养素，即蛋白质、脂肪、碳水化合物（糖）、矿物质、维生素、水、纤维素，以食补食疗的方法来防止孕期特有的疾病。人的生命从受精卵开始，从一个重 1.505 微克的受精卵，到出世时约 3000 克的婴儿，这个发育成长的过程全依赖于母体供应营养。虽然影响胎儿正常发育的因素是多方面和复杂的，但是，孕妇适宜而平衡的营养对胎儿的健康发育却起主要的作用。且人的智力发育与胎儿期的营养因素息息相关。另外，胎儿出生后的饮食习惯，以及味觉嗅觉都和在母体内母亲的饮食习惯有直接的关系。孕妇在孕期应当适当增加进食量，需要比平常人多食用一些含蛋白质高的食物，以满足胎儿生长发育的需求。

2. 语言胎教法

其是指孕妇及家人使用优美的音调，文明、礼貌、富有感情的语言，对胎儿有目的地讲话，给胎儿的大脑新皮质输入最先的语言标记，为其后天的学习打下坚实的基础的一种方法。胎儿不断接受语言信息，有利于胎儿大脑的生长发育。而且常常和胎儿对话，还可以调节孕妇自身的情绪，帮助孕妇进入愉快、宁静的状态。相关研究显示：怀孕后期，胎儿已经具备听力和感受能力，并且能对准父母的言行做出一定的反应，和准父母产生“心理感应”。妈妈怀孕期间还每天给孩子念儿歌、唱童谣、讲故事，带着胎儿看各种有趣的绘本，这些都是语言胎教的有效形式。给腹中的胎儿讲故事，也能刺激其大脑的发育，对其日后的语言表达能力以及记忆力都有促进作用。

3. 呼唤胎教法

其是指父母轻声呼唤胎宝宝的名字，以此帮助胎儿和父母建立起友好的关系的一种方法。

4. 抚摸胎教法

其是指父母用手轻轻抚摸胎儿或拍打胎儿的一种方法。通过对胎儿形成触觉上的刺激，促进胎儿感觉神经和大脑的发育。

5. 音乐胎教法

其是指以音波刺激胎儿听觉器官的一种方法。音乐胎教大致可分为哼唱谐振法、欣赏音乐法、音乐灌输法和准妈妈教唱法。温柔、动听、悦耳的轻音乐，能使母亲得到美的享受，给胎儿以安宁感。

6. 光照胎教法

其是指对胎儿进行光源刺激，以训练胎儿视觉能力的胎教法。

7. 情绪胎教法

其是指通过创设温馨的氛围和环境，调节准妈妈的情绪，帮助准妈妈忘却不快和烦恼的一种方法。

8. 联想胎教法

其是指准妈妈利用母亲和胎儿之间的意识、情绪的传递，通过对美好事物和意境的联想，将美好的情绪和体验暗示传递给胎儿的一种方法。

9. 美育胎教法

其是指根据胎儿意识的存在，通过孕妈妈的美的感受而将美的感觉、意识传递给胎儿的方法。它包括自然美育、音乐美育、感受美育。

10. 环境胎教法

其是指为准妈妈创设一种清新、愉快的环境的方法，包括创设整洁、卫生的物质环境和营造家庭成员之间互爱、互敬、互谅、互让、互勉的和谐氛围。

11. 运动胎教法

其是指指导孕妇进行适宜的体育锻炼，促进胎儿大脑及肌肉的健康发育，有利于母亲正常妊娠及顺利分娩的一种方法。

在当代社会，使用最多的胎教方法当属饮食胎教法、语言胎教法、抚摸胎教法、音乐胎教法和情绪胎教法。

【案例分享】

表 4.1 妞妞妈胎教间的日常生活安排

时间	生活安排
6：30	起床（和宝宝道早安，抚摸胎儿）、边听音乐边收拾屋子
7：00	做早点、吃早点（同时和胎儿说今天吃的是什么早点）
7：40	准备上班
8：00—11：00	上班时间
11：30	听着音乐和爸爸一起做饭
12：00	吃饭（同时给宝宝介绍今天午饭的种类）
13：00—14：00	午休
14：00—17：00	上班时间
17：30	休息、安静地听音乐，和胎儿说说这一天的工作
18：30	晚餐时间（同时给胎儿介绍晚餐）
19：40	洗漱
20：00	爸爸边给妈妈按摩，边给胎儿讲故事、读儿歌
21：00	准备睡觉，和胎儿道晚安，抚摸胎儿
周末	上午到公园等环境好的地方散步（和胎儿讲所见所闻），下午休息、教胎儿知识（看书讲解）

（二）美国斯瑟蒂克胎教法

斯瑟蒂克胎教法包括七个方面的内容：

（1）播放一些轻柔优美的乐曲，将快乐感传递给胎儿。

（2）时常使用优美、动听的声音给胎儿唱歌。

（3）给胎儿讲故事、唱儿歌。

（4）经常和胎儿说话，将一天当中所看到的、听到的、想到的都讲给胎儿听。

（5）使用形象化的语言。如在卡片上，用五颜六色的笔来书写数字、文字以及字母等，强化视觉效果。教导数字、文字以及字母时，要一边反复朗读一边用手去描摹字体，并准确记住卡片的颜色和文字的形状，同时还要具体形象地解说。以字母“A”为例，可以对胎儿说，A 好像塔尖，然后选出几个以 A 为首字母的单词教给胎儿，如“Apple”，告诉胎宝宝这是苹果，再说说苹果的颜色、味道以及对身体的益处等。

（6）多参加室外活动，多散步。在室外，无论听到什么、看到什么、感觉如何，都可以用动听的语言讲给胎儿听。例如，在公园看到了美丽的花朵，便可以告诉胎儿花朵是什么颜色的、味道如何等。

（7）出生以后继续教育。孩子出生以后，把胎教时所用到过的东西，再一次适时地呈现在孩子面前，这样孩子会慢慢回想起在母体中学过的东西。

（三）意大利蒙台梭利胎教法

《蒙台梭利胎教新法》中将胎教方法归纳如下：

（1）自然陶冶胎教法。

（2）光照训练胎教法。

（3）办公环境胎教法。

（4）家居环境胎教法。

（5）营养科学胎教法。

（6）意识联想胎教法。

（7）形象意念胎教法。

（8）色彩感知胎教法。

（9）绘画欣赏胎教法。

（10）怡情益性胎教法。

（11）信息传递胎教法。

（12）音乐科学胎教法。

（13）情感沟通胎教法。

（14）美容穿衣胎教法。

（15）佳作欣赏胎教法。

（16）听力训练胎教法。

（17）对话语言胎教法。

（18）记忆训练胎教法。

（19）性格训练胎教法。

（20）行为训练胎教法。

（21）美文欣赏胎教法。

（22）分娩前胎教三部曲（心理放松胎教法、色彩感染胎教法、情景融入胎教法）。

（23）了解分娩胎教法。

第二节　新生儿的家庭教育

【引子】

卡尔·威特案例的启示

卡尔·威特是18世纪德国一个叫洛赫的小村庄的牧师。他第一个孩子出生几天就夭折了，52岁时才得到第二个孩子。他以自己的名字给儿子命名，以表达喜悦之情。可是由于早产，小卡尔在婴儿时期反应迟钝，显得有点痴呆。卡尔·威特很悲伤，但并没有绝望。他在给堂弟的信中写道“我的儿子得之不易，怎么会不爱他呢？我要用我的方法去爱他，必将他培养成非凡的人。”

果然，在卡尔·威特的精心教育下，小卡尔从儿童时起就成了远近闻名的天才——8岁能自由运用德语、法语、意大利语、拉丁语、英语和希腊语6种语言，通晓化学、动物学、植物学和物理学，尤为擅长数学；9岁考入莱比锡大学；10岁进入哥廷根大学；13岁出版了《三角术》一书；14岁被授予哲学博士学位；16岁获得法学博士学位，并被任命为柏林大学的法学教授；23岁出版《但丁的误解》一书，成为研究但丁的权威，后来一直在德国一所大学里教书，有口皆碑。

点评：蒙特梭利博士称新生儿期的孩子为“精神胚体”，意即新生儿是一个具备学习能力的个体，适当的婴儿期教育可为孩子奠定良好的成长基础。

【知识殿堂】

婴儿期是人生的开端，会直接影响一个人今后的人生。要做好婴儿教育，需要政府、家庭、幼儿园、社会等多方面共同努力与配合。而其中家庭不但是婴儿最初接受教育的场所，也是婴儿教育中作用时间较多的地方，因此，家庭教育是婴儿教育中最为重要的部分。其含义是：父母及家庭其他成员在婴儿发育的过程中为婴儿创造的各种环境和对婴儿进行的直接或间接的影响或刺激。

著名教育专家巴甫洛夫曾说："从婴儿降生的第三天开始教育，就迟了两天。"

出生第一年的婴儿，我们称之为"新生儿"，表面上看起来很无助，但其实他是一个精神胚体，借由吸收性心智吸收环境中的一切，以建构自我。所以，我们常说这个时期的孩子是"哑巴精"，意指孩子虽然不会以语言表达己意，但却什么都听得懂、看得懂。

一、婴儿动作的发展

婴儿由于言语能力发展有限，心理发展的水平更多的是通过动作反映出来的。

（一）婴儿动作发展的规律

1. 从整体动作到局部动作

儿童最初的动作是全身性的、笼统的、弥漫性的，以后动作逐渐分化、局部化、准确化和专门化。

2. 从上部动作到下部动作（首尾规律）

婴儿最早出现的是眼的动作和嘴的动作。儿童先学会抬头，然后能俯撑、翻身、坐和爬，最后学会站和行走，也就是从离头部最近的部位的动作开始先发展。

3. 从中央部分的动作到边缘部分的动作（远近规律）

儿童动作的发展先从头部和躯干的动作开始，然后发展双臂和腿部的动作，最后是手的精细动作。

4. 从大肌肉动作到小肌肉动作（大小规律）

从四肢动作来说，是臂和腿的动作先发展，以后才逐渐发展手和脚的动作。

5. 从无意动作到有意动作

【知识小贴士】

婴儿动作的发展可用一首民谣概括：

一哭二笑三咿呀　　四月哈哈望母亲

五抓六坐握足耍　七翻八爬九叫爸
十站对指十二走　看图说话在十八
两岁能用勺吃饭　喜怒分明命令发
三岁学穿鞋和袜　长成大娃别娇他

（二）新生儿的无条件发射

新生儿凭借着种种先天遗传的无条件反射来适应周围环境，它们是不学而能的。

（1）吸吮反射。

（2）眨眼反射。

（3）抓握反射。物体触及掌心，新生儿立即把它紧紧握住。

（4）怀抱反射。

（5）巴宾斯基反射。物体轻轻地触及新生儿的脚掌时，他本能地竖起大脚趾，伸开小趾。这样，5个脚趾形成扇形。

（6）迈步反射，又称行走反射。扶着新生儿的两腋，把他的脚放在桌面、地板或其他平面上，他会做出迈步的动作，好像两腿协调地交替走路。

（7）游泳反射。有些反射有生存意义。如吸吮反射、觅食反射属于食物性无条件反射；眨眼反射、怀抱反射属于防御性无条件反射。

有些反射无生存意义，在婴儿长大到几个月时会相继消失。如果过了一定年龄还继续出现，反而是不正常的症状。例如，6个月以后的婴儿不再出现巴宾斯基反射，物体接触脚掌时，代之以脚趾向内弯起，而不是成为扇形。

二、新生儿两个关键的教育时期

（一）0～1岁，声音辨别关键期

训练方法：

（1）在宝宝睡醒后，精神很好时，朗读诗歌给他听。

（2）经常唱歌或放音乐给宝宝听。

（3）经常对宝宝说话，教他人物或物品的名称等。

（4）经常带宝宝到户外聆听周围环境中的各种声音，如狗叫声、喇叭声、门铃声等，并向宝宝一一解释。

（5）模仿动物的叫声，鼓励宝宝模仿。

（6）利用游戏的机会，让宝宝辨别从不同方向传来的声音。

（7）多与周围的人接触，让宝宝感受不同的声音特点和模式。

（二）0～2岁，动作发展关键期

训练方法：

（1）满月起，用手推着宝宝的脚丫，训练他爬行。

（2）在宝宝3个月时，在他小床的上空悬挂一些玩具，使宝宝双手能够抓到，锻炼他的手眼协调功能。

（3）在宝宝6～7个月时，多创造爬的机会，如让宝宝俯卧着，放一两件玩具在他前方，吸引他向前爬，让他尝试着去抓取玩具，以促进他动作的发展。

三、新生儿家庭教育指导

0～1岁的新生儿自身完全没有生存的能力，需要靠父母喂养照料才能生存，而科学地照料新生儿又使其得到科学的教育，这样才会为新生儿的健康成长打下良好的基础，否则就会阻碍婴儿的成长。

在视觉上，最初新生儿的眼球运动并不协调，经过一段时间后，不协调现象会逐渐消失，开始能够注视较近的事物；再经过一段时间就能够注视较远的事物，对色彩、运动的物体有很大的兴趣。在听觉上，在声音的刺激下，新生儿会产生各种应答性反射活动。婴儿在3～4个月时就能感受出不同方位发出的声音，并且能倾听音乐；之后，他还能辨认出成人的声音，分辨出严厉与温和的语调。此外，婴儿也具有一定的运动知觉等。

伴随着感官与动作的发展，婴儿早期的心理意识也逐渐产生。比如，如果其他人给他做鬼脸之类的，逗着他玩，他会露出可爱的笑容。如果母亲经常对婴儿面带笑容、目光温和，那么婴儿就会被爱所熏陶感染，长大后就会产生爱与被爱的心理需要。再比如，婴儿拿东西的动作：刚开始的时候完全是“抓”，逐渐学会“拿”“捏”，这就表明婴儿在认识外界的过程中有了“观察”和“思考”的萌芽。

这些婴儿在生理和心理上具有的特征都为我们开展婴儿教育，特别是家庭教育提供了依据和基础。

（一）视觉刺激

可以在婴儿的床头、房间里悬挂色彩鲜艳的小玩具、气球、花环等，张贴彩色图画，并经常更换。在婴儿安静觉醒时，拿色彩鲜艳的小玩具给婴儿看，并在他眼前缓慢移动，训练其视线跟随。新生婴儿对父母的脸和红色的小物件比较感兴趣，会心情愉悦地较长时间去注视。

（二）听觉刺激

通过跟婴儿说话、唱歌，放音乐，用发出柔和声响的玩具引逗等，让婴儿发展听觉，学会听不同方向的声音并转头寻找声源。特别注意的是，在训练听觉时，所用的声音刺激要柔和、动听，要有起伏和变化，持续时间不能太长，否则婴儿会厌烦，不予回应。在护理时要多对孩子说话，让他感受语言中的节奏，情感和声调，以及在其啼哭时能接受语言的安慰。

（三）皮肤刺激

要经常拥抱和抚摸婴儿，让其体验皮肤的感觉，满足婴儿对皮肤接触的需求。经常用婴儿的小手和足底试着接触不同的物体，如衣物、床单、桌面和一些光滑柔软的小玩具等，体验不同物体的质感与形状。对婴儿做被动屈伸肢体、皮肤按摩、变换姿势等，通过对皮肤的良性刺激来促进大脑神经的正常发育。做触感刺激时，应注意室内温度，动作轻柔，每次训练10分钟左右。

（四）动作训练

将婴儿竖抱，头稍竖立，锻炼小儿颈部肌肉，每天做数次，每次1～2分钟，让其逐渐学会主动竖头。让婴儿在松开包被时做俯卧动作，练习抬头和支撑的动作。训练应在喂奶前1小时空腹清醒状态下进行，注意不要影响婴儿的呼吸。衣着应暖和、宽松，适合婴儿四肢自由活动。如果新生婴儿能主动做手到口的动作（吃手），这是大脑功能健康的表现，有神经障碍者则不会做。

（五）情感交流

父母应学会与婴儿有情感上的交流，经常用亲切的语调和婴儿说话，用慈爱的目光注视他，并引起他的注视。这样，父母才能及时了解婴儿的情绪变化，掌握婴儿啼哭的原因及需求，以便及时予以解决。让婴儿学会主动注视他人、学会微笑。婴儿哭闹时，先不要急于抱起，应先用温和的语调跟他说话，握住他的小手，用手按抚他的腹部，最后再将其抱起来轻拍，让婴儿懂得并学会接受成人的安慰，形成与成人情感上的交流。

（六）“三浴”：空气浴、阳光浴、沐浴

开展三浴锻炼能满足婴儿接触外界的感官体验需求，足够的户外阳光浴和空气浴会使婴儿身体更健康、强壮，还能促进婴儿智力发展和良好情感的形成。

父母带领婴儿进行“三浴”时应注意：保持居室空气新鲜；每天保证 1 ~ 2 个小时的户外活动；从宝宝的实际出发，尽量要早，但同时要循序渐进地开展；选择安全、合适的场地进行；掌握适宜的时间和温度；必须及时观察和了解宝宝的情况，预防意外事故的发生。

（七）及时培养婴儿良好的生活习惯

生活习惯培养主要包括良好的睡眠、饮食、排便及卫生习惯的培养。良好的睡眠习惯，有利于宝宝的大脑和身体发育；良好的饮食习惯，能保证宝宝摄取足够的营养和正常地生长发育；良好的排便习惯，对于宝宝正常的饮食、睡眠等都很有好处；良好的卫生习惯，能增强宝宝的基本生活自理能力。

婴儿期常出现的教养误区：常抱着宝宝入睡、哄拍宝宝入睡；提供过精、过细的食物，追逐着喂食；为图干净，强行宝宝排便。

家长应积极为宝宝树立良好的榜样，用自己的言传身教影响孩子；创设有利于良好生活习惯形成的环境，如创设安静温馨的睡眠、进食环境；利用日常生活各环节进行随机教育，培养宝宝良好的生活习惯。

（八）积极支持宝宝的爬行活动

通过爬行，一方面，促使宝宝全身肌肉与大脑协调发展；另一方面，锻炼宝宝的触觉、听觉、视觉等感觉器官，有助于婴儿方位感和距离感的建立。通过爬行，可以满足宝宝用自己的手脚去接触、探索世界的内在需求。

家长可运用各种方式逗引、支持宝宝爬行，为宝宝创设一个安全、卫生的爬行环境；从宝宝的实际出发，确定适宜的爬行时间和距离：给宝宝穿着适宜爬行的服装；爬行后及时帮助宝宝洗手、整理服饰、喝水、补充食物，并进行精神鼓励。

四、新生儿期常见疾病的家庭护理

婴儿常见病主要有高烧、小儿肺炎、营养性和缺铁性贫血、腹泻、佝偻病等。

对待婴幼儿的常见病，一要十分重视，小病不治易成大病；二要重在预防，以预防为主，治病为辅；三要加强病后护理，加速恢复健康。

第三节　学步期儿童的家庭教育

【引子】

航航的小秘密

航航两岁半开始上幼儿园，他开心地带着自己的小恐龙和奶瓶去幼儿园。航航在园里和小朋友玩得很开心，可是一到喝水时间他就很焦虑，也很沮丧，因为他想要用自己的奶瓶喝水，不想和其他的孩子一样用幼儿园的杯子喝水。老师很快就发现了这个问题。

在和航航妈妈沟通之后，老师发现航航在家喝水都是用奶瓶，而且只喝有味道的水，例如果汁、牛奶，不爱喝白开水。经过航航妈妈的同意，老师决定在园期间只允许航航在午睡时用奶瓶，其他时间将奶瓶收在消毒柜里，而且奶瓶只能装白开水。同时，在家里也要限制奶瓶的使用，多引导孩子用杯子。确定了这个方法之后，她们将这个计划告诉了航航。

在接下来的一个星期，航航试探了老师好几次，想看看老师是否会在自己的哭闹中屈服，在其他时间也让他使用奶瓶。每每这个时候，老师都会拥抱着航航，表示老师知道他难受，并告诉他到午睡的时候可以用奶瓶，并利用各个喝水的时间告诉和训练航航使用杯子。到第二个星期，航航连续几天都没有和老师提起奶瓶的事了。坚持了一个多月，航航终于能使用杯子喝水了。

点评：1～3岁的婴儿处于身体、心理思维快速发展的阶段，也是形成良好生活习惯的关键阶段。生活的经验告诉我们，从小开始教育不是那么困难，但以后矫正缺点的再教育就困难得多。因此，父母应该把好家庭教育第一关，为孩子的人生发展打好坚实的基础。那么，在婴儿最初想要“我自己来”的这一特殊时期，家长如何有效地进行家庭教育呢？

（资料来源：广西贵港市普罗旺斯幼儿园教师曾明）

【知识殿堂】

1～3岁是个体开始学习走路的时期，这个阶段被称为学步期。处于学步期的儿童被称为学步儿。蒙台梭利博士称学习走路是人类的第二次出生，因为当孩子学会走路后，就是一个真正独立的个体了。

在我国，绝大多数0～3岁婴儿散居在家中进行教养，家庭对婴儿的早期成长起到关键性的影响。俗话说："三岁看大，七岁看老。"在婴儿期，孩子的身体快速发育，而且孩子的心理思维也在快速发展。与此同时，重视孩子的早期教育，促进孩子生活自理能力的发展，已经成为每个父母特别是学步期父母的共识。

著名教育家陈鹤琴先生提出婴幼儿家庭教育理论，总结了婴幼儿特别是 1 ~ 3 岁的儿童心理发展的八个主要特点。

第一，好动，即孩子尚不具备完善的自我控制能力，因而行为往往受情绪的影响。

第二，好模仿，即婴幼儿喜好模仿，因而其言语、技能等的学习也大多通过模仿而获得。

第三，好奇，即婴幼儿对于新的东西大多都十分好奇，本能地想要去体验，这些经验的积累也有助于其掌握知识，发展能力。

第四，好游戏，他认为喜欢游戏是婴幼儿的本性。

第五，喜欢成功，即婴幼儿喜欢体验成功。

第六，喜欢合群。

第七，喜欢野外生活。

第八，喜欢被称赞。

不同时期的儿童因心理、生理的差异也呈现出了成长的差异化特点。

一、学步期儿童成长特点

（一）感官

学步期儿童的感观等各方面比婴儿早期更为精细。视觉上，婴儿开始能够正确地辨别各种基本颜色（如红、黄、蓝、绿）。听觉上，婴儿晚期听觉分辨能力比较敏感，在感知、辨别简单的单词语音方面有了很大的发展，但学步期儿童对单词语音的感知还不够精准，如汉语拼音的声母 z 和 s、c 等。

（二）知觉

学步期儿童的知觉开始具有随意性和概括性，这一时期的儿童能更快、更多、更好地感知各种事物。我们可以把这看成儿童观察的萌芽。随着儿童动作、活动的发展，特别是随意运动的发展，儿童的知觉会得到进一步的发展。婴儿晚期儿童对于物体的空间性已经能感知，也积累了一些有关空间特性的词汇。实践证明：3 岁的儿童能够辨别上下方向，但是还不能很好地辨别前后、左右。对于物体大小、形状、距离、位置等方面的知觉也不正确。

（三）自我意识萌芽

自我意识是一个人性格的核心。儿童的自我意识表现为，他们能把自己和自己以外的事物区分开来，使自己成为中心和活动的主体。自我意识发展到一定程度，儿童就逐渐能够进行自我观察、自我分析、自我监督甚至自我教育，这是儿童形成独立性、自尊心、自信心和自制力等优良品质的基础。学步期儿童逐渐会行走和说话，开始广泛接触周围的事物，逐渐产生自我意识。这一时期的儿童能逐渐把自己本身和其他事物区分开，能逐渐把自己与对象区分开，既能反映外界情况，又能认识自己。

学步期儿童的自我意识萌发后，独立性也开始强烈表现，常说“我自己来”，不要别人帮助，在成人对儿童行为评价的基础上学会了对自己的评价，同时开始有了“自尊心”。这时他（她）也有了自己做事的态度和是非评价标准，有些父母总想要干涉或限制他（她）的一些行为，这样会对他（她）的性格的形成与发展造成不良的影响。比如，一个孩子与另一个孩子为抢夺玩具而发生争执，这时若是其中一个孩子哭了，你的孩子又是一个旁观者，那么他（她）会没有什么原则地对哭的孩子产生同情，去帮这个哭的孩子。即便这个哭的孩子是“抢夺者”，父母这时应该先肯定孩子的同情心，然后再给他（她）讲：“抢别人的东西是不对的，我们不能向他学。”再比如，父母都期望自己的孩子有礼貌，希望孩子见到了认识的人后打招呼，可是有时候会由于情绪或其他各种各样的原因，他不想开口讲话，这时父母不应该训斥孩子没有礼貌，而应该明白这正是儿童性格开始萌芽的一种正常现象。若儿童长期被强迫按照父母的意愿去说话，就有可能长大后形成没有主见、不诚实、虚伪的不良性格特征。

（四）注意力、记忆、思维

1～3岁的婴儿能够比较长时间地集中注意某一事物，能专心地摆弄一个玩具，开始留心周围的人的言语和行动。随着言语的发展，这一时期的儿童开始出现有意注意，虽然此时儿童已能根据成人的要求和活动的需要实现有意注意，但是从整体上说，无意注意仍占主要地位，有意注意还只是刚刚开始萌芽。这一时期的儿童最容易记住的还是那些印象强烈的或带有情绪色彩的事情，还不能为了设定的目的而去记。其再认能力也比以前更强，1岁时，只能再认相隔几天或十几天的事物；到了3岁，已经能再认相隔几十天或几个月的事物了。学步期的儿童有了初步的概括能力，还能在狭小的生活范围内进行简单的判断和分类。

学步期儿童的思维整体处于感知运动阶段，主要通过感官和运动参与来认识、了解世界。婴幼儿6个月后开始对身边的人或者物体形成最初的表象，比如“认生”

现象加重，其对母亲或者其他接触较多的亲人的表象已经较深，如果不是熟悉的人来抱他，他可能会扭头拒绝。婴幼儿 1 岁之后，延迟模仿能力得到进一步发展，前一天模仿的拍手、眨眼睛、咂嘴的动作，几天之后还能够模仿出来，此时婴幼儿形象思维能力得到了发展。2 ~ 3 岁的婴幼儿形象思维的灵活性进一步增强，想象力更加丰富。

（五）情绪和情感

第一，他（她）具备基本的情绪和情感。一般来说，他（她）的需要能得到满足，便会产生肯定的情绪和情感。他（她）的需要得不到满足，或在不良的环境下，会出现各种否定反应，如害羞、惧怕、愤怒、嫉妒等。第二，社会性情感开始发展，学步期儿童在与其他儿童交往时能得到愉快的感觉，而且还能体会到伙伴的痛苦并产生怜悯、同情，集体生活逐渐使他们产生集体认同感和友谊感。在正确的教育的引导下，儿童能学会依照一定的要求与规则办事；在一些简单的劳动中，能体会到劳动的愉快，从而形成基本的道德价值观。若他（她）的求知欲得到满足，就会产生愉快的感觉，萌生出理智感。此外，在欣赏绘画、音乐等活动的过程中会萌生美感。第三，学步期儿童的情绪和情感表现不稳定，情绪和情感带有易变性。这主要是因为婴儿晚期儿童还没有稳定的主观意识或个性倾向，非常容易受外界事物的影响；另外，婴儿晚期，儿童大脑皮层的兴奋和抑制过程不平衡，兴奋过程占优势，学步期儿童不能完全控制自己的行为，比如他（她）正在哭时，看到什么他（她）喜欢的，可能就会破涕为笑。因此，这个时期对婴儿的教育非常重要，若教育不当就可能造成将来的“坏脾气”和不良的性格。

二、学步期儿童家庭教育指导

以上对学步期儿童生理、心理等各方面的认识，为我们开展学步期家庭教育提供了依据，奠定了基础。这一时期的家庭教育的形式和内容应该是围绕关于生存能力的发展、学习能力的提高、创新能力的培养等这几个方面展开的。孩子从被动的活动到学习基本的翻滚、爬行、站立、行走等技能，其基本活动能力得到发展；孩子从被动地接受知识转为主动地学习，包括学习的内容和方法，对事物的兴趣。在学习的过程中，孩子会不断地尝试和探索，这一切过程都需要父母积极地参与和引导。

（一）语言能力的培养

（1）用微笑和丰富的表情与儿童对话。尽力营造温馨和舒适的环境，有针对性地根据孩子的需要和孩子进行交流。比如，在孩子吃饭时，可以告诉孩子："宝宝多吃，才可以又高又壮。"在给孩子穿衣服时可以对孩子说："宝宝穿衣服，变得更加漂亮可爱。"同时，我们也可以使用表情和身体辅助我们的语言，如微笑、抚摸、亲吻等。随时随地和孩子保持情感的沟通，必须要做到动作轻柔、语调温和、表情丰富。

（2）模仿发音训练。通过一切动作和手势，配合不同的发音，让孩子根据你的动作发出相应的声音，或者你再次做出动作，让孩子用相应的声音来回应你。可以在钢琴或者乐器上发出不同的声音，在孩子熟悉后让孩子转过身通过声音来判断声音是从什么乐器发出来的。

（3）设置游戏对儿童进行词汇训练。单纯的词汇训练可能会使孩子觉得枯燥，从而丧失学习的兴趣和积极性。我们可以设置一些简单的互动游戏来达到寓教于乐的目的。比如在引导孩子学习一些词汇时，我们可以拿出装有字母的盒子放在孩子面前，每发出一个音，将相应的拼音字母拿出并按序摆放在孩子面前。孩子熟悉以后，重复刚才的发音，让孩子找出对应的字母并按顺序摆放。

（4）结合事物帮助儿童理解词汇的概念。父母跟婴幼儿说话的时候，要跟具体的事情、物体相联系，跟具体的游戏结合起来。比如，喝水的时候跟孩子说"喝水"，开灯的时候跟孩子说"开灯"等。让孩子正确地推测语言的含义，发展形象思维。再如谈到"大小"的时候，可以伸出手放在孩子的手上并告诉孩子："这是大手，这是小手。"这样的游戏，既可以丰富孩子的词汇，锻炼孩子的语言表达能力，又可以使孩子学会识别不同事物的不同特性。

（5）讲故事。婴幼儿 1 岁之后，父母可以充分利用睡前故事、绘本等向孩子讲述故事情节，还可以跟孩子一起创作故事，让孩子获得丰富的想象能力。

除上述外，父母对婴幼儿要尽量多地鼓励、认可，让孩子获得学习语言的自信，孩子说错也不要急于纠正，随着年龄的增长，经过反复模仿，孩子会获得准确的发音与表达。

另外，需要注意的是，3 岁以下的婴幼儿不急于学习书写，可以多练习听与说，增强听说能力、表达能力和想象能力。

（二）运动能力的培养

调查表明，智商高的孩子往往身体更加协调和敏捷。因此，学步期儿童家庭教育应重视锻炼宝宝的身体。孩子是否适合参加运动，或适合参加何种运动主要取决于孩子的身体发育状况、运动基础与准备情况。不同年龄阶段的孩子，其身心发育程度不同，适合的运动各有不同，因此，要结合孩子的实际情况进行选择。健康发育的大脑，无疑是婴儿智能发展的基础。运动可增加大脑皮层的厚度，大脑会释放出一种叫作脑啡呔的物质，这种物质能够减轻神经的紧张度，提高学习能力和记忆力。同时，在孩子活动过程中，其两侧肢体动作须相互配合，进而促进大脑左右两半球的协调发展，充分发挥大脑的潜能。

运动能促进脑中多种神经递质的活力，使大脑思维反应更加活跃、敏捷，加快血液循环，增强心脑功能，为大脑提供更多的氧气和养分保障大脑发育时所需的物质条件。运动时，大脑处于最初的启动或放松状态，人会变得更加敏捷，更富有创造力。与成人相比，婴儿的收益更大，奥妙在于孩子的大脑正处于发育状态，运动发挥的作用更大。选择运动项目时，尽量选择一些手脑并用的项目，这样可以达到更好的效果。

在为学步期儿童选择体育活动项目时，应尽量注意以下几点：选择多种器官共同作用、共同完成的身体活动，如眼、手协调活动——投篮、踩直线等；眼、脚协调活动——踢定点球、越过障碍物、踩线等；听觉体育活动——调节身体活动的节奏变化，以对语言、音乐等适宜刺激做出反应等；提高位觉机能的体育活动——蒙眼拍球等；本体感觉——侧滚、驮物爬、两腿两足夹物走、拍球走；动脑和动手的体育活动——穿珠、翻绳、系衣扣和下棋等。凡用到手脚的活动，尽量要活动左右手、左右脚。

（三）习惯和性格的培养

教育家陈鹤琴曾经说过：“习惯养得好，终生受其益；习惯养不好，终生受其累”“播种行为，收获习惯；播种习惯，收获性格；播种习惯，收获命运。”这些表述道出了良好习惯的重要性。

婴儿的家庭教育其实就是养成习惯，是学习准备状态的培养。习惯决定性格，性格决定命运。0～3 岁的婴儿家庭教育是为孩子今后各种各样的发展打基础、做准备，而最关键的基础便是孩子的性格培养。因为人的性格在 3 岁之前便基本形成。由此可见，婴儿特别是学步期儿童家庭教育中性格的培养将会直接影响到孩子的一生。

作为家长，可以在家庭生活的方方面面培养孩子的良好习惯。首先，在生活习惯方面，父母要引导婴幼儿按时睡觉保证睡眠，定时用餐保证营养，讲究卫生增强体质，强化自理能力；1～3 岁养成自己进餐、洗漱、如厕、睡觉、穿脱衣服的良好习惯等。再比如，在孩子吃饭这件事上，家长不能因为孩子吃不好就剥夺孩子自己吃饭的权利。这样做的后果便是孩子在吃饭这件事上长期处于被动，并因此对任何事情都不愿自己动手，懒得下力气。让孩子自己吃饭是尊重孩子，给孩子尝试的机会，使他们感到“自己能”，同时锻炼孩子的小肌肉活动和手眼协调的能力，进而在使用勺子的实践中逐渐学会自己吃饭，发展生活自理能力。

其次，在行为习惯方面，父母要引导孩子礼貌待人，能尊重别人，富有同情心，具有积极向上的情绪情感，会宣泄不良情绪，懂得合作与分享，懂得发现生活中的美，善于发现音乐、绘画、舞蹈的美，具有探索世界的热情和精神等。

此外，还可以带领孩子制作一些简单易用的手工，特别是拼图等活动；带领孩子积极参与自己的生活，比如去超市购买商品，参与日常的家务劳动训练，并在实践中学会主动地学习。这些简单的训练不仅可以锻炼孩子的生活习惯和自理能力，还能增强孩子动手的能力，培养良好性格。

（四）社会化能力的培养

人类是社会性的群体，因此培养孩子的社会化能力很重要，婴儿的社会化能力体现为一种友好的行为。社会化能力就是人们在社会交往中表现出的合作、分享、帮助、安慰等有利于社会和谐的行为的能力。在研究过程中发现，由于年龄的差异，成人很难和孩子进行完全交流，这势必影响我们对孩子教育的质量。如果让孩子之间相互学习和交流，他们之间就会相处得很融洽。所以，社会化能力的培养将有助于孩子在今后的生活中更有效地学习。

我们可以通过为客人拿东西，相互见面时问好、握手，友善地传递眼神动作，让小孩子扮演大人角色来照顾大人等活动，让孩子学会礼貌待客，培养孩子做事情的专注力和秩序感。生活中父母要做好榜样，孩子出现正确的行为时给予表扬。例如，孩子和其他小朋友一起玩玩具，父母要及时肯定并表扬他，但当其与其他小朋友争抢玩具时，则应告诉孩子玩具应该分享，应互相谦让。

在反反复复的社会交往活动中逐渐培养孩子的良好行为习惯，使其终生受益，为将来更好地适应社会，实现成功人生打下坚实的基础。

【案例分享】

啊，张大嘴巴……

“如果你不吃青菜，待会你就别想吃糖果！”“如果你不把面条吃完，中午你也要接着吃！”“你要坐在那里把你的饭吃完，要不然你就不能出去玩！”这些话很多父母都很熟悉，他们似乎相信自己能够强迫孩子吃，但是，我们从同样多的孩子身上看到的是，你无法强迫他们吃。我们已经知道孩子们会假装呕吐把饭菜吐出来，会偷偷地把食物藏在口袋里背回家，从早餐到中餐，甚至到晚餐，一直坐在那里盯着面条看，或者坐到父母放弃的时候。孩子为什么会这样呢？今天我们来听听言言的故事。

四岁的言言有一双大大的眼睛，声音软绵绵的，最喜欢做的事情就是抱着带班老师甜甜地表白："老师，我好爱你！""老师，你真漂亮！"所以，刚入园不久，言言就收获了一波"老师粉"。在日常生活中，言言最让老师头疼的就是每日用餐，不管是早餐、午餐，也不管是面点、粥、饭、炒粉，还是水果、牛奶、豆浆，言言都一副与己无关的样子，把餐具端回位置就坐着发呆，或者自言自语。老师们尝试了各种方法变着花样引导，如鼓励她自行用餐、让她和旁边的小朋友比赛、安排她与胃口好的小朋友一起坐、奖励小红花、变魔法游戏……但最终都是一个结果——一口终结。言言自己吃了一口饭之后就恢复等待状态，等着老师过来，端起碗对她说："啊，张大嘴巴……"

为了让她养成良好的用餐习惯，老师和言言妈妈进行了多次沟通，了解到言言从6个月开始到3岁入园前，吃的辅食和主食都是精细研磨成泥或者直接打成汁放到奶瓶让她吮吸；在一岁半时，有一段时间她非常喜欢自己用手抓食物来吃，但是往往会弄得全身满地都是米粒或者汤汁，奶奶为了避免麻烦就不再让她自己吃饭，家人吃饭之前都会先把她喂饱，直到两岁，她还是习惯静静坐在餐椅上等家人喂食。后来，言言不干了，要下来到处走，奶奶只能拿着饭在后面追着喂。为了让她能听话坐好，妈妈和奶奶又想了新的法子，一边看电视一边喂饭。在动画片的吸引下，言言终于乖乖地坐好了，奶奶不用跑着追着喂饭了。但很快新的问题又来了，言言不喜欢吃块状的食物。为了满足孩子的生长需求，奶奶和妈妈只能把食物都剁碎混合在一起。言言实在不吃时，就用零食和牛奶补上：早上一瓶、中午一瓶、晚上睡前一瓶。久而久之，言言对食物不再感兴趣，自我服务意识也弱。吃饭变得不再是自己的事情，不喂不吃；咀嚼的能力也退化了，凡是大块一点的食物就含在嘴里，不嚼也不咽；在用餐这件事上对自我能力的认可也消失了，不再相信自己可以独自完成用餐。

在和家长详谈后，老师和家长一起制订了一个计划。首先，让言言感受到自己具有自行用餐的能力：先减少饭量再慢慢增加，刚开始就给她一两口饭，让她能快速吃完，以便建立信心；其次，让言言对食物感兴趣：通过绘本故事的引导阅读，让言言知道食物的能量，提起言言的兴趣；再次，让言言有正餐饮食的习惯：取消早、中餐的牛奶，减少零食，并采用自然后果法，不吃也不喂，中途也不提供零食，直到下一顿正餐；最后，让言言妈妈在家做好奶奶的工作，配合共育，纠正言言的用餐习惯，做到家园共育。

在开始的一个星期，言言配合度挺高，可是很快她就会用哭闹来和妈妈奶奶进行对抗。老师了解了情况之后，及时和家长进行了沟通，调整了策略，坚持去执行制订好的方案。反反复复几次之后，言言基本能自己用餐了，也开始尝试块状的食物了。

（资料来源：广西贵港市普罗旺斯幼儿园教师曾明）

第四节　入园适应期儿童的家庭教育

【引子】

又到开学季，对于幼儿园新生来说，上学是他们人生当中第一次经历的新鲜事，不过也难免有各种不适应。最近几天，不少萌娃在幼儿园里上演了“生离死别”的痛哭大戏。

2 岁 9 个月的明明一路哭闹不止，上气不接下气。前来送他上学的奶奶无奈地说：“开学前一周，我们就送他来适应幼儿园新环境了，可直到现在，这孩子还是每天早上哭着、闹着，死活不愿意进幼儿园。”

哭闹的宝宝不止这一个。除了大哭大闹的，还有默默流泪的。3 岁的萱萱一边用衣袖擦着眼泪一边向爸爸、妈妈挥手告别。萱萱的妈妈说：“萱萱比较内向，9 月 4 日第一天上学时，女儿表现不错，没掉一滴泪。但听老师说，在幼儿园的时候，她会独自一人趴在桌子上流泪，嘴里小声念叨着‘想妈妈’，我心里还挺担心的。”

此外，还有的宝宝堪称“表情帝”，令家长和老师哭笑不得。3 岁半的佳佳是个十分活泼的小男孩，爱跑、爱玩、爱说话。佳佳的爸爸告诉记者，从 9 月 4 日至今入园 3 天来，佳佳每天都是牵着他的手高高兴兴地进学校，但是只要一踏进他们班级，佳佳瞬间就哭得撕心裂肺，吵着“要回家”。“虽说我转身走人，但心里还是很不放心，就躲在他们班门口悄悄观察儿子的表现。”佳佳的爸爸说：“真没想到，我前脚一走，儿子立马抹掉眼泪，接过老师给他的饼干，吃得可带劲了！”

分析：幼儿从家庭到幼儿园，周围的生活、学习环境都有所变化。刚入园期间，幼儿由于对幼儿园环境不熟悉，再加上长时间离开父母，会产生不同程度的分离焦虑，具体表现为哭闹、情绪低落等，这都是正常现象。但部分幼儿入园一段时间后，仍对幼儿园产生抵触情绪，表现出情绪起伏大、不合群等。面对入园适应困难的幼儿，家庭方面应采取怎样的教育措施呢？本节内容将就入园适应期儿童的家庭教育进行具体阐述。

【知识殿堂】

教育部 2016 年 3 月 1 日实施的《幼儿园工作规程》明确指出：“幼儿园是对 3 周岁以上学龄前幼儿实施保育和教育的机构；幼儿园适龄幼儿一般为 3 周岁至 6 周岁；幼儿园一般为三年制。”部分幼儿园为了照顾家长的工作时间，对于 2 岁以上不满 3

岁的幼儿开设“亲子班”或“小小班”，让幼儿提前参与幼儿园的集体生活，熟悉幼儿园环境。本节内容主要围绕 2～3 岁幼儿的家庭教育展开。

一、2～3 岁学前儿童身心发展的主要特点

（一）生理发展的特点

2～3 岁的幼儿在身体发育方面没有 1 岁左右时增长迅速，但相对而言仍处于增长较快的阶段。2 岁半左右时，其乳牙已全部出齐，从而减少了对摄入食物的限制，满足了身体生长发育的要求。2 岁的幼儿大脑的体积和重量约是成人的四分之三，快速的大脑发育不仅有助于认知能力的提高，而且有助于粗大动作技能和精细动作技能的形成。该时期幼儿正处于粗大动作技能发展的阶段，如 2 岁幼儿已能完成坐、立、走、爬、钻等基本动作；3 岁左右能掌握蹦跳、单脚蹦、跳跃和跑步等动作，对于精细动作技能的掌握还比较弱，但手眼协调能力有所发展，能够自己使用勺子吃饭，完成简单的穿珠子的动作。总体而言，该年龄段的幼儿动作发展迅速，但由于对肢体、肌肉控制能力有限，动作略显笨拙，缺乏自我保护能力，需要家长从旁帮助。

（二）心理发展的特点

1. 认知发展

主要包含感知觉、注意、记忆和思维等内容。

（1）感知觉的发展。感知觉，即人脑对客观事物个别属性和整体属性的反映。该阶段的幼儿具备比较成熟的感知觉能力：能识别基本颜色（红、黄、蓝、绿、黑等），并能说出颜色的名称；能够熟悉、掌握一些基本形状（圆形、四边形、三角形），并能对比这些形状的大小；通过感觉器官能够感知物体的属性（如冷热、软硬）。感知觉能力的发展，具体表现在对外界事物充满好奇和求知欲望，常常使用感觉器官（尤其是手和嘴）去探索、感知事物，总喜欢向成人提出各种问题。

（2）注意的发展。该时期的幼儿处于无意注意占优势、有意注意正在萌芽的阶段，注意时间短，容易受到外界事物的干扰。因此，颜色鲜艳、能发出声音、会动的东西特别能引起幼儿的注意和兴趣。

（3）记忆的发展。幼儿的记忆能力逐渐增强，记忆保持的时间逐渐增加，主要体现为对事物的“再认”，即以前感知过的事物再次出现时，能够识别出来：2 岁的幼儿能够再认几个星期前出现过的事物，3 岁能够再认 1～2 个月前出现过的事物。幼儿的记忆保持的无意性成分很大，对感兴趣或能引起强烈情绪的事物，记忆效果

比较好。总体而言，记得快、忘得快，且带有自己的情绪色彩，是该阶段幼儿记忆的主要特点。

（4）思维的发展。1.5～2 岁是幼儿思维产生的时期。2～3 岁幼儿的思维特点主要表现为自觉行动性，思维需要在行动中进行，幼儿只会对自己动作的对象进行思维加工，而且是先做后想、边做边想。例如，在绘画前往往不知道自己想画什么，常常是画出来后才说“房子”“小猫”。如果动作停止，思维活动也随之停止。幼儿对于事物的理解还停留在事物的表面联系，还不能把握事物的本质联系，具有思维的不可逆性且尚未形成守恒的概念。

【知识小贴士】

守恒概念

守恒概念是指儿童认识到一个事物的知觉特征无论如何变化，它的量始终保持不变。

液量守恒实验：让幼儿亲眼看着一小碗牛奶全部倒入另一根试管内的全过程，接着问被试的儿童试管里的牛奶和原来碗里的牛奶哪个更多，几乎所有没有形成守恒概念的儿童都坚持是试管里的牛奶更多。

数量守恒

○○○○○　　　　○○○○○
○○○○○　　　　○ ○ ○ ○ ○

向儿童呈现两排纽扣　实验者移动一排纽扣

数量守恒实验：给儿童呈现两排数量一样多且形状大小相同的纽扣，前后排列对齐一致，让他们回答两排纽扣的数量是否一样多。儿童一般都能回答正确。但是如果实验者把其中的一排扩大或缩小间距，改变其外观形态，然后再让儿童回答两排纽扣是否一样多。皮亚杰发现，小于 7 岁的儿童往往回答错误。

2. 言语发展

2 ~ 3 岁是幼儿口语发展的关键期，母语语音的准确率逐步提高。语音准备率的提高来源于两个方面能力的提升：一是听音能力，即能辨别不同语音的能力；二是发音能力，即控制和调节自身发音器官的能力。两种能力相互配合，使得幼儿能在日常生活中学习并注意纠正自己的语音。同时，随着年龄的增长，幼儿接触的人、事物的范围扩大，掌握的词汇量迅速增长，出现“词语爆炸现象”。此时的幼儿非常喜欢说话，并开始掌握运用合乎语法结构的完整句以及简单的复合句准确地表达自己的思想。

3. 情绪发展

这一阶段幼儿的情绪具有明显的易冲动、不稳定性以及外显性的特点。幼儿情绪的易冲动表现在需要得不到满足，情绪变化十分强烈而且有时难以自制。例如，得不到玩具时，幼儿马上会大哭大闹，短时间难以平静，成人的安慰、劝阻都无济于事。情绪的不稳定主要表现为两种不同甚至对立的情绪之间的切换速度快，如前一秒哭，后一秒笑。情绪主要受到外界环境是否符合自身需要的影响，某种情绪随着某种情境的出现而产生，也可能随着情境的变化而消失。幼儿情绪的外显性是指幼儿的情绪完全表露在面部表情或行为动作上，完全不加以掩饰和修饰，即喜怒哀惧全部都写在脸上。

4. 个性和社会性发展

3 岁左右，幼儿的个性开始形成，出现某种倾向性的表现，但并没有形成稳定的个性倾向。自我意识也开始逐渐萌芽，2 岁左右知道自己的名字，并知道名字是自己的代号；3 岁左右，会使用人称代词“我”来表示自己，从名字到人称代词“我”过渡，表示能将自己与别人、客体区分开来，是自我意识“质”的提升。这时的幼儿在行动上要求更多的自主性和独立性，经常表现出“我自己能行”“我自己可以做”，开始不顺从成人的要求和意愿，也会对成人说“不”，心理学家把这一时期视为人生的第一个“反抗期”或“叛逆期”。但有时幼儿受限于自身的能力，又不得不寻求成人的帮助，产生矛盾的表现。

2 ~ 3 岁的幼儿对父母等主要抚养者仍具有比较强烈的情感联结，当父母不在身边时，容易对外界环境产生不安全感，继而出现分离焦虑的行为表现。同时，这一阶段的幼儿愿意扩大自己社会交往的范围，由原来自己独立进行游戏逐渐向有同伴参与的游戏转变，喜欢在游戏中与他人接触、交流，表演游戏、角色扮演等社会性游戏类型开始频繁出现。但由于这一阶段的幼儿还具有以自我为中心的特点，所以在与同伴交往中容易因为争抢玩具而发生矛盾。在幼儿园中，幼儿也会采用一些动作来吸引他所喜欢的老师的注意，希望能得到老师的回应并与其互动。总的来说，幼儿的社会交往范围逐渐由家庭向家庭以外的环境扩大，人际关系也由原来的亲子关系逐步扩展为师生关系、同伴关系。

二、2～3 岁学前儿童家庭教育的指导

针对这一年龄段学前儿童的身心发展特点，家长在家庭教育中应注意以下问题：

1. 科学训练学前儿童的基本动作技能，培养其基本的生活自理能力

家长可以在日常生活中或亲子互动游戏中强化幼儿的动作技能，如在阳光适宜、空气新鲜的户外引导幼儿跑、跳、投、爬等，动作的难度可根据幼儿的兴趣、身体负荷和心理负荷而定；同时，注意让幼儿补充水分以及充分休息。同时，家长也可在日常生活中注意纠正幼儿某些不正确的动作，如坐姿、走姿等。对于已经掌握基本动作技能的幼儿，家长应该学会“放手”，即一些日常生活中幼儿力所能及的事情，如独立用勺子吃饭、洗手、穿衣、搽脸等，应该鼓励幼儿独立完成，培养幼儿生活自理能力。幼儿在刚尝试独立完成的前期，由于动作不熟练，可能经常会出现一些“糟糕”的情况，如吃饭时米饭散一地、穿衣服系错纽扣等。对此，一些家长会认为，孩子还小，还不能做好这些事，干脆自己全部包办，反倒省时省力。我们应该更正这样的观念，其实不是孩子做不好，而是家长没有足够的耐心。不要怕孩子做不好，不要怕浪费时间，孩子的成长和变化就是在一点一滴的“尝试错误”的过程中逐渐实现的。同时，家长本身就是孩子最好的学习榜样，要以身作则，为幼儿提供正确的示范。

【知识小贴士】

亲子游戏——“小小淘气包”

游戏目的：锻炼幼儿手臂的力量。

游戏准备：空旷的场地；自制的沙包、彩色的软球、自制的纸球若干，都装在纸篓里。

方法与步骤：首先，爸爸妈妈中的一人和孩子在纸篓里选择自己喜欢的沙包并练习扔出去，另一人当裁判，只要沙包扔得比前一次远，或者抛出去的弧度更大，

爸爸妈妈就和孩子一起拍手、拥抱，以示鼓励。可以将准备的材料（彩色的软球、自制的纸球）轮流进行投掷。爸爸妈妈也可以不定时交换角色，轮流陪孩子进行游戏。

提示：家长可以思考提供不同材料给孩子进行游戏，让孩子体验不同物品投掷的感觉，同时也可以增强游戏的趣味性，但材料的大小、重量要适中，便于孩子持握。

——李贵希、王燕：《学前儿童家庭与社区教育》，北京师范大学出版社 2015 年版。

2. 与幼儿积极对话，正确看待幼儿的第一个“叛逆期”

幼儿第一个“叛逆期”表现为喜欢与成人唱反调：对于成人禁止的事，越发喜欢去做；调皮……一些家长缺乏对幼儿身心发展的了解和认识，将种种行为归咎于孩子不听话，往往采取简单直接的教育方式：或迁就纵容，或命令打骂。其实，幼儿这些看似与家长作对的行为是正常的。2～3 岁的幼儿，其身体机能逐渐发展，有更强的活动能力——不再需要成人的帮助进行行走、奔跑……身体上的独立给幼儿带来心理独立的追求，总在寻找不同机会去展示“自己已经长大了”。作为家长，应该提前做好相应的心理准备来迎接幼儿的这次“成长”，以平等的姿态深入了解幼儿的想法，在理解和尊重的基础上，满足孩子的好奇心和合理要求。当幼儿提出不合理的要求或与成人意见相左时，家长可以先采取转移注意力方法，使用一些幼儿感兴趣或新鲜的事物转移其对原先事物的注意力，进而利用适宜的时机以讲道理的方式进行教育。例如，孩子看见地上有一堆沙子，非常高兴，就抓起沙子往天空中抛洒，弄得地上、头发里、衣服上都是沙子，如强行将他拉开，不让他玩，他肯定哭闹着不依；如果我们拿来铲子、漏斗、过滤网等东西，孩子看见后，马上就会高兴地玩起来了。这样不仅避免了一场风波，而且孩子通过玩沙，既了解了沙的特性，又开发了智力。由此可见，理解、尊重幼儿，暂时满足幼儿的意愿，不失为一种有效的迂回教育手段。

当然，对于一些“死缠烂打”、听不进道理的幼儿，家长也不要一味地纵容和迁就。我国著名的儿童教育家、儿童心理学家陈鹤琴先生曾说过：“事属可行，就叫他行；事不可行，禁止他行。这是做父母的对待子女正当的办法。”家长可适时采用“冷处理”的方式，暂时不理睬幼儿的哭闹行为。待幼儿情绪好转后，再进行说服教育，让幼儿明白什么事是可以做的，什么事是不可行的。“冷处理”目的是让幼儿意识到无理的哭闹行为是无济于事的。几次强化过后，幼儿就会逐渐减少哭闹行为。

【知识小贴士】

蒙台梭利关于幼儿渴望独自成长的理解

儿童还有更高层次的需求——获得独立。只要对儿童进行一番细心的观察，你就会发现：他们总想按照自己的意愿办事情，想要这个玩具，想要那个画板，想自己穿袜子，或者干一些奇怪的事，其实这些都是出自他们内心的愿望。他们想要独立的需求如此强烈，但有时大人会阻止他们。其实，我们要知道：我们这样做，不单纯是在阻止孩子的行动，也是在违背自然法则，因为儿童的行为是受自然支配的。

儿童取得身体上的独立，逐步摆脱对成人的依赖后，就会要求精神上的独立。他开始对已经获取的经验进行思考，寻找事物彼此之间的关系，独立地认识这个世界。这个时候，他的性格形成了。

在对自然和生命进行科学观察的基础上，我们知道：只有通过自由和丰富的环境经验，人类才能实现自身的发展。因此，现在我们立刻要做的事情是：给儿童自由，让他们获得独立，让他们正常发挥自身的能力。

那么成人能否给独立、自由下一个准确的定义呢？不可否认，现在人们对自由的理解分歧很大。通过对儿童教育的研究发现：自由、独立和生命的真实意义只有在儿童身上才能反映出来。自然按照每个人的不同需求，给予他们自由和独立。只有在大自然的怀抱里，自由才能促进生命的发展。这样说来，儿童向我们展现了一个完整的人生场景，展示了一种事实，通过它，我们能够更加接近真理。

如果这样，那么儿童为什么还要不断地获得独立的发展呢？事实上，这个目的就是标志生命不断完善的个性。所以说，儿童遵循自然规律充分发展自身，也就实现了自由，这个自由是所有生物生存的前提。

3. 提供动手机会，提升幼儿的认知能力

这一阶段的幼儿总是喜欢用感觉器官是探索他所好奇的事物，进而出现了一些被家长看作“破坏性”的行为——拆东西、涂涂画画。首先，家长应该理解这种行为是幼儿发展中的正常现象，认知能力的发展得益于拆东西、涂涂画画这些行为的探索，也是开发幼儿创造力的重要途径。其次，家长应提供适宜拆卸的材料，以及适合涂画的环境。有条件的家庭可以设置一面涂鸦墙，来满足幼儿的好奇心。家长在选购玩具时，可倾向简单拼接性的玩具，也可以利用家里废弃的钟表、键盘等物品，需要注意的是，在给幼儿拆卸之前，家长应提前剔除细小部件，防止幼儿吞咽，造成意外伤害。最后，家长应陪伴幼儿进行探索，可以在这个过程中引导幼儿注意观察，在遇到困难时可以提供适当的帮助，指导幼儿进行正确的操作，这样既丰富幼儿的感知经验，又能增进亲子之间的互动交流。

【知识小贴士】

小孩子应有画图的机会

一鸣还没有到两岁，我就给他画图的机会。我买了一盒蜡笔和一叠纸给他，叫他画画。当初他只能随便乱涂，不成形，但是他非常喜欢涂鸦。在他画画时，我是极注意他坐的姿势和执笔的姿势的，以免他养成坏习惯。

到两岁零两个月，他就能画成形的东西了，到了现在（三岁零九个月），他能画得有点意思了，而且在不知不觉中知道了许多颜色的名字。

其实画画是一件很有意思的事情，小孩子既可以借此表达自己真实的想法，又可以学到许多知识。近年来，我利用画画去教他汉字。……我之所以教他学英文，是因为小时候学习语言比年龄大的时候来得容易。

总而言之，画图在教育上的价值很大，凡小孩子应有画图的机会。

——陈鹤琴：《家庭教育》，中国青年出版社 2012 年版，有删改。

4. 开展“早期阅读”，增强幼儿口语表达能力

2～3 岁正是幼儿口头语言发展的关键期，表现出强烈与人进行言语交流的愿望。俗话说“巧妇难为无米之炊”，家长应抓住口语发展的关键期，通过多样化的方式为幼儿提供多方面的词汇，积极引导幼儿多说，多交流，并鼓励幼儿不怕出错，强化幼儿喜欢表达的自信。同时，家长应积极回应幼儿所提出的“十万个为什么”。积极回应不表示直接把答案告知幼儿，而是与幼儿一起探究，寻找答案，培养幼儿解决问题的方法。如果家长对幼儿的提问总是随意敷衍了事，则容易让幼儿失去交流、表达的兴趣。家长可利用游戏的形式引导幼儿学习词汇，让幼儿在有趣、轻松的氛围中掌握词汇。在此基础上，积极引导幼儿说完整话，如幼儿边喊妈妈边指着苹果，其实就是想告诉妈妈，他想吃苹果，那么家长应引导幼儿说出“妈妈，我要吃苹果”这一完整的句子。需要注意的是，家庭成员或幼儿主要抚养者在日常生活中的口头表达，必须提供符合正确语法结构的表达示范，让幼儿学习模仿，并注意纠正幼儿在表达过程中错误的语音、语法。

【知识小贴士】

关于训练幼儿口头言语的三个亲子游戏

亲子游戏 1——“我来编儿歌”

目标：幼儿能够更换儿歌中的词语，发展幼儿语言的理解运用能力。

准备：幼儿能够独立唱几首完整的儿歌。

玩法：1. 妈妈给幼儿示范换词："世上只有爸爸好"。引导幼儿将歌词中的妈妈换成爸爸。

2. 引导幼儿将歌词中的妈妈换成其他人，在此基础上对其他儿歌的主要词汇进行替换。

分析：在换词的过程中，幼儿语言迁移运用的能力有所加强。

亲子游戏 2——听儿歌

目标：感受儿歌的节奏，丰富词汇量。

准备：幼儿能听懂儿歌的主要意思。

玩法：1. 家长和幼儿一起听儿歌，家长也可以读给幼儿听。

2. 家长和幼儿一起根据儿歌内容做动作。

分析：感知儿歌语言的节奏和丰富的词汇。在做动作的过程中，家长可以帮助幼儿理解一些主要词汇。

亲子游戏 3——传话游戏

目标：听懂耳语并进行传话，学会复述短句。发展幼儿的语言听觉、理解能力和表达能力。

准备：幼儿能说出含 3～5 个字的简单句。

玩法：1. 妈妈在幼儿的耳边说一句话，如"准备吃饭了"，让幼儿告诉爸爸刚才妈妈说了什么。

2. 爸爸将话说出来，目的是检验幼儿是否听懂并正确传话，适时给予表扬鼓励。

分析：发展语言听觉、理解能力和表达能力。可以变换有趣的方式以增强游戏的趣味性。

家长对幼儿进行早期的阅读教育，有利于拓宽、丰富幼儿的认知内容，刺激其大脑发育。幼儿的阅读教育内容丰富多样，文字、图画、成人的语言等都可以成为幼儿阅读教育的素材。其中，绘本是幼儿比较感兴趣的主要阅读材料。绘本，直译过来就是图画书，就是以图文并茂的形式反映儿童生活的儿童读物。这类书强调的是视觉传达的效果，所以绘本大多是以大幅画面为主，配以简单的文字辅助。市场上的绘本种类繁多，家长在为幼儿挑选时，要结合孩子的个性特点，选择符合孩子兴趣的绘本，避免选择绘本的内容过于单一，故事类、科普类、社会交往类的绘本应都有所涉及。例如，《小威向前冲》《獾的礼物》里面就涉及我们难以启齿的生与死的教育，《猜猜我有多爱你》有爱的教育、幽默的乐趣，《一只小猪和一百只狼》《首先有一个苹果》《一个男孩》中有数学教育。常用的亲子阅读的方法有听读法、讲述提问法、角色扮演法、改编情节法、延伸想象法等。

【知识小贴士】

绘本《小威向前冲》

相信每个宝宝在成长的过程中都会问同一个问题："妈妈，我是从哪儿来的啊？"《小威向前冲》就是通过生动拟人的手法来表现精子和卵子结合的过程。绘本中的主人翁小威是个小精子，他和三亿个小精子都住在布朗先生身体里。他和小布都是游泳高手。游泳冠军赛的奖品只有一个，就是布朗太太身体里美丽的小卵子。小威戴着泳镜拼尽全力向前冲，最终得到了卵子。奇妙的是他不停地长啊长，长啊长，直到长成了一个可爱的宝宝并诞生了。家长可以从容地借助一场游泳比赛来向孩子解释"我是从哪儿来的？"这一个一直让家长略显尴尬的问题。绘本语言简单易懂，画面温馨可爱，幼儿在父母的讲述中得到问题的答案。值得一提的是，绘本通过一种幽默有趣的描述让幼儿理解遗传的特点，学会看待自己身上的不完美。

5. 建立安全依恋关系，缓解幼儿分离焦虑

依恋是在儿童及特定个体之间形成的一种正性情绪联结。当幼儿体验到对特定的人（通常是指父母或主要抚养者）有所依恋时，和他们在一起会感觉到愉快的情绪，离开他们时会产生消极的情绪。英国精神病学家约翰·鲍尔比（John Bowlby）在对非正常家庭中成长的儿童做了大量调查后发现：儿童心理健康的关键是年幼的儿童应该与母亲（或稳定的代理母亲）建立一种温暖、亲密而持久的关系，这样的关系建立在婴儿安全需求的基础上。在婴儿期，母亲对孩子愿望和需要的敏感性是建立安全依恋的主要因素。母亲了解孩子的情绪、知道他的需要，在与孩子进行互动时，能够理解孩子的感受，并能够给予孩子适当的回应。鲍尔比通过研究还发现，母亲与幼儿交往过程中的积极经验帮助幼儿形成对周围世界和自我的基本信任感，使其将母亲视为安全基地；由这种基本信任感形成一个对压力事件的适当预期，知道这些事件尽管需要努力去面对，去忍受，但毕竟是可以应付的。安全依恋的建立，有助于幼儿能够以积极的情绪去应对陌生或者不熟悉的环境，在一定程度上减少幼儿在没有父母陪伴的情况下，由于分离焦虑而产生的哭闹、不合群等消极行为。在父母亲与孩子的互动中，

母亲与孩子产生的互动大多数是在喂养和日常养育的过程中，父亲则更多表现在与孩子玩耍的过程中。所以，家长应在适宜活动中与孩子进行良好的互动，回应过度或不足，都不能产生良好的效果。

【知识小贴士】

哈洛的恒河猴实验

1959 年，美国心理学家哈洛及其同事报告了一项研究成果：让新生的婴猴从出生第一天起同母亲分离，以后的 165 天中同两位“母亲”在一起——铁丝妈妈和布料妈妈。铁丝妈妈的胸前挂着奶瓶，布料妈妈则没有。虽然当婴猴同铁丝妈妈在一起时能喝到奶，但它们宁愿不喝奶，也要同布料妈妈待在一起。哈洛由此得出结论，身体接触对婴猴的发展甚至超过哺乳的作用——只有有饮食需要时，它们才去找铁丝妈妈，其余大部分时间则依偎在布料妈妈的身上。虽然这个实验的对象是猴子，但许多心理学家认为，它对人类婴儿同样适用。

哈洛等人的研究发现给了我们很多有意义的启示，它对改变传统的育儿观产生了积极的影响。父母对孩子的养育不能仅仅停留在喂饱层次，要使孩子健康成长，一定要为他提供触觉、视觉、听觉等多种感觉通道的积极刺激，让孩子能够感受到父母的存在，并能从他们那里得到安全感。“黏人”的宝宝有时让人心烦，但是这恰恰说明他具有一种积极的情绪——对亲人的依恋。为孩子建立安全的依恋是保障他心理健康发展的基础。儿童与依恋对象之间温暖、亲密的联系使儿童既得到生理上的满足，更体验到愉快的情感。

三、2～3 岁学前儿童家庭教育典型问题指导

问题：

本节“引子”中提到了幼儿容易产生的入园分离焦虑的问题，有些幼儿愿意离开父母去幼儿园，也有些幼儿在入园前表示愿意去幼儿园，但是真正进入幼儿园后，却哭闹不止……这样的状况往往让家长不知所措。

分析：

幼儿入园前的每一天都与主要抚养者在一起生活，入园后由于长时间的分离，幼儿不禁多了许多担心：“妈妈什么时候会来？还会不会来？……”这一系列的疑问，容易让幼儿陷入消极的情绪之中。有些幼儿在幼儿园门口表现出不乐意的情绪，家长往往“一狠心”赶紧离开，甚至有些幼儿是在父母的“哄骗”或“利诱”下进入幼儿园，

他们趁着幼儿不注意，转身离开，加剧幼儿的不安全感。这样的行为容易被幼儿误解成爸爸妈妈不要自己了。家长的一系列不适宜表现，再加上幼儿对幼儿园环境的陌生感，对教师的不信任感，使幼儿产生了入园的分离焦虑。

应对措施：

（1）在日常生活中，家长应有意识地培养幼儿的独立能力。家长可在幼儿熟悉的环境中，适当让幼儿独处，这里的独处并不意味着把幼儿完全独自一人留在某地，而是创造一个幼儿独立玩耍的空间，如把孩子留在房间让他独自玩耍，而家长在客厅中，不随意打扰幼儿的活动，让幼儿适应在没有家长近距离陪伴的空间中进行活动。

（2）入园前，在条件允许的情况下，可以带幼儿去幼儿园熟悉环境，使用幼儿园中的设备、设施等，同时注意在幼儿面前与老师进行“亲切交谈”，增强幼儿对幼儿园环境的熟悉感，以及对老师的信任感，帮助幼儿建立幼儿园美好的最初印象。需要注意的是，家长不应该使用“你不听话，就把你送进幼儿园”之类的带有恐吓、威胁性的表达，避免令幼儿对幼儿园形成错误的认识，增加幼儿入园的心理压力。

（3）家长应积极引导幼儿多与年龄相仿的幼儿进行交往，多一些沟通和互动，让幼儿体验到同伴之间游戏所带来的乐趣，有助于幼儿产生对幼儿园的期待和向往。同时，同伴的陪伴也能在一定程度上缓解幼儿的分离焦虑。

（4）家长可让幼儿带上自己喜爱的玩偶或小物品去幼儿园。幼儿将这些小玩偶和物品视作家长的替代物，从而产生安稳的感觉。这些小物品会在幼儿午睡或情绪不稳定时起到类似于安慰剂的安抚作用。

（5）当把幼儿送到幼儿园，幼儿因为家长的离开而难过时，家长应该给予幼儿拥抱或抚摸，让幼儿感受到父母爱的回应。待幼儿的情绪稍微平缓，细声与幼儿进行交流，鼓励、表扬幼儿。可以告诉幼儿：想爸爸妈妈了就告诉带去的小玩偶。通过类似的象征物和吻，给予幼儿面对新环境的勇气和力量，然后把幼儿交给老师，目送幼儿进入教室。

【知识小贴士】

绘本《魔法亲亲》

《魔法亲亲》讲的是小浣熊不愿意去上学，因为他不愿意离开妈妈去一个陌生的环境，妈妈向他保证，他一定会喜欢新学校，并告诉他一个秘密：“the kissing hand”。妈妈在小浣熊的掌心印上一个吻，这样每当小浣熊在学校感到孤独的时候，把掌心轻按在脸颊，妈妈的吻就会温暖他的心，他就不会再孤独和害怕了。

这本书的作者奥黛莉·潘恩女士的女儿四岁即将进幼稚园时，产生了极大的分离焦虑，女儿的情绪也使她深受影响，并备感苦恼。有一天，她和女儿在住家附近的公园里坐小火车时，突然看见灌木丛中有一对浣熊母子，当时，浣熊妈妈正在舔小浣熊的手，接着拉起小浣熊的手摩挲自己的脸颊，好让它仔细闻闻妈妈的气味。后来潘恩女士查询资料才明白，原来浣熊妈妈在离家寻找食物，或必须和小浣熊分开时，都会这么做，目的是希望小浣熊因为有妈妈的气味相伴不致害怕，能够安心待在家里。

于是潘恩女士决定如法炮制，解决自己和女儿所面临的棘手问题。每天送女儿上幼稚园前，先在她的手掌心亲一下，并且告诉她：“不管什么时候，如果你需要妈妈的亲亲，只要把手贴在脸上就行了。”她发现女儿因此获得极大的安定力量，这段特别的经历使她的创作灵感泉涌而出，于是写下了这个温暖动人的故事。

——摘自刘清彦（儿童文学工作者）

第五节　幼小衔接期儿童的家庭教育

【引子】

在大部分一年级新生还在小心谨慎地适应新环境、新老师、新同学的时候，轩轩就表现得非常老道。语文课上，老师刚刚呈现学习内容，轩轩就可以随口背诵起来，并且很得意地告诉同桌：这本书上所有的课文我都会背。数学课上，轩轩最期盼的就是做题，因为他总是做得又快又好，常常得满分。同学们都很羡慕他，这让轩轩非常有成就感。

但是轩轩在课堂上总是不认真听讲，有很多小动作，而且还常常影响到身边的同学。随着时间推移，轩轩“我都会”的优越感渐渐不再凸显，而且作业也经常出现“卡壳”的情况，成绩也渐渐下降，开始有点跟不上老师上课的节奏。

为什么轩轩会出现这样的情况呢？原来，担心轩轩输在起跑线上，每天下午奶奶把轩轩从幼儿园接回家后，总是将邻居家孩子使用过的一年级语文课本的内容读给轩轩听，轩轩也十分聪明乖巧，跟着奶奶读上几遍，就能基本背出来了，奶奶逢人就夸轩轩聪明。数学也是如此，奶奶总会安排习题或者口算让轩轩完成。

分析：轩轩奶奶的想法和做法具有代表性。大多数处于幼小衔接期儿童的家长认为：孩子提前熟悉或学习小学一年级的语文、数学等相关内容，入学后就可以轻松应对小学的学习，归根结底是来源于家长望子成龙、望女成凤的心态。但这样过早剥夺孩子游戏、玩耍的时间，让其进行识字、算术，反倒会让孩子失去对小学学习的兴趣，容易让孩子认为：上小学之后就是各种写字、做计算题，连一点玩耍的时间都没有，不免会在内心产生对小学的抵触或恐惧。再者，由于孩子提前学习小学一年级的部分内容，导致真正进入小学后开始学习相关的内容时，产生重复学习的厌倦情绪，就如上例的轩轩一样，老师教的都已掌握，在课堂上不认真听讲，喜欢做小动作……逐渐形成这样的习惯后，对于老师所教的新知识也不听，慢慢成绩就会跟不上。

针对幼小衔接期的儿童，家长应该采取哪些教育方法让孩子能够较好地适应小学这一学习生活的新环境，本节内容将进行具体探讨。

【知识殿堂】

幼儿园教育与小学教育存在着诸多差异：（1）从办学性质来看，幼儿园不属于义务教育，每所幼儿园或托幼机构没有统一的教材和教学标准，随意性比较大；小学属于九年义务教育的范畴，有严格的教育要求和考核要求。（2）从教学内容来看，幼儿园教育多以与幼儿生活息息相关的日常生活知识为主，小学教育是以符号作为媒介的学科知识为主。两者相比，小学所学的内容比较抽象，需要幼儿具备一定的逻辑、抽象能力。（3）从学习的方式来看，幼儿园以游戏为主要的活动方式，通过多样化的教玩具的呈现和多种形式的游戏，激发幼儿的求知欲和学习的兴趣；小学则以课堂教学为主要方式，教师按照教学大纲的要求，进行学科化知识的讲授。（4）从家长的要求和期待来看，家长对处于幼儿园的孩子要求和期待不高，大部分的家长希望幼儿健康快乐地成长；但孩子进入小学，家长普遍要求比较严格，更多会关注孩子的课业成绩。

那么，如何做好幼小衔接工作，一直是国家、社会、学校、家长普遍关注的问题。《幼儿园工作规程》中明确表示："幼儿园教育应和小学教学密切联系，互相配合，注意两个阶段教育的相互衔接"。《幼儿园教育指导纲要（试行）》中也明确指出："幼儿园与家庭、社会密切合作，与小学相互衔接，综合利用各种教育资源，共同为幼儿的发展创造良好的条件。"因此，幼儿园、学校和家长应从各自在教育中的作用和价值出发，结合该年龄段幼儿的特点，开展各种适宜的活动，让孩子实现从幼儿园到小学良好的转换。

一、5～6 岁学前儿童身心发展的主要特点

5～6 岁是幼儿即将进入小学的年龄，可称为入学前准备阶段。为了更好地帮助孩子转型，首先就要了解这一时期儿童的身心发展特点。

（一）生理发展的特点

神经系统在幼儿期迅速发育，5 岁时脑的重量约为 1100g，约占成人的 75%，是出生时的 3 倍；6 岁时约为 1200g，约占成人的 90%，是出生时的 4 倍。脑的结构已相当成熟：5～6 岁时，幼儿小脑能够准确协调，而且能很好地维持身体的平衡；到 6 岁左右，大脑皮层的神经传导通路几乎都已髓鞘化，反应日益精确。这一阶段的幼儿动作的灵活性日益增强，走路速度基本与成人持平，平衡能力明显提高，能够熟练地进行大肌肉运动以及可以进行比较复杂的运动技巧的训练，如玩球、跳绳、滑行等；精细动作也有较大进步，尤其是手指小肌肉快速发展，能够较自如地控制手指，可以用橡皮泥等材料捏出一些精细的造型，灵活地使用剪刀剪纸，还能够握住并熟练使用铅笔，进行简单的绘画活动。在视力方面，由于学前儿童眼球的前后距离较短，会出现一段时间的生理性远视，5 岁左右是视觉敏锐度（即视力）发展的转折时期，视力发展到正常状态，这一时期应该注意保护幼儿的视力，适时缓解视力疲劳，预防近视。

【案例分享】

孩子近视影响一生，如何有效预防孩子近视？

小新今年 5 岁了，别看小家伙年纪不大，玩起手机和 IPAD 来比大人还熟悉。小新爸妈平时工作忙，没多少时间陪伴孩子。每次小新一吵闹，爸妈就直接拿手机或者平板电脑来应付他。最近小新妈妈发现小新在玩平板电脑的时候老是眯着眼睛，于是小新妈妈带小新去医院做了视力检查，结果才 5 岁的小新居然近视了。

一、孩子为什么容易近视？

近视和环境以及遗传因素密不可分。造成近视的主要原因有以下几种：

1. 父母双方患有近视

目前越来越多研究表明，双亲或一方父母近视，其孩子近视的可能性很大。

2. 孩子过多的接触电子设备

随着信息技术的发展，孩子们使用电子设备的年龄也越来越小，而且电子产品的使用时间越来越长。不少爸妈在孩子 1 岁之后，就开始让孩子频繁使用手机、电脑等电子产品。

3. 户外活动时间过少

研究证明，让孩子每天适当地进行户外运动，可以有效降低儿童近视的发生概率。

4. 用眼过度

阅读时光线不足或者太亮，在阳光直射下阅读，或者躺在床上看书也可能影响孩子视力的发育。另外，现在的孩子作业越来越多，长时间地用眼过度也会导致孩子近视。

二、养成这四种好习惯，可以有效缓解近视

1. 少玩电子设备

对于孩子来说，父母就是最好的陪伴。大人要起到示范作用，在孩子面前少玩手机，多陪孩子玩耍。

2. 保持良好的用眼习惯

告诉孩子每用眼 45 分钟左右应休息 10 分钟，并极目远眺松弛调节，让孩子视力得到放松。不要在阳光直射下或暗处看书，眼睛与书本的距离保持在 25～30 厘米，握笔不要太低，座椅高度适合，保持胸离桌沿 1 拳距离，另外不要躺着或在乘车时看书。

3. 多带孩子到室外运动

在室外运动可以有效减缓孩子眼睛的视觉压力，预防近视。

4. 保持营养均衡

注意补充营养，不要养成偏食或挑食的坏习惯，多吃一些含维生素 A 的食物有利于预防近视。如鸡蛋、牛奶、胡萝卜、青菜、猪肝等食物都是不错的选择。

（资料来源：http://www.sohu.com/a/224745384_823566）

（二）心理发展的特点

1. 认知发展

（1）感知觉的发展。5～6 岁的幼儿在视觉方面已经能够对颜色进行正确命名。例如橘黄色、浅棕色等较复杂的颜色名称都能够掌握，并能注意到颜色的饱和度和明度之间的区别，即能开始识别相似色和混合色。在方位知觉方面，5 岁左右的幼儿开始以自身为中心判断左右方位，6 岁的幼儿虽然能够完全辨别上、下、前、后四个方位，但是对于辨别左右方位的相对性还有一定的难度。在形状知觉方面，5～6 岁的幼儿能够进一步正确掌握圆形、正方形、长方形、半圆形、梯形，在教师的帮助下还可以进一步了解菱形、平行四边形和椭圆形。

（2）注意的发展。这一时期幼儿的无意注意进一步发展，注意力会集中在鲜明、生动的事物上。有意注意具有一定的稳定性和自觉性，注意集中的时间可以延长到

15~20 分钟，注意的分配能力有一定的提高，如在进行早操训练时，既能注意做好动作，又能注意保持队伍的整齐。

（3）记忆的发展。5 岁后的幼儿会采取一些记忆的策略来帮助记忆，但在大多数情况下，幼儿并不是有意使用记忆策略，而是基于无意识记。幼儿常用的记忆方法有重复、联想、分类。总体而言，幼儿的记忆还不稳定，容易识记，同时也容易遗忘，记忆的精确性和巩固性有待提高。

（4）思维的发展。5~6 岁幼儿的思维逐渐由具体形象思维向抽象逻辑思维过渡，幼儿的自我中心的特点逐渐消除，即开始“去自我中心化”，逐渐学会从他人的角度去思考、看待问题，开始获得“守恒”的观念，对事物可以透过表面的现象理解本质，开始关注内在的联系，即理解事物之间的相对性。

（5）想象的发展。随着年龄的增长和见识范围的扩大，5~6 岁幼儿的想象内容得到进一步的丰富和多样，新颖程度有所增加。幼儿时期，幼儿常将想象的内容与现实进行混淆，虽然到中班、大班以后，产生混淆的情况有所减少，但偶尔仍有出现，具体表现为将自己渴望、希望发生的事情当作已经发生，所以容易被成人误解为幼儿在说谎。

2. 言语发展

5~6 岁是语言表达能力明显提高的时期，词汇量大幅度增加，能进行正确清晰的语音发音。这一时期的幼儿不但能够系统连贯地叙述日常生活中的见闻，而且语言表达中出现了反映事物的简单逻辑关系，如“因为……所以……”“如果……就……”等表示因果、条件假设、转折等关系的连词。图画书的阅读能力也有所提高，具体表现在看图讲述的能力上，能根据图画的人物或情境变化调整语气和说话方式，注意自己语言的情绪情感的表现，语言表达更加灵活多变、生动活泼。这一时期的幼儿开始对文字产生兴趣，希望能掌握字的读音和字形。

3. 情绪、情感的发展

该阶段幼儿的情绪情感的稳定性进一步增强，但仍会因外界事物的影响而产生情绪的变化。情绪的社会化不断增强，即与亲密的人（家长、同伴、教师）之间的关系比较容易引起情绪的变化。他们希望得到心目中权威人士的关注和肯定，渴望能与同伴维系稳定的游戏、友谊关系，一旦希望落空，就会表现出情绪的变化。这时的幼儿开始能够有意识地控制自己情绪的外部表现，情绪从外露到内隐。随着认识能力的提高，幼儿的高级情感也在不断发展。这一时期幼儿的道德感不仅表现在对事物的是非评价上，还表现出更广泛的观念体验，如爱国情感、群体情感、责任感、荣誉感以及对父母、老师的爱等。5 岁左右的幼儿爱美的情感表现更加明显和强烈，具有自己的审美意识，会对服装穿着、环境布置、唱歌舞蹈等事物或活动表达出自己美的感受。

4. 个性和社会性发展

5 岁以后，儿童的个性特征有了较明显的表现，其中最突出的是儿童自我意识的发展。这一阶段儿童自我意识的发展主要表现在对自我评价的能力上。幼儿从主要依赖成人的评价，逐渐向自己独立评价发展，而且对成人的评价逐渐持批判的态度。如果成人的评价与自己的评价不相符，幼儿会提出质疑，甚至会表现出反感。同时，幼儿以往对自己的过高评价也逐渐隐蔽，即想说自己好，但又觉得不好意思。

在相互交往的过程中，幼儿开始产生合作意识。他们会选择自己喜欢的玩伴，也愿意和三五个小伙伴一起开展合作性游戏。随着交往范围的扩大和程度的增加，幼儿开始学会控制自己的行为，遵守集体约定的一些规则。例如，会在游戏后将玩具放回原处，还会向新来的成员普及、介绍集体的规则。当发现集体中有人违反相关规则，幼儿常常会对其进行“批判”。规则对于幼儿来说属于外在的一种约束，所以在执行规则的同时还会表现出自我中心的现象，即站在自己的角度去理解和执行规则，但尚未达到自律的水平。

二、5~6 岁学前儿童家庭教育的指导

（一）善设问题情境，培养幼儿的思维能力

思维是在感知的基础之上产生和发展的，感知经验越丰富，思维能力就越强，针对这一时期幼儿思维从以具体形象思维为主向抽象逻辑思维过渡的特点，首先，应有意识地丰富幼儿的感性知识及其表象（即经过感知的客观事物在脑中再现的形象），不断积累经验，如阅读图书、外出活动、看科教电影等。其次，为幼儿营造问题情境。提出问题、解决问题是积极思维的过程，思维总是从提出问题开始的。幼儿经常会向成人提出各种各样的问题，例如：“鱼是怎么睡觉的？”“太阳为什么晚上不出现？”当幼儿提出这样的疑问时，家长应该积极、热情地与幼儿一起讨论。幼儿提问后，家长切勿冷漠回应或压制幼儿的问题。另外，家长也可经常向幼儿提出一些他们能够理解的问题，引导幼儿进行观察、思考。最后，给予幼儿独立思考的空间，当幼儿提出问题后，家长不可马上把答案告诉幼儿，而是鼓励幼儿去寻找答案。家长可从旁协助、引导幼儿，教会幼儿一些分析问题、查找资料的方法，逐渐形成幼儿遇到问题自己首先尝试解决的独立意识。

【案例分享】

例一：有一个五岁的小孩子一看见素来没有见过的东西总要去问问他的母亲，他母亲因为没有什么学问，所以常常不能回答他。有一天，这个小孩子看见一只乌龟就问他母亲："那个会爬的是什么东西？"他母亲回答说："乌龟。"他又问她：那个东西有几只脚？"答："四只。"又问："那个东西为什么有这样硬的壳呢？"他母亲厉声说："尽会呆问的，乌龟自然有硬壳的，走开去！我没有工夫！"

例二：又有一个母亲，她在学校里曾受过了几年教育，对于教养子女方法也稍知一二。她的小孩问她，她没有不尽量回答的；若她不能回答，她就去问了别人再来回答她的小孩子。有时小孩子的问题不应在人面前回答的，她就以婉言告诉她的小孩说："等一会我告诉你。"歇了一歇，她就详尽地对她小孩说个明白。

例三：有一日，有个五岁的孩子同他父亲到郊外去散步，远远地看见一个孩子正在那里放风筝，就问他父亲："那个小孩子在那边做什么？"他父亲回答说："你要去看看吗？"就一同与他过去看。到了那里，他父亲对他说："你看那个小孩手里捻了什么东西，要走近去看一看吗？"小孩就离开他的父亲走到那个小孩子的旁边，看见那个小孩捻了一根粗的线，就回来告诉他父亲说："线。"他父亲又问他说："你要像那个小孩子那样做吗？"他说："要的。"他父亲就领他到街上去买了纸竹等材料，回到家中做了一个风筝给他，第二天还同他到郊外去放风筝。

问题：以上三个例子中家长对待孩子问题的做法，你认为哪位家长是正确的？为什么？

——陈鹤琴：《家庭教育》，中国青年出版社 2012 年版，有删改。

（二）开展多种形式的活动，丰富幼儿的想象力

想象是幼儿创造力的源泉，积极组织、开展各种形式的创造性活动，给予幼儿充分想象的空间，为幼儿提供表现想象的机会，是发展幼儿想象的必要条件。与幼儿一起进行富有想象力的游戏，带孩子多接触外面的环境，扩大幼儿的眼界，有助于其获得并积累丰富的想象素材。可以让幼儿参与家居设计，如给予幼儿设计、布置自己房间、游戏角的机会；鼓励、引导幼儿尝试续编故事、仿编儿歌、讲述故事等形式，在训练语言表达的同时，开发幼儿的想象力；还可以通过创造主题画等绘画、手工形式，即要求幼儿围绕一个主题展开想象，进行自由创作。同时，家长要善于利用各种不同功能的玩具，激发幼儿的想象力。

【知识小贴士】

适合 5～6 岁幼儿的玩具

1. 运动型玩具。可以锻炼体能，如球类、小自行车、沙包等。

2. 技巧型玩具。可以锻炼小肌肉群及机体协调能力，如钓鱼玩具、画板和画笔、套圈、投球等。

3. 智力型玩具。有利于锻炼思维和动手能力，如拼图板、插塑积木、橡皮泥、组装玩具、科学模拟玩具等。

需要注意的是，不管通过何种方式，家长都应当有保护幼儿想象力的意识。当孩子向你展示他的想法时，即使他的想法是天马行空、不切实际的，甚至是天方夜谭，家长也不应该嘲笑、阻止，而应该认真倾听，适时发表看法，但不要试图说服幼儿，而应提供一个让他做进一步思考的引子。

【案例分享】

在美国，曾发生过这样一个故事：1968 年，内华达州一位叫伊迪丝的 3 岁小女孩告诉妈妈，她认识礼品盒上“OPEN”的第一个字母”O”。这位妈妈听后非常吃惊，问她是怎么认识的。伊迪丝说是“薇拉小姐教的。”令人想不到的是，这位母亲立即一纸诉状把薇拉小姐所在的幼儿园告上了法庭。她的理由令人吃惊，竟是说幼儿园剥夺了伊迪丝的想象力，因为她的女儿在认识“O”之前，能把“O”说成苹果、太阳、足球、鸟蛋之类的圆形东西，然而自从幼儿园教她识读了“O”后，伊迪丝便失去了这种能力。诉状递上去之后，幼儿园的老师们都认为这位母亲大概是疯了，一些家长也感到此举有点莫名其妙。3 个月后，此案在内华达州州立法院开庭，最后的结果却出人意料，幼儿园败诉，因为陪审团的 23 名成员都被这位母亲在辩护时讲的一个故事感动了。这位母亲说：“我曾到东方某个国家去旅行，在一家公园里见过两只天鹅，一只被剪去了左边的翅膀，一只完好无损。剪去翅膀的被放养在较大的一片水塘里，完好的一只被放养在一片较小的水塘里。当时我非常不解，那里的管理人员说，这样能防止它们逃跑。他们的解释是，剪去一边翅膀的天鹅无法保持身体的平衡，飞起后就会掉下来，因此可以放在大水塘里；而在小水塘里的天鹅，虽然没有被剪去翅膀，但起飞时因没有必需的滑翔路程，也会老实地待在水塘里。当时我非常震惊，震惊于东方人的聪明和智慧。可是我也感到非常悲哀。今天，我为我女儿的事来打这场官司，是因为我感到伊迪丝变成了幼儿园的一只天鹅，他们剪掉了伊迪丝的一只翅膀，一只幻想的翅膀，他们早早地把她投进了那片小水塘，那片只有 26 个字母的小水塘。”这段辩护词后来竟成了内华达州修改《公民教育保护法》的依据，其中规定幼儿在学校必须拥有两项权利：1. 玩的权利；2. 问为什么的权利，也就是拥有想象力的权利。

（三）创设阅读环境，培养良好阅读习惯

为了迎接即将到来的小学生活，更好地适应小学学习，家长应有意识地创设阅读的环境。《幼儿园教育指导纲要（试行）》指出：培养幼儿对生活中常见的简单标记和文字符号的兴趣。结合这一时期幼儿对文字的兴趣，家长可在一些日常生活中常见物品上粘贴对应名称的汉字，引发幼儿的兴趣；同时，家长可以选购一些适宜幼儿阅读的图书，如以情节画面为主，并配有简单汉字的图书，所选的图书应题材多样，内容丰富。家长作为幼儿阅读的榜样，应以身作则，多为幼儿做出阅读的表率，积极参与幼儿的阅读。家长可以先让幼儿看看图画，适时进行引导和指导，帮助幼儿理解图画的意思，并让幼儿熟悉一些简单的汉字，增强幼儿的阅读能力。

这一阶段需要加强良好阅读习惯的养成。阅读习惯包括看书、翻书、放书等，如在看书时，应要求幼儿的坐姿正确；在翻书时，应注意动作的轻缓等。家长应经常提醒和引导，并及时纠正幼儿不良的阅读习惯，为其后续进入小学做好准备。

（四）强化幼儿的自我意识，积极发展幼儿的亲社会行为

5 ~ 6 岁的幼儿自我意识不断增强，而且对自我的评价带有自己独特的见解，所以家长应尊重儿童，以朋友的眼光去平等地看待幼儿，给予幼儿表现自己的机会，让他们可以自主选择自己感兴趣的活动、衣物、学习用品等，如果幼儿表现出不自信或者选择困难，家长可以给予鼓励，并与幼儿一起探讨，帮助幼儿缩小选择的范围。当幼儿有所进步时，家长应给予积极的反馈，如“这次你的表现真棒！”等，或引导幼儿将现在的自己与过去对比，让其感知自身能力的提高，这样有助于幼儿建立自信。

亲社会行为又叫利社会行为，是指符合社会希望并对行为者本身无明显好处，而行为者却自觉自愿给行为的受体带来利益的一类行为。一般亲社会行为可以分为利他行为和助人行为。这一时期的幼儿已表现出愿意与他人进行交往的意识，家长应善于利用生活中的例子，引导幼儿掌握一些简单的社会规范和人际交往的方法，增加幼儿亲社会行为发生的频率。具体表现为：（1）教会幼儿要根据所处的场合，调整和控制自己的言行，如在公共场合不应大声叫喊；上下楼梯时，应靠右边走，走路的动作要轻等。（2）教会幼儿与人交往的方法，如看到小伙伴难过、不开心时，应用拥抱等动作或语言表示关心和安慰；鼓励幼儿用交换东西、分享快乐等方式增进友谊，如主动与小伙伴交换玩具，或者一起分享新玩具等。家长应该意识到，有些幼儿并不是不愿

意与他人进行交往，而是不知道如何开展相应的活动，甚至会做出一些“打人”等攻击性的举动，这都是幼儿在尝试用各种行为来引起他人的注意，所以家长应小心甄别。与其给孩子讲“大道理”，还不如有针对性地教会他们具体解决问题的方法。基本社会规范的掌握，有助于处于幼小衔接期的幼儿进入小学后，更快地适应小学的作息生活制度以及更好地与新的同学建立友谊。

【知识小贴士】

亲子游戏——“我最喜欢的是……，最讨厌的是……”

游戏目标：让孩子了解家庭成员的真实情感，学会关注他人的感受，并思考自己的行为是否会对他人有影响。

游戏过程：孩子、爸爸、妈妈等家庭成员围坐在一起，从爸爸开始，说出5样最喜欢的东西或行为，比如蓝莓冰激凌、开心地大笑、阳光明媚的天气、爸爸还在睡一个香甜无比不被打搅的觉。然后，让孩子复述，如果他都说对了，就再加一样东西，然后让他重新说一遍；如果说对了，就再继续加，直到孩子记不住更多的了。之后轮到他自己说他最喜欢的东西，由大人们来复述。可以多说几个方面，比如最不喜欢的、最让人生气的、最害怕的，等等。争取家里每个人都参与到这个游戏中来。

分析：通过这个游戏，孩子会第一次正面地看到家庭其他成员内心的真实情感：爸爸其实很喜欢吃鱼（可他总是把最好的鱼留给我），妈妈最怕睡觉的时候被打搅（可我总是在她睡午觉的时候弄出很大的声音）……孩子开始学习懂得关注别人了，他们喜欢什么、讨厌什么，他们的情感是如何的，而不仅仅只是懂得“我”。这个游戏更是使他们会考虑到自己的行为对于他人的影响，从父母开始，到其他亲人，到周围的小朋友，到将来更广阔的社会。告诉孩子，当你关注了别人的感受时，你得到的快乐，绝对比仅仅关注自己得到的更多。

三、5～6岁学前儿童家庭教育典型问题指导

问题：

正如“引子”中的奶奶一样，由于传统的教育观念和态度等多方面的偏差，不少家长认为着重关注知识技能是做好幼小衔接的关键，因此将小学一年级的课本提前让幼儿进行学习，却忽略了幼儿的全面发展，比如生活、学习良好习惯的养成。不少幼儿进入小学后出现了以下情况：上课不专心，做作业不认真等，养成不良的学习态度和习惯。随着学习内容的增加，他们会出现“坐吃山空”的情况，即原来学会的知识

都用完了，想要努力赶上，但总是没办法专心听讲，久而久之形成恶性循环，对学习失去兴趣和信心。

分析：

孩子在成长的每一个阶段都有其不同的发展目标，作为家长，帮助、引导孩子积极、健康、快乐地成长才是正确的。学前期是培养孩子良好习惯、激发学习兴趣的最佳时期。如上述问题中的家长直接把一年级的课本内容交给幼儿，实际上是在挤占孩子其他活动的时间和精力，进行可能没办法完全理解的知识学习，这无疑是在扼杀孩子的学习兴趣。而且，有些父母只关注孩子学习的结果，即今天认识了多少个字、算对了多少道题，却忽略了孩子的学习过程，如握笔的姿势是否正确、写字的笔顺是否规范等。正因为缺乏系统规范的指导和督促，导致孩子养成了不良的学习习惯。进入小学后，教师需要花更多的时间进行矫正。再者，由于提前掌握刚入学的部分内容，当小学教师进行系统学习时，孩子容易因为已经掌握老师所讲的知识而出现上课不认真的情况。一系列不良学习习惯的养成，容易使孩子慢慢与小学的学习节奏脱节，出现小学生活适应不良，甚至产生厌学的情绪。

应对措施：

（1）增强幼儿的自信心。对于即将入学的幼儿来说，小学的学习和适应等问题是客观存在的，家长需要帮助幼儿了解即将面对的问题或困难，并帮助他们建立解决问题的自信心。家长可设置一些可能在小学遇到的问题情境，鼓励幼儿尝试解决，并在过程中观察、分析幼儿的解决方法，让幼儿体会到解决问题的乐趣，又能培养幼儿承受失败的能力。需要注意的是，正确运用鼓励和批评，不能仅仅通过物质奖励进行诱导，应当采取内部动机，如自豪感、荣誉感等来激发幼儿。这样才能在即将面对小学的竞争环境时有心理准备。

（2）注重培养幼儿独立生活的能力。家长要帮助幼儿在日常生活中克服困难，而不是代替他们克服困难，要让幼儿明白，生活、学习不能完完全全事事依赖父母和教师，需要有自己独立面对和解决问题的能力。所以对孩子独立生活能力的培养应落实在日常生活中的点点滴滴上，从小事做事，如穿衣、洗漱、整理床铺、收拾玩具、扫地等力所能及的家务事。家长可为幼儿开辟一个独立的学习空间，让幼儿选择自己喜欢的摆设，包括台灯、常用的文具等。同时，也应有意识地开始培养其良好的学习习惯，如写字时要有正确的写字姿势：坐姿正确，做到“一直一正二平，即身体直，头正，肩平，腿平；执笔姿势正确，大拇指和食指夹住笔杆，其余三指托住，笔杆向后稍斜，靠在虎口处；做到“三个一”：眼离书本一尺（一尺约等于 33.3 厘米），胸离桌子一拳，手离笔尖一寸（一寸约等于 3.33 厘米）。在上小学前的一个暑假，应结合小学的作息时间表，在保证 10 小时充足睡眠的基础上，幼儿与家长共同制定暑假作息表，合理安排学习和生活，潜移默化地调节幼儿的时间观念，树立其先完成学习任务再去玩耍的意识，帮助幼儿尽早熟悉和适应小学的生活作息规律。

（3）加强幼儿人际交往能力的训练，鼓励与父母分享感受。有些幼儿会在入学之初表现出社交退缩的情况，即不能主动与同伴交往，不愿去接触陌生的环境。这在很大程度上是由于缺乏人际交往的能力。家长应鼓励幼儿参加各种社会活动，多方创造条件，让孩子多于其他同龄的孩子进行游戏和交往。还可以多与孩子一起参加公共场合的社交活动，让幼儿不惧怕公共场合，适应相关的活动环境。当幼儿表现出合群的行为时，家长应及时表扬强化，肯定幼儿的表现；当幼儿出现逃避群体的行为时，家长应耐心与幼儿进行交流，及时了解孩子的想法，不否定或批判，与幼儿一起商量适应的方法，循序渐进地帮助幼儿慢慢接近群体。

总的说来，处于幼小衔接时期学前儿童的家庭教育应注重习惯的养成和学习兴趣的激发，配合幼儿园做好相应的衔接活动，帮助幼儿顺利完成幼儿园和小学之间的过渡。

【知识小贴士】

关于幼小衔接的三个观念误区

1. 幼小衔接≠提前学习

很多家长认为，幼小衔接就是提前学学拼音、认认字、算算数，这样做的后果往往是，因孩子过早地接触小学的有关知识技能，反而降低了学习兴趣，不利于入学后的学习兴趣激发与能力的持续发展。

幼小衔接的内容是多方面的，这是从一个学习生活环境转变到另一个学习生活环境适应能力的衔接。因此，关注学习习惯远比关注知识更重要，同时幼儿独立自主的能力和人际交往能力的提升，更不容忽视。

2. 幼小衔接≠幼小衔接暑假班

有的家长热衷于寻找幼小衔接类的教育机构，而忽略了自身和家庭所应发挥的关键性作用。于是就出现了一种怪现象，整个暑假，家长们就忙着把孩子送到各种班；而当孩子回到家里后，什么也不管，完全把幼小衔接置于脑后。

事实上，需要经历幼小衔接这个适应过程的，既有孩子，也有家长。家长需要和孩子一起，提前做好充分准备，完成自我角色转变，帮孩子更加从容地进入小学。

3. 急于求成，过分焦虑，期待过高

随着孩子升入小学，很多家长内心忐忑、焦虑，生怕孩子适应不了紧张的小学生活，也怕孩子输在小学的“起跑线”上。

家长应怀有一颗平常心，孩子需要一段适应期，家长也不要急于求成。不用担心老师因此不重视、不喜欢孩子，他们最厌烦的其实是不懂教育也不重视孩子教育的家长。

（资料来源：http://www.youjiao.com/e/20180306/5a9e34a58c796_2.shtml）

【复习思考】

一、名词解释

1. 人类的第二次出生

2. 入园焦虑

3. 幼小衔接期

二、简述题

1. 当代社会中人们普遍使用的胎教方法有哪些？

2. 简述新生儿的家庭教育方式。

3. 请简述 2～3 岁幼儿的心理特点。

4. 如何正确看待幼儿的第一个“叛逆期”？

5. 针对幼儿出现的入园焦虑，家长应采取什么措施？

6. 请简述 5～6 岁幼儿的心理特点。

7. 家长应采取什么措施帮助幼儿顺利从幼儿园过渡到小学？

三、实训题

请你调查幼儿园大班的家长对幼小衔接工作的态度和做法。

【拓展阅读】

对婴儿家庭教育的思考

幼儿家庭教育的形式和内容应该是围绕关于生存能力的发展、学习能力的提高、创新能力的培养等这几个方面展开的。孩子从被动地活动到学习基本的翻滚、爬行、站立、行走等技能，其基本活动能力得到发展。孩子从被动地接受知识到主动地学习，包括学习的内容和方法。在学习的过程中，孩子会不断尝试和探索，家长应加以保护和引导。具体来说，婴儿教育的内容应该包括两大部分，智力因素和非智力因素。其中，智力因素包括：（1）语言能力的培养。（2）思维能力的培养。（3）抽象概念的理解能力和初步的数运算能力的培养。（4）美育。另外，我们还要重视孩子非智力因素的培养，包括：（1）运动能力的培养。（2）观察能力的培养。（3）社会化能力的培养。（4）好奇心和求知欲的培养。（5）意志和性格的培养。（6）良好生活习惯和独立生活能力的培养。

著名作家冰心说："让孩子像野花一样自然生长。"平常一句话却有大智慧，它揭示了儿童教育的真谛。儿童就像野花一样生机勃勃，像野花一样遵循自然成长的法则，野花吸收阳光雨露滋养自己以求生长。如果我们留心观察，会注意到孩子有一种主动性，他们一旦选择自己要做的事就会坚持下去，根据自己内在成长的需要不停地探索。他们兴致勃勃，精力充沛。大人只需等待，随时准备分享孩子的快乐和他们所经历的困难。当他们需要我们同情时，我们不会吝惜。让我们对他们的点滴进步保持无尽的耐心，为他们的成功而兴奋。和孩子相处就像和朋友相处一样，大人应仔细地观察他们的成长过程，给他们自由。例如，孩子想试着自己穿衣服，他小小的手笨拙地系扣子，因不熟练而导致行动缓慢。大人这时候不要一把夺过衣服，为孩子快速地系好扣子，而应耐心等待孩子把衣服穿好。把衣服穿好后的孩子是快乐的，尤其是他第一次尝试自己穿衣服并完成，他会有满足感和成就感。父母对孩子的爱是无私的，如果宠爱孩子到了溺爱的程度，帮孩子穿衣、喂孩子吃饭，把孩子培养成不能经受风雨的温室花朵，就是以爱为名义压制孩子的成长，剥夺了孩子自然发展的自由。因此，教育儿童我们要遵循"自由"的原则。孩子获得了自由，孩子的性格、智力与情感才能得到最大限度的发展。

"3 岁看大，7 岁看老"，这句话已经非常形象地说明，幼儿教育对一个人一生的定位和发展起着重要作用。这一阶段的教育效果将奠定一个人一生成长的基础和大致方向。

【参考文献】

[1] 蒋兴丽. 走出胎教的误区[J]. 中国校外教育，2008（3）.

[2] 李郁清. 主体偏移的现代胎教[J]. 中国校外教育，2008（3）.

[3] 乐杰. 妇产科学[M]. 北京：人民卫生出版社，2008.

[4] 赵凤军. 实施胎教的效果评价[J]. 现代护理，2004（10）.

[5] 陈静琴，等. 胎教与非胎教新生儿行为神经测定比较[J]. 现代护理，2006（7）.

[6] 孙立华. 胎教的艺术及对婴儿的影响[J]. 开卷有益，2009（3）.

[7] 严梅福. 重新认识胎教的智力开发功能[J]. 教育研究，1999（11）.

[8] 姚全兴. 素质胎教严梅福论[J]. 教育研究.2000（3）.

[9] 李郁清. 胎教中的自然本性原则[J]. 天中学刊，2002（6）.

[10] 婴幼儿心理和早期教育[M]. 王树庄，编译. 北京：高等教育出版社，1988.

[11] 黄希庭. 心理学导论[M]. 北京：人民教育出版社，1991.

[12] 梁晓翠. 早期教育沙龙[M]. 北京：中国戏剧出版社，2007.

[13] [美]斯瑟蒂克著. 周松林，选编. 斯瑟蒂克胎教法[M]. 北京：中国妇女出版社，2007.

[14] [意]蒙台梭利. 蒙台梭利早期教育法全书[J]. 万信琼，译. 北京：中国发展出版社，2004.

[15] 吴小燕. 怎样对新生婴儿进行早期教育[J]. 家教博览，2000（12）.

[16] 王立文. 英国“儿童保育十年战略研究”[D]. 昆明：云南师范大学，2011.

[17] 冯德全. 对“牛”弹琴——新生儿教育法[J]. 家庭教育，1995（5）.

[18] 胡丹之. 略谈幼儿家庭教育存在的问题及对策[J]. 漳州师范学院学报（哲学社会科学版），2004（1）.

[19] 周慧. 0～3 岁婴儿家庭教育的问题与对策[D]. 四川师范大学，2010.

[20] [美]罗伯特·费尔德曼. 发展心理学——人的毕生发展[M]. 6 版. 苏彦捷，等，译. 北京：世界图书出版公司，2013.

[21] 陈鹤琴. 家庭教育[M]. 武汉：长江文艺出版社，2013.

[22] [意]蒙台梭利. 蒙台梭利家庭教育全书[M]. 林凯，编译. 北京：中国商业出版社，2013.

[23] 李贵希，王燕. 学前儿童家庭与社区教育[M]. 北京：北京师范大学出版社，2015.

[24] 张劲松. 学前儿童心理健康指导[M]. 上海：复旦大学出版社，2013.

第五章 特殊类型家庭学前儿童的家庭教育

【学习目标】

1. 了解特殊家庭类型及其特点。
2. 理解各类特殊家庭对学前儿童的影响。
3. 掌握对特殊家庭学前儿童的教育要点。
4. 能够针对不同类型的特殊家庭提供学前儿童家庭教育指导。

第一节 单亲家庭学前儿童的家庭教育

【引子】

我没有爸爸

在中班的一次绘本阅读课上，老师让大家说说《我的爸爸》，孩子们天马行空说得不亦乐乎。轮到小康时，他站起来怯怯地说："我没有爸爸。"同学们都吃了一惊，老师示意他坐下。活动结束后，老师带着小康找到小康妈妈，才知道小康两岁半时他的父母便离异了，爸爸很少来看孩子，哪怕孩子病重爸爸都来不了，少得可怜的抚养费也不能按时支付，母子俩相依为命，小康说自记事起就没见过爸爸。

点评：通过这个案例我们可以知道，单亲家庭的小康因为长期缺乏父爱，性格胆小敏感。其实在我们的生活中，也存在一定比例的单亲家庭孩子，他们家庭各有不同。那么，如何进行单亲孩子的家庭教育，让他们和其他小朋友一样，都能健康快乐地成长呢？这就是本节我们所需要讨论的问题。

【知识殿堂】

一、单亲家庭概述

据妇女权益部门不完全统计，我国曾出现过三次离婚高潮，其中 20 世纪 50 年代的离婚高潮中，全国出现了 110 多万对离婚者；20 世纪 60 年代出现了第二次离婚高潮，离婚人数高达 180 多万对；第三次离婚高潮是在 20 世纪 90 年代初期。从此以后离婚率一直处于攀升势头。全国约有上千万的单亲幼儿，并且每年以 50 万到 60 万的数量递增。据对全国 27 个省（市、自治区）900 名父母离异的儿童和 800 名家庭完整儿童比较研究结果表明（截至 2012 年年底），单亲儿童在智力发展、情感情绪、社会性发展及心理健康方面的问题明显较多，犯罪率更是高达 40%。逐渐增多的单亲家庭和离异子女，已成为社会又一突出问题。

单亲家庭，也称为离异家庭，是因夫妻离婚而形成的不完整的家庭。除离异家庭外，还有父母一方亡故或双亡的缺损家庭，以及夫妻虽然没有离婚，但是长时间不在一起生活的留守女方（男方）家庭，以及父母因为工作关系，家庭中长期缺少夫妻一方的家庭，这些只有一方教养幼儿的家庭实际上都对儿童的家庭教育带来了与单亲家庭类似的影响，在此归于一类问题进行讨论。

二、单亲家庭儿童的特点

一般来讲，单亲家庭儿童的心理和行为具有以下主要特征。

（一）容易产生消极情绪

单亲家庭的儿童经历了家庭破碎的过程，会有处于消极的情绪情感状态之中。由于学前儿童的情绪容易受外界影响，父母的消极情绪会潜移默化地影响幼儿，使幼儿易产生消极情绪。据研究表明，90%的儿童在父母离异的开始 6 个月，有较强烈的恐惧感，如果不尽快帮助孩子适应生活，可能会导致其产生心理障碍。44%的离异家庭儿童在父母离异的 6 个月会有较强烈的悲伤情绪。

（二）容易导致性格缺陷

幼儿心理学的研究表明，人的性格在学前期形成。在性格素质上，父母是儿童的第一任老师。一般来说，单亲家庭的父母积极关注较少，父母消极情绪影响较多，从而影响了儿童性格的形成。另外，由于单亲家庭只有父母中的一方和孩子生活在一起，缺少另一方正常的性格影响，会在性格发展上表现出与完整家庭的不同，其受到的影响也会持续。通过对父亲缺失家庭和完整家庭的研究对比发现，父亲缺失的男孩比完整家庭的男孩缺少男孩子气。

（三）问题行为频发

单亲家庭的儿童由于家庭变异而受到巨大的心理创伤，他们对家人、社会极易产生敌对心理，而他们的情绪常常处于消极状态，自身也具有一些性格缺陷，对自我的行为常常缺乏控制能力，因而容易出现一些异常行为。多项研究表明，单亲家庭子女的不良行为，如抑郁、退缩、孤僻、交往不良等发生率高。

【案例分享】

丁丁是个“局外人”

丁丁是一个单亲家庭的孩子，刚入园半年。在幼儿园里，每个小朋友都希望每天得到老师的表扬，获得一份奖品，可是他却始终无动于衷。在进行集体游戏的时候，每个小朋友都争着上去玩游戏，得到老师的贴贴纸，在班上表现自己。可是他一点也不想争取机会，安稳地坐在椅子上。旁边的一位小朋友说：“你怎么没有贴贴纸啊？快点举手，要不然老师不会叫你的。”他却不耐烦地说：“我才不要这张烂贴贴纸。”可见他对于老师的奖品一点都不在乎，别人上去了还想再上，争取更多的机会，他却茫然地呆坐在那里，冷眼旁观周围所发生的一切，奖品对他来说没有丝毫吸引力，所有的活动都与他无关，他好像就是一个局外人。

点评：案例中的丁丁性格十分孤僻，消极情绪较多，这也是单亲家庭孩子常见的一种心理问题，出现这种问题的原因无外乎两点：一是家庭教育因素，二是孩子本身的因素。

就丁丁的表现来看，家庭对孩子的管教是放任自流的，只要不哭不闹，孩子想怎么样就怎么样，对孩子漠不关心。久而久之，丁丁对什么都不再感兴趣，对什么都不在乎了。另外，丁丁本身年纪小，不能适应幼儿园有规律的生活，不习惯遵守幼儿园的规则，家庭的冷漠和遭遇，也使他保持戒备和警惕心理，因为害怕受到同伴的冷遇、嘲笑、歧视，担心找不到自己在幼儿园中应有的位置，从而造成心理压抑。

三、单亲家庭教育的特点

（一）较少的教育投入

父母双方的离异会带来家庭经济状况的变化，原由父母双方一起提供的教育投入变为由一方提供。同时，为了家庭能够正常运转，抚养者不得不更加努力工作，因此对儿童进行教育的精力和时间也大大减少，甚至有的家庭无力对儿童进行充足的教育投入。单亲家庭的幼儿与完整家庭的幼儿相比，缺少父母关心，从而容易产生负面情绪。

（二）教育方法不当

单亲家庭的儿童往往成为抚养一方的情感寄托对象，在这种情感寄托下，家长极易采用不当的教育方法。如有的表现得过于溺爱，对孩子的物质要求一律满足，导致孩子形成为所欲为的性格；有的表现得过于严苛，对孩子寄予厚望，不容出错，导致孩子心理压力过大；有的把孩子视为出气筒，把生活中的不满发泄到孩子身上，导致孩子身心受到极大的伤害。

【案例分享】

孤僻的小琪

幼儿园生活应该是丰富多彩的，但是六岁小琪的幼儿园生活却与其他小朋友完全不同，老师在她的脸上看不到一丝笑容。她矮矮的个子，黑黑瘦瘦的，性格孤僻又不合群，虽然穿着整洁却很陈旧，与实际年龄不合。上课的时候，她十分安静，从来都不会主动举手回答问题；课间休息的时候，其他孩子叽叽喳喳个没完，唯独她会呆呆地坐在椅子上听着，从不参与讨论，就连轻松、快乐的音乐课她也从不言笑。

这是一个极度缺乏亲情和家庭温暖的孩子。

原来，小琪三岁时，她的父母已经到了争吵不休、大打出手的地步，四岁时父母因感情破裂而离婚。随后，母亲改嫁，她由父亲抚养。因忙于工作，父亲对于她的学习、生活、行为一概不理，母亲也没来看过她多少次。在她的心中，父亲是既陌生又讨厌的，母亲的形象早已逐渐淡忘。由于从小失去父爱和母爱，小琪也就失去了原本属于她的天真快乐，变得冷漠、孤僻、不合群了。

点评：在此案例中，离婚后的抚养方——父亲，明显没有尽到做父亲的责任。他对孩子漠然处之，与孩子缺乏必要的沟通、交流，忽视了孩子，令孩子产生恐惧。

四、单亲家庭儿童的家庭教育策略

（一）保持良好的心态

父母离异，孩子成为单亲儿童，这对孩子而言无疑是一个沉重的打击。这时期的孩子模仿能力和受暗示性强，很容易受到父母情绪和行为的影响。这就要求抚养孩子的父母亲一方必须保持良好的心态，给孩子最大的帮助。

2 岁以内的孩子要求生活稳定。这时候的孩子经历父母离异，会有被抛弃的感觉，表现为哭闹不停、睡眠不安，易惊醒等。尤其是离开母亲的孩子，父亲需要用双倍的关心去抚平孩子幼小的心灵创伤。3～5岁的孩子，父母双方任何一方离开，都会使他们感到恐慌，需要加强对孩子的关心和耐心，告诉孩子，虽然父母不在一起住，但是对他的爱依然存在，从而增强孩子的安全感。

（二）家长要注意营造轻松、愉快的家庭氛围

单亲家庭的父母应该向孩子早一点说出事实，不要隐瞒，要心平气和地从孩子的角度告诉他们父母对他的爱是永远不变的。有些父母由于感情破裂，从而怨恨对方，在孩子面前贬低另一方，这对孩子的情感成长来说非常不利，容易使孩子对另一方产生偏见。离婚后的父母应该尽量创造条件和孩子在一起，如在节假日和孩子生日时，与孩子一起游玩，让孩子感觉到父母的关心。在家庭中，也要尽量营造融洽、愉快的氛围，不要过多地谈论另一方的缺点，要让孩子健康、顺利地成长。

（三）注意性别角色教育

在孩子成长的过程中，性别角色的获得不是与生俱来的，而是一个重要的学习环节。单亲家庭的幼儿长期和父母一方生活在一起，缺少父爱或母爱，这对他们的心理发展，尤其是性格的发展极为不利。因此，单亲家庭的抚养者可以有意识地让孩子多接触一些成熟的异性，比如单亲母亲，可以让孩子多接触舅舅或其他的男性亲戚朋友，介绍他们的优点，让孩子与他们玩耍，从而发展性别角色。

第二节　隔代教育问题

【引子】

轩轩的“坏习惯”

开学初，孩子们来到幼儿园，这是一个新的环境，有的幼儿能高高兴兴地和小朋友一起玩，不哭也不闹；可有的幼儿一看到家长走了，便急得哭了起来。有的孩子被老师抱着哄着也就不哭了，他们能安静下来了，会听老师讲话了，会和老师一起做游戏；有的幼儿却哭个不停，喊着要家长，抱着家长大腿不让他们走。轩轩就是这样的。他一进幼儿园就哭闹个不停，拉着奶奶的脖子就是不松手，不让奶奶走。一连几天都是这样，而且在一天的活动中，总是自己坐在一个角落里，饭也不吃，觉也不睡，脾气很倔强。而奶奶也总是在门口偷看，轩轩更加哭闹不止。

李老师通过家访了解到轩轩小朋友平时由于父母亲上班，都由奶奶带着，奶奶十

分溺爱她，使他养成了饭来张口、衣来伸手的习惯，还听说这孩子脾气很倔，一不顺心就发脾气，还摔东西。

点评：从案例中我们可以得知，轩轩生活在一个充满“溺爱”的家庭里，饭来张口，衣来伸手。进入幼儿园以后，轩轩的“坏习惯”依旧没有改变。那么，奶奶的溺爱会对轩轩产生怎样的影响？又该如何改善呢？这就涉及我们本章所讲的“隔代家庭教育”问题。

【知识殿堂】

一、隔代家庭教育概述

由于我国经济社会的快速发展和转型，人口及家庭结构也发生了很大的改变，由“80后”“90后”年轻父母组成的年轻家庭逐渐成为主要家庭类型。一方面，社会对人才的要求越来越高，年轻父母们忙于事业而无暇顾及孩子养育及教育；另一方面，我国老龄人口逐渐增多，他们大多身体健康，精力充沛，时间宽裕，因而成为养育和教育孩子的“主力军”。隔代教育已经成为现代家庭教育不可或缺的重要模式之一，是家庭教育中一种非常普遍的教育现象。

隔代家庭教育，也称隔代教育，是指由祖辈（主要是祖父母、外祖父母）对家庭中的孙辈所实施的抚养、教育以及其他帮助性活动。

二、隔代家庭教育儿童的特点

（一）身体发展状况不理想

这时期的幼儿正处在长身体的关键时期，科学的膳食、均衡的营养尤为重要。联合国教科文组织指出，幼儿缺少蛋白质、热量很可能导致身心发展停滞，如果幼儿期有这种缺失，即使到了成年也难以弥补。如果这种缺失十分普遍，则会阻碍一个国家未来各方面的发展。然而有不少隔代教养家庭并没有充分考虑幼儿的营养问题，祖辈们懂得科学搭配的人不多，他们往往根据自己的经验选择：有的一味地给孩子吃零食，有的一味地给孩子吃肉，有的认为孩子吃饱就行……现在幼儿园中“小胖子”“小胖妞”增多的现象也从侧面反映出这样的问题。据某幼儿园调查，由祖辈直接照顾的孩子中，72%的孩子不同程度地吃营养品，对五谷杂粮、瓜果蔬菜的摄入不足，这有可能会导致他们出现缺铁性贫血或缺钙、维生素等问题，从而影响其身体的健康发展。

（二）心理健康状况不理想

现在的祖辈家长虽然大多数具有充足的时间和精力，能够给幼儿以充分的关爱和照料，但祖辈家长在价值观念、生活方式、儿童教养观念等方面往往不能与时俱进，与现代社会存在差距，尤其是他们可能会对孩子过度保护、限制，无原则地迁就和溺爱，时时处处以孩子为中心，使隔代教养的幼儿表现出更多的心理和行为问题，心理健康状况不理想。调查表明，相对于父母教养、父母和祖父母共同教育的幼儿，隔代教养幼儿表现出更多的情绪问题、行为障碍、性格缺陷、人际交往缺陷，且适应力较差。

（三）社会交往能力不强

祖辈往往表现出对儿童更多的溺爱和放纵，为儿童包办所有的事情，限制了儿童独立性发展，阻碍了幼儿的去自我中心化，影响了幼儿自我意识的发展，很少给他们与同龄人交往的机会。生活在缺乏儿童伙伴的环境中，幼儿的社会交往能力将无法发展。有研究表明，在性格和人际交往方面，由父母教养的幼儿要优于父母和祖父母共同教养的幼儿。

三、隔代家庭教育类型

中国科学院心理研究所博士生导师王极盛把隔代教育归结为四种类型：

（一）过分关注型

孩子本来能自己做的，隔代家长为其代劳。孩子本应该得到的能力锻炼，结果让隔代家长取消了。比如孩子 5 岁了，妈妈想让她下楼帮忙倒垃圾，结果奶奶抢着把垃圾给倒了，说不能累坏了孙女。

（二）过分监督型

什么事情都要督促孩子，经常检查其行为，导致孩子产生依赖性和惰性，以及对成人的不信任感。比如孩子想要自己收拾书包上学，这时候爷爷奶奶一边看着孩子收拾一边说：“哎呀，你收拾笔了没有？”“你收拾橡皮没呀？”“收拾完了让爷爷奶奶再检查一遍！”

（三）严厉惩罚型

这种教育方法因循了中国传统的教育理念，对孩子的批评多于表扬，责罚多于鼓励，使孩子产生严重的自卑、自闭或叛逆心理。比如4岁的丹丹兴高采烈拿着已完成的手工作业“玫瑰花”回家，等着爷爷奶奶表扬。谁知奶奶一看，就说“哎呀！这个怎么能叫玫瑰花呢！看奶奶给你做一个！”

（四）民主理解和温暖型

这种家庭氛围民主和谐，隔代长辈能够理解孩子，尊重孩子的主动性，会采用适宜的方式教育孩子，不包庇、不溺爱，重视孩子的感受。这种教养方式下的孩子容易养成独立自主、自信乐观的品质。隔代家长中也有人采用这种方法，但数量极少。

【案例分享】

“得理不饶人”的乐乐

大班的乐乐被爷爷奶奶惯出了一身的坏毛病，经常为一点小事就和同学发生矛盾，而且“得理不饶人”。一次课间操排队，一名同学不小心碰倒了乐乐的椅子，椅子上挂着的书包掉了下来，书和文具掉了一地，这下可气坏了乐乐。乐乐立马找到老师，希望老师为自己评理。由于老师急着带队去操场做操，便说做完操再说。没想到，乐乐的态度非常强硬，甚至说“我要找我爷爷来”。原来，爷爷经常对乐乐说，如果在学校被人欺负了，不能忍气吞声，一定要告诉他，他会帮乐乐处理。久而久之，乐乐养成了遇事斤斤计较的坏毛病，容不得自己吃一点亏、让一点步，而且时不时找爷爷处理问题。

老师知道后，建议乐乐的爷爷参加家长学校的培训。通过培训，爷爷认真阅读、学习了幼儿园小朋友的行为守则，认识到自己实在太宠溺乐乐了。从此以后，爷爷也不再插手孩子们之间的事情了，还教育乐乐要宽容大度。乐乐呢，也比从前快乐独立了，还交到了很多朋友。

点评：从乐乐被惯出一身坏毛病得知，爷爷过分关注乐乐的成长，十分溺爱孙子，无条件、无原则地迁就，为他包办一切事情。这种教育方式助长了乐乐的坏习惯，造成他对家长的依赖性，严重阻碍了孩子在校园里的正常交往。幸好，乐乐的爷爷参加家长学校培训后及时改变了自己的教育方法，也让乐乐改掉了“斤斤计较”的坏毛病，能够顺利地交上朋友。由此我们可以知道，隔代教育也需要良好、科学的引导。

四、隔代家庭教育的特点

（一）享受祖辈教育优势的影响

祖辈通常有比较多的耐心和精力陪伴孩子，并且更加细心温柔，比起年轻父母，祖辈处理幼儿问题更有经验；他们丰富的社会阅历和人生感悟，都是促进孩子社会性发展和处理孩子教育问题的宝贵财富。

（二）早期依恋缺失可能影响亲子关系

由于人口流动性的增强和离婚率的升高，隔代教养家庭越来越多，这会影响母婴依恋关系的建立。母婴依恋是婴儿和母亲之间的一种积极的、充满深情的感情联结。在隔代抚养的家庭中，幼儿缺乏和母亲的相处机会，影响了母婴依恋关系的形成，幼儿年纪越小影响越明显。英国儿童精神学家鲍尔比和他的同事曾在研究中指出，过早离开父母而未建立正常依恋的幼儿经常在情感上出现危机，并可能在以后的生活中突发情绪问题，如焦虑或抑郁。

（三）接受教育不一致的影响

幼儿的祖辈和父母因其成长的时代背景不同，在教育观念、教育方法、教育手段上都存在着不同，容易产生分歧，这就导致幼儿在父母教养和隔代教养双重教养方式下接受着不同的教育，这种教育的影响甚至会延续至就读幼儿园的孩子。

【知识小贴士】

母婴依恋

母婴依恋是母亲与婴儿之间一种积极的、充满深情的情感联结，其建立的好与坏会影响到婴儿一生的发展，会影响到婴儿能否顺利地度过人生的各个阶段。安全型的母婴依恋有助于婴儿健全人格的发展，而回避型或反抗型的母婴依恋则会给婴儿及其家人乃至社会带来很多的麻烦与困扰。鲍尔比在 1951 年提出生命的最初几年对发展的重要性的心理分析，他认为婴儿与其母亲之间形成的关系来自一个叫作印记的过程。这是一种特殊的学习类型，它发生在婴儿期的最初阶段。基于此种原因，鲍尔比提出了单向性的概念：人类的婴儿只会对母亲形成一种特殊的依恋，这与他所形成的其他关系是完全不同的，而这种关系一旦被破坏就会给婴儿造成极大的痛苦和长期的创伤。他认为，婴儿在生命的最初 5 年必须要与他的母亲保持一种几乎是持续不断的接触。鲍尔比对 44 名少年犯进行了回顾研究，发现其中有 17 人在 5 岁之前与母亲分开了一段时间。他得出结论说，这些少年犯就是母爱剥夺时期所造成的长期创伤的证明，将小孩子和他们的母亲分开，即使是暂时的，也会产生这种效果。其他的研究也表明了母爱剥夺的类似破坏性效果，比如母爱被剥夺的孩子智商较低，或患有“情感缺失性心理变态”（即完全缺乏社会良知和社会关系）。众所周知，人和动物都有需要，但人不仅有生理性需要还有社会性需要，对于婴儿来说，这些需要绝不仅仅是喂奶、洗澡、换尿布，更主要的是在其有需求的时候母亲要给予及时的回应，给其安全感。

五、隔代教育的利与弊

从祖辈方面来看，李炎指出隔代教育的孩子容易存在如下问题：（1）行为控制力、卫生习惯等普遍较差。（2）存在不同程度的心理障碍：一是失去亲情，心灵孤独，感情特别脆弱；二是缺少交流，性格倔强。父母常年在外务工，与子女之间缺少语言和情感方面的交流，祖父母由于文化水平和身体条件的限制，无力管好孙辈，也怕太严会出差错，自己不好交代，因此迁就孩子、溺爱孩子，这种环境熏陶下的孩子性格常常固执和倔强，遇事争强好胜，不讲理不服输。（3）缺少关怀，集体观念淡漠。（4）缺乏正确的学习动机。

当然，隔代抚育本身是具有一定优势的——祖父母们具有抚养和教育孩子的实践经验，可以弥补年轻父母在养育孩子方面的不足。由于没有工作的压力和生活的拖累，祖父母们在心态上比工作紧张、压力重的年轻父母要平静得多，能耐心地陪伴和教育孙辈，也容易与孙辈建立融洽的感情，为教育孩子创造良好的感情基础。黄海波教授分析了祖辈家长在家庭教育中的优势，他认为：（1）祖辈家长有爱心，对孙辈十分喜爱，他们有充足的时间和精力，愿意花时间和孩子在一起，而且能够耐心地倾听孩子的叙述。（2）祖辈家长有抚养孩子和教育孩子的经验，对孩子在不同的年龄容易出现什么问题、应该怎么处理很了解。（3）祖辈家长在长期的社会实践中积累了丰富的社会阅历和人生感悟，他们认为孩子应该在愉快、宽松的环境下学习与生活，不必强求一定这样或那样。

【案例分享】

送苹果的健健

重阳节那天，大二班的李老师带小朋友到幼儿园附近的“夕阳红”敬老院去搞活动，让小朋友给住在那里的爷爷奶奶表演节目。健健带了两个又大又红的苹果，把苹果送给了敬老院里年纪最大的老人。李老师并没有让小朋友送苹果，健健怎么想到要送苹果呢？原来，前几天李老师就教小朋友排练诗歌朗诵，健健回到家里就一遍又一遍地排练，把诗歌朗诵得有声有色。奶奶知道他要去敬老院演出，就因势利导地给他讲了些敬老尊老的小故事。健健似乎明白了什么，问奶奶是否可以给敬老院的爷爷奶奶带两个大苹果去。奶奶觉得应该鼓励孩子的爱心创意，就同意了。其实，李老师在平时就发现健健很懂事。有一次，李老师感冒后嗓子哑了，健健对同学们说：“李老师嗓子哑了，我们要安静点，这样老师轻轻讲话就行了。”李老师称赞健健妈妈教育得好。健健妈妈说：“这要归功于奶奶。奶奶对自己 90 岁的老母亲非常孝顺，照顾周到；对年老的邻居也经常给予关心和帮助。健健从小就受到了奶奶的影响。”

点评：健健学会尊老爱幼，孝顺懂事要归功于奶奶的言传身教。虽然是隔代教育，但是奶奶的教育方法十分科学。在日常生活中，奶奶能够以身作则，对自己的老母亲照顾周到，对他人关心爱护，还会适时地对健健进行教育。健健从小跟着奶奶，耳濡目染，模仿学习，自然而然地养成了许多良好的习惯。由此可见，隔代教育只要得当，观念、方法科学，也可以让孩子养成良好的行为习惯，健康快乐地生活。

六、隔代教养家庭的儿童教育对策

（一）明确教育责任

父母应该明确自身在孩子抚养过程中的责任，让孩子从小感受到父母亲的爱。父母应该重视子女的抚养问题，加强亲子间的沟通与交流。即使父母由于各种客观原因不能完全承担抚养责任，最好也向孩子讲明父母离开的理由，即为了生活和工作迫不得已才不能照顾他，并非放弃孩子或不爱孩子，让他明白父母依然十分关爱他。同时，父母应该尽最大可能地与孩子保持沟通与交流，经常了解孩子的身心发展情况和内心感受，让孩子能够切身感受到父母的爱，这对促进幼儿身心的健康发展具有非常重要的意义。

（二）更新祖辈的教育理念与教育方法

祖辈父母要在价值观念、知识结构、思维模式、教育方式上与时俱进，虚心接受教育，学习科学的教育理念和教育方法，遵循新时代的教育规律。更为重要的是，祖辈教养者要经常和父母沟通，互相理解和认同，达到教育理念和教育方法的一致，双方齐心协力地教育孩子。

（三）构建家庭、幼儿园和社区一体化的教养机制

建立家庭、幼儿园和社区一体化的教养机制，有利于弥补当前多数祖辈家长教育知识的不足、与时代脱节等问题，在这方面，幼儿园应起主导作用。因为幼儿园是专业的抚养机构，幼儿教师了解幼儿的身心发展特点及教育规律等，能够有针对性地进行指导。

【案例分享】

小话痨&胆小鬼

作为父母，无论你多么能干和称职，都不大可能完全靠自己来照顾孩子。大多数成年人都必须工作，要么居家办公，要么外出工作。所以对于大多数家庭来说，祖父母或外祖父母就承担起了照顾幼儿的责任。

祖父辈照顾孩子，有好也有坏，好的是可以分担家庭的负担，同时祖父辈相对于父母辈的育儿经验又丰富一些，有更加多的时间去陪伴孩子；坏的方面就是祖父辈的一些教育理念已经过时，他们更多关注的是让孩子吃饱睡好，而忽略了孩子性格培养和生活习惯养成，往往会骄纵孩子，保护过度、服务过度，让孩子失去自我感知能力。

四岁半的洋洋就是外公外婆一手带大的。为了让洋洋有一个良好的生活环境，外公把抽了40年的香烟都给戒了，每天变着花样给洋洋弄各种好吃、有营养的东西；外婆呢，每天都会给洋洋讲故事，带着洋洋念儿歌。但是，他们的活动范围都是在家或者家门口。外公外婆年纪大了，体力有时候跟不上，所以不太喜欢带洋洋出去玩，即时出去也是带着她去广场喂喂小鱼、玩玩沙子。外婆挂在嘴边的话常是："洋洋，别跑，会摔跤的！""洋洋，不要在地上玩，太脏了！""洋洋下来，太危险了！""洋洋，过来喝水！""洋洋，过来擦汗！"……在外婆的照顾下，洋洋不敢跑也不敢跳。但洋洋的语言表达能力特别强，能说很长的语句，能自编自演自己的小故事，能表达自己的想法。进了幼儿园，言言的两个特点就体现得更加明显：在集体活动中，洋洋最喜欢的就是语言活动和区域活动，而最害怕的就是户外活动和器械选择。每次只要是操后器械大循环或者户外活动，洋洋就会变成一个"胆小鬼"躲到一边，离攀登架、竹梯、平衡等项目远远的，只去玩抛球和滚球。刚开始的时候，老师会拉着她的手鼓励她去尝试。但她上了第一个台阶之后就一直僵硬在那里，然后说害怕，会摔跤。不管老师怎么鼓励都不管用。久而久之，她在户外活动中都会躲着老师，害怕老师再让她去尝试和挑战。可是在语言活动和谈话活动中，洋洋却化身为"小话痨"，是班级里的发言主角，语言表达能力也优于同龄的小伙伴。

针对洋洋的状况，我们和家长进行了沟通，罗列了以下方法对洋洋进行纠正教育。

（1）父母要介入洋洋的日常生活，周一到周五在外婆家，周末两天回父母家；父母要多带洋洋参加户外亲子活动，激发洋洋的各种感官去挑战。

（2）外公外婆适当放手，鼓励洋洋多去尝试，自己的事情自己做。

（3）增加技能训练的机会，教给洋洋方法，和她一起去尝试，鼓励她，让她恢复信心去挑战。

（4）认可洋洋现阶段的感受——害怕，倾听，花时间训练，让她逐步去完成挑战。

（资料来源：广西贵港市普罗旺斯幼儿园曾明老师）

第三节　留守、流动儿童的家庭教育

【引子】

爸爸妈妈在哪里？

强强是一个4岁的孩子，他的父母亲在他1岁的时候就外出打工了，一年只回家一次，有时候甚至不回，也很少联系强强。强强在爷爷奶奶的照顾中长大。有一天，园里几个大班的小朋友问他："你爸爸妈妈呢？"强强一直答不上来，自那之后，一些小朋友就时不时取笑他是"野孩子"。他有时候也会哭着对奶奶说："别人都有妈妈爸爸接送，为什么我就没有，他们常年不回家，我是没有人管的野孩子，我是石头缝里蹦出来的吗？为什么他们都不回来看我？"听到孩子的这些话，奶奶哭着一句话也说不出来。

点评：强强的例子并不鲜见，在有关留守儿童的新闻中，有太多让人无法承受的伤痛；2011年全国发生多起重大校车事故，其中大多数发生在外出打工人群密集的县乡，而受害者多为留守儿童。据报道，广西一名儿童因"太思念父母"而离家出走。这些问题值得我们反思。

【知识殿堂】

"留守儿童"一词最早出现在1994年，指父母在国外工作、学习而被留在国内的孩子。教育部2016年7月发布的《2015年全国教育事业发展统计公报》报告显示，全国义务教育阶段在校生中进城务工人员随迁子女共1367.10万人，其中，在小学就读1013.56万人，在初中就读353.54万人。2017年3月发布的《流动儿童蓝皮书：中国流动儿童教育发展报告（2016）》指出，截至2015年10月1日，全国流动人口总量已达2.47亿，而流动儿童和留守儿童这两个群体总数约为1亿人。

近年来，随着国家的发展，各项政策措施的出台以及社会的关注和支持，留守儿童和流动儿童的读书问题已经得到了解决，但是家庭教育问题却逐渐凸显，对于这类儿童，家庭教育恰恰是最为重要的。

一、留守儿童的特点

（一）情感生活匮乏

大多数留守儿童的父母都是外出务工人员，父母与孩子之间无法直接互动，只能以网络或电话的方式维系彼此的亲情和关爱。由于各种客观原因，留守儿童与父母的沟通是短暂的、频率较低的，父母无法给予孩子真正的关爱和陪伴。即使孩子和爷爷奶奶聊天，也仅限于日常琐事，孩子很少与爷爷奶奶沟通内心深处的思想和情感，监护人也很少主动过问。这种亲情感的缺失也是造成留守儿童情感缺陷的重要因素之一。

（二）身体素质较差

留守儿童身体状况较差的原因有：父母一方外出工作，家庭劳动力匮乏，没有充裕的时间进行食物制作；家庭经济条件差，无法满足孩子的营养需要；留守儿童由祖父母喂养，他们缺乏科学喂养儿童的知识与能力。因此大多数留守儿童的身体素质较差。

二、留守儿童家庭教育的特点

（一）片面重视孩子物质上的满足

大多数父母外出务工的主要目的在于为子女的生活和教育提供更好的物质条件，所以只关心子女的物质生活，对心理和情感的发展关注度不大，或把孩子这方面的需求交由老人负责。

（二）监护人不能完全胜任父母角色

一些父母认为把孩子交给祖父母是最放心的，但是没有考虑到孩子的教育问题，祖父母和孩子年龄差距较大，知识、能力、精力也有限，他们无法承担父母的责任，一旦出现问题也无法解决，甚至有的祖父母不与幼儿园配合，固执己见，难以进行教育，在这种特殊的环境下，留守儿童难以养成良好的习惯。

【案例分享】

浩浩的疑问

浩浩今年 6 岁了。爸爸在新都打工，2 个月左右回一次家，而妈妈在他 1 岁的时候离家出走，从此浩浩和奶奶相依相伴。奶奶向工作人员描述，小浩浩每天都在牵挂着爸爸妈妈，有时候早上醒来，睁开眼睛的第一句话就是："奶奶，爸爸妈妈回来了吗？我好想见见他们。"每当这时，奶奶只能哄着他，告诉他要乖乖地读书，爸爸妈妈很快就会回来。于是，小浩浩用功读书，每天坚持去山上的中心小学上课，而且成绩特别优异。可是"谎言"听多了，浩浩也会分辨了。有一次，浩浩因为奶奶无心的一句"快点写作业，不然爸爸妈妈不回来看我们了"而号啕大哭，边擦眼泪边抹鼻涕："我认真写作业，还是见不到爸爸妈妈。"奶奶一边说一边流下了眼泪。

点评：3～6岁是最需要父母陪伴的时候，如果父母无法满足这最基本的要求，就容易造成孩子情感和心灵上的双重创伤，这是后天教育也难以弥补的。从案例中得知，浩浩才6岁，父母长期的分离使得浩浩比别的同龄孩子都渴望父母亲的关爱和陪伴，认为只要自己取得好成绩父母就会回来。他比别的同龄孩子细心、敏感、脆弱。事实上，孩子在每次"希望落空"后也知道父母不太可能回来陪伴自己，努力学习没有得到任何期望的回报，情感和心灵上受伤是无法避免的。

三、留守儿童的家庭教育策略

（一）尽量避免在幼儿早期与其长期分离

婴幼儿时期的成长在人的一生中具有至关重要的作用，父母不应当仅仅考虑家庭经济方面的问题，也应该把是否有利于孩子发展考虑在内，否则一旦错过陪伴孩子的时间，就无法弥补。如果决定外出，则应该留一个家长在家，尤其是母亲，因为无论在照顾孩子的饮食起居还是情感陪护方面，母亲比父亲更具有优势。

（二）寻找合适的监护人

家长如果实在需要将孩子托付给他人，则应该寻找那些水平高、教育能力强、责任心强、有保护能力的人来充当孩子的临时监护人，这样可以最大限度地保障孩子健康顺利地成长，降低孩子在成长中出现问题的概率。

（三）改变教育沟通方式，并保持长期联系

家长对孩子关心是他们得以健康成长的保证，任何物质的满足都替代不了父母情感的直接满足，因此父母要做到频繁、稳定的沟通联系，让孩子随时随地感受到父母的关爱。同时，也应该常常联系临时监护人和幼儿园老师，多方面了解孩子的近况，

共同商讨教育孩子的方法，使孩子从小就在充满爱和关注的环境下长大。

【案例分享】

委屈的林林

林林是一个聪明、活泼、乐观的男孩，从小随着做生意的父母从河南老家来到本地读书，所以从他的外表、习惯等各方面与本地孩子一样早已看不出什么差异，只是他的方言才会流露出家乡的痕迹。对刚深入学前班的他来说，新集体的一切都是那么新奇。记得刚开学的课上，老师让他起来回答问题，他一口河南话和四川话的混合音，让大家听得云里雾里，同学们更是嘲笑不断，他意识到大家都在嘲笑他时脸都红了。

开学两个月后，有个孩子模仿他说话，触动了他那根敏感的神经。由于一时冲动，他先动了手，教室里的其他孩子见状就过去拉架，个别同学偏向另一位同学，趁着劝架联合起来打了他，林林非常气愤。事情至此还没有结束，当林林爸爸知道儿子在校打架后，不由分说就揍了他一顿，警告他不要在学校里惹事，林林委屈极了。

点评：林林自小跟着打工的父母在外地读书，外界的环境对于他来说是陌生的，他既没有朋友，父母也因工作无法兼顾他的教育，各种因素的叠加使得他变得十分敏感，自尊心很强，对外界持有一种警惕感，内心也没有安全感，因此在被“嘲笑”时为了保护自尊心而大打出手。

林林父亲的教育无疑是不科学、不妥当的。作为父亲，非但没有认真倾听孩子的说辞，反而直接认定孩子在学校“惹事”，采用暴力方式减少这种“麻烦”的发生，这样一来，极其容易挫伤孩子的自尊心和自信心，导致其心理出现问题。

四、流动儿童的家庭教育特点

（一）父母的经济能力有限，居住环境较差

从现有的资料看，流动人口家庭的经济收入普遍低下，绝大部分收入用于基础消费，这就决定了对于孩子的教育支出要大打折扣，无法满足孩子的多重需要。除此之外，流动人口通常是合租一套民房，居住条件简陋，人员混杂，缺乏儿童玩乐的空间和材料，导致孩子的精神生活相当贫乏。

（二）父母的文化基础差，教育能力有限

流动人口处于初中和小学文化的比例最高，这就决定了他们只能从事一般的社会

性工作。流动人口自身的遭遇使得他们对孩子存在一些教育误区：一是对孩子期望过高，望子成龙心切，采用非常严厉的教育方式，孩子考试不理想便打骂；二是缺乏科学的教育方法，不顾孩子的心理感受，把教育的责任推给幼儿园和学校；三是忽略孩子的情感需要，只看成绩，认为只有成绩好才算是对他们的报答；四是无法解决孩子在学校里遇到的问题。

五、流动儿童家庭教育对策

（一）家长要尽量为孩子创造良好的生活环境

孩子的生活环境不稳定或环境差，都会给他们生活学习带来负面影响，所以家长要尽量给孩子创造好的生活条件，尽可能地保证孩子的学习时间和休息时间，力所能及地为他们添置一些学习工具和游戏用具，为孩子的学习提供基本的保障。

（二）加强学习，树立正确的教育观念

家长应该弥补自身不足，加强学习，以身作则，为孩子树立榜样，掌握教育知识，帮助孩子解决问题。同时，要认识到为人父母的家庭责任，尽父母养育子女的职责，重视教育，使子女在良好的氛围中成长、学习。

（三）积极与幼儿园联系，参与幼儿园活动

把孩子送入园后，家长应该积极与幼儿园联系，及时与老师沟通，了解孩子在园的情况，及时鼓励、教育孩子，与老师步调一致。除此之外，家长要积极参与幼儿园的活动，比如亲子游戏等；与孩子直接交流，全面了解孩子，这样才能配合幼儿园教育活动的开展，形成家园合力。

【复习思考】

一、名词解释

1. 单亲家庭

2. 隔代家庭教育

二、简答题

1. 简答隔代家庭教育类型。

2. 简答留守儿童的家庭教育对策。

3. 简答流动儿童家庭教育特点。

三、论述题

1. 结合生活中的例子，试论述隔代教育的利与弊。

2. 结合你的专业情况，说一说你该如何对留守儿童和流动儿童展开教育。

【拓展阅读】

案例一：

如何将父母离婚对孩子的伤害降到最低?

宝贝现在四岁，我们都很爱他，但我们夫妻的婚姻却走到了尽头。请问夫妻离婚，怎么和孩子交代？如何将对孩子的伤害降到最低呢？

点评：

父母离婚对孩子来说是一场灾难，孩子可能会感觉到他的世界完全被毁灭了，很多孩子会在心里形成这样的三段论：因为我不好——爸爸妈妈就不再相爱——所有他们就离婚不要我了。很多孩子会因为父母离异而丧失对自己的公正评价，产生强烈的自卑感或极度缺乏安全感。他们中大多数会因为父母离异而变得过于敏感或过于懂事、自卑，并因此讨厌自己；对承担抚养责任的家长过度依赖，担心自己被抛弃，成为孤儿，这份恐惧在孩子心中很牢固。

实际情况是，离婚并不是导致孩子受伤的唯一原因，夫妻相互攻击诋毁对孩子的打击才是致命的。事实表明：不离婚而成天争吵，相互谩骂攻击，拿孩子撒气，毫无温情的婚姻比和平分手之后继续给孩子爱和支持的离婚对孩子的伤害要大得多。

如何把离婚对孩子的伤害降到最低?

（1）提醒孩子你们永远爱他。夫妻双方最好能一起向孩子公布即将离婚的消息，真诚并简单地说出这个消息，跳过不好的环节。可以对孩子这样说：“爸爸妈妈很难一起相处，所以我们认为最好不要一起生活了。”确保孩子理解离婚只是大人之间的事，提醒孩子，他并不是爸爸妈妈离婚的原因。

（2）保持孩子的常规生活。得知父母离婚的消息，孩子可能会对具体的事情最感兴趣，如我将住在哪里？我和谁住？我需要换学校吗？谁带我去兴趣班？夫妻双方离婚后，应该试着尽可能地维持孩子的常规生活。

（3）鼓励孩子表达他的感受。父母离婚，孩子会出现心理压力。例如，小一点的孩子会出现尿床，大一点的可能会变得压抑或沉默寡言。和父母一方离别的焦虑会影响到孩子，但是他们可能不会表达出来。因此，父母可以帮助孩子将自己的情感表达出来。

（4）不要让孩子参加“斗争”。在孩子面前不要说配偶的坏话，也不要在孩子面前争论或讨论他的抚养权问题，更加不要迫使孩子选择其立场。例如，不要问孩子“你是跟着爸爸还是妈妈？”“你觉得是爸爸的错还是妈妈的错？”等。

（5）请把孩子放在首位。在解决孩子监护权的问题以及其他细节的问题时，请把孩子放在首位。

案例二：

单亲幼儿冷漠心理矫治案例
——以《丁丁是个局外人》为例

丁丁是一个单亲家庭的孩子，刚入园半年，他是一个有着明显冷漠心理表现的孩子。在幼儿园里，每个小朋友都希望每天得到老师的表扬，获得一份奖品，可是他却始终无动于衷；在进行集体游戏的时候，每个小朋友都争着上去玩游戏，得到老师的贴贴纸，在班上表现自己，可是他一点也不想争取机会，只是安稳地坐在椅子上。旁边一位小朋友说，你怎么没有贴贴纸啊，快点举手，要不老师不叫你的。他却不耐烦地说：“我才不要这张烂贴贴纸。”看起来，他对于老师的奖品一点都不在乎，别人上去了还想再上，争取更多机会，他却茫然地呆坐在那里，冷眼旁观周围所发生的一切，奖品对他来说没有丝毫吸引力，所有的活动都与他无关，好像他就是一个局外人。

点评：

（1）原因分析。

① 家庭教育因素。父母的言行对孩子的心理成长和适应能力发展起着关键性的作用。丁丁的父母因为感情不和，经常吵吵闹闹以致离异。离异后孩子得不到应有的抚爱，心灵受到严重的伤害。

② 适应能力存在问题。由于父亲对丁丁放任自流，丁丁不能适应幼儿园有规律的生活，不习惯遵守幼儿园的规则。继母对他态度冷淡，他时刻保持戒备和警惕。他害怕受到同伴的冷遇、嘲笑、歧视，担心找不到自己在幼儿园中应有的位置，从而造成心理压抑。

（2）矫治策略。

第一，关爱行为，促进合群。老师多抱抱、多夸夸孩子，重新点燃孩子内心积极情感的火花。尽量多与丁丁接触，让他感受到老师很喜欢他。比如，每天早晨迎接孩子入园时，先把他揽在怀里待一会儿，握握他的小手，吻吻他的脸蛋儿，摸摸他的头，让孩子一到幼儿园就有安全感。无论是课堂上还是游戏中，有意找他回答问题，与他交谈或一起做游戏，通过谈话和游戏逐步提高他的口语表达能力，增强丁丁与老师、小伙伴们交流的自信心。有意安排开朗活泼的幼儿陪他做游戏、玩玩具，让他们和丁丁做朋友。

第二，丰富活动，增强能力。组织小朋友到敬老院为爷爷奶奶表演节目时带上他，让他一起参加“我为小弟弟、小妹妹做一件有意义的事情”等，增强丁丁的社交能力，并创造他与同龄伙伴共处的机会。和他一起参加爬山、逛公园、玩沙、采摘等亲子活动，让孩子走出家庭小天地，到大自然、社会中，拓展人际交往面。用小伙伴之间的友谊感化他，循序渐进地让他和小伙伴们无拘无束地玩成一片。

第三，温暖家庭，满足需要。努力做好家长工作，尽力为丁丁创造一个温暖的生活环境。鼓励家长尽量多和孩子接触，通过感情交流，消除孩子心理上的恐惧，如用手轻轻抚摸孩子的背部、手背、手腕、肩膀，睡觉前吻吻孩子的额头，尽可能满足孩子的心理需要。多陪孩子阅读，用优秀的文学作品满足孩子对爱的需求。

（3）效果与反思。

经过半年多的努力，丁丁慢慢地活泼起来，在口语表达以及动手操作方面也有了很大的进步，还参加了全园的讲故事比赛。他和过去相比简直判若两人，难怪在“家长开放日活动”中，丁丁的妈妈看到孩子的表现激动地流下了眼泪。

【参考文献】

[1] 丁连信. 学前儿童家庭教育[M]. 北京：科学出版社，2016.

[2] 万慧颖. 学前儿童家庭教育[M]. 南京：东南大学出版社，2016.

[3] 黄姗，陈小萍. 隔代教育研究综述[J]. 普教研究，2007（2）.

[4] 张生，陈丹，苏梅，齐媛. 流动儿童家庭教育研究现状与对策[J]. 中国特殊教育，2017（7）.

[5] 杜才飞. 单亲幼儿冷漠心理矫治案例研究[J]. 教书育人·高教论坛，2013（3）.

第六章　社区教育发展

【学习目标】

1. 了解社区概念、社区教育的特点、社区教育的作用。
2. 掌握促进家庭与社区进行互动的方式与方法。
3. 正确开发与利用社区教育资源。

第一节　社区教育概述

【引子】

社区培训教育 让居民拥有更多获得感（节选）

未成年人的免费培训教育在各个村（社区）遍地开花，比如区文化馆在社区举办的秋季文化艺术免费培训班，除成年人的班之外，还包括少儿拉丁舞、少儿主持、少儿声乐等在内的一系列丰富多彩的免费培训，全区各镇（街道）的村（社区）有1万余学生受益。

记者在××街道××社区看到，文化艺术免费绘画培训班的孩子们在老师的指导下认真地画画，一笔一画，细心着色。孩子们充分发挥自己的特长，描绘出一幅幅充满童真童趣的作品，他们看着自己的成果，脸上都露出了笑容。

居民赵×告诉记者，区文化馆分别在××街道、××镇等地一些社区举办了12个免费培训项目、720个班次。“把文化艺术免费培训班送到孩子们的‘家门口’，旨在让他们的暑假过得更有意义。同时，也希望孩子们能学到一些特长，不荒废美好的暑假时光。”赵×说，通过暑假免费培训，开展适合少年儿童需要的科技、文化、艺术等具有较强参与性、实践性的活动，既培养了学生们的兴趣爱好，还丰富了学生们平时的文化生活。

“以前我们社区刚开展这项活动时，部分家长还存在疑惑，怎么会有免费的艺术培训？”××社区相关负责人说，如今，随着免费培训活动的持续开展，活动得到越来越多的群众的理解，他们积极参与，从“门可罗雀”到“供不应求”。“开展文化艺术免费培训，就是要引导市民群众在文化活动中从‘看客’转变为‘主角’。”接下来，社区还持续开展了春、夏、秋三季文化艺术免费培训，让更多的人受益。

（资料来源：http：//news.slnews.net.cn/html/2017-11/03/content_126882.htm）

点评：在许多人的旧有观念中，学习就得到学校或各种需要花钱的培训班。但社区教育给人们提供了一个新的、无须花钱的途径。社区教育到底是什么？它可以给人们的生活带来什么改变呢？我们将在这一节的内容中进行阐释。

【知识殿堂】

一、社区与社区教育的概念

（一）社区的概念

“社区”一词来源于拉丁语，原意是亲密的关系和共同的东西，含有公社、社会、共同体和同一地区的全体居民等多种意思，属社会学范畴。中国早期对“Community”的翻译曾有多种：“地群”“人群”“区域社会”等。一般来说，“社区”必须具备以下几个要素：

（1）具有一定数量的人口群体。组成社区的必备要素之一是人，但是对人口的数量没有硬性要求，只要能够形成人与人之间的互动关系即可。人与人之间的互动关系也是社区的核心，人们在互动关系中共同分享、共同进步。

（2）具有固定的共同生活区域。社区相对于社会来讲是一个微观概念，社会是宏观概念，无数个社区组成社会。因此，社区必须是居民具有共同生活区域的单位。在我国，社区主要是街道办事处辖区内的小圈子，如居民小区、乡村等。社区居民具有共同的生活环境、生活方式和行为规范等。

（3）具有一系列完整的生活设施、场所及管理机构。

社区是居民生活的基本场所，因此，必须具备一系列便于居民生活的设施、场所等，如学校、医院、超市、银行、邮局、健身器材等。除此之外，还需具有维持社区长治久安、社会秩序的派出所、社区委员会等部门。

由此，我们认为社区是指由一定的人群组成，并能够产生良好互动的共同生活区域，强调社区居民的共同参与。本书将社区这一社会学概念映射到学前教育领域中，即指幼儿园和家庭坐落的地区及邻近地区，也是能够对幼儿的生活、学习和发展造成重要影响的微系统。

（二）社区教育的概念

社区教育（Community Aducation）起源于 19 世纪的丹麦，最初是成人教育形式的社区教育。在第二次世界大战后，社区教育成为国际性的教育形式，并逐步走向学校、社会、家庭相互服务、互利互惠的一体化教育形态。国家标准化管理委员会在《社区服务指南》（第三部分：文化、教育、体育服务）（中华人民共和国标准）中，对社区教育做出了如下定义："在社区中，开发、利用各类教育资源，以社区全体成员为对象，开展旨在提高全员的素质和生活质量，促进成员的全面发展和社区可持续发展的教育活动。"

社区教育是实现终身教育、构造学习型社会的基础，发达的社区教育已成为一个国家教育现代化水平的重要标志之一。社区教育越来越受到社会重视和人民群众的好评，源自它多方面的功能，对社区发展具有极大的推动作用。

社区教育是一种教育的组织形式，也就是说，依照社区建设发展及社区居民的需求，充分地、有效地利用社区的教育资源来组织、实施各级各类的教育。社区教育的根本目的是以各种教育方式、多种教育手段提高国民的素质。

【知识小贴士】

终身教育

终身教育"这一术语于 1965 年联合国教科文组织主持召开的成人教育促进国际会议上由成人教育局局长保罗·朗格朗（Paul Lengrand）正式提出。关于"终身教育"概念可谓众说纷纭，甚至迄今为止也没有统一的权威性定论。但大多数人认为，终身教育是指人们在一生各阶段当中所受各种教育的总和，是人所受不同类型教育的统一综合。包括教育体系的各个阶段和各种方式，既有学校教育，又有社会教育；既有正规教育，也有非正规教育，主张在每一个人需要的时刻以最好的方式提供必要的知识和技能。终身教育思想成为很多国家教育改革的指导方针。

学习型社会

学习型社会是美国学者罗伯特·哈钦斯于 1968 年首次提出的。联合国教科文组织国际教育发展委员会编著、被誉为当代教育思想发展里程碑的著名报告《学会生存》特别强调"终身教育"和"学习型社会"这两个概念，把学习型社会作为未来社会形态的构想和追求目标。从此，终身教育和学习型社会的理念就在国际社会迅速传播开来，成为许多国家、地区、社会团体推进和实施教育改革和发展的指导原则，成为社会发展和社会进步追求的一个重要目标。

二、社区教育的特点与作用

（一）社区教育的特点

社区教育是实现终身教育、构造学习型社会的基础，发达的社区教育已成为一个国家教育现代化水平的重要标志之一。社区教育越来越受到社会重视和人民群众的好评，源自它多方面的功能对社区发展具有极大的推动作用。

社区教育是一种教育的组织形式，也就是说，依照社区建设发展及社区居民的需求，充分地、有效地利用社区的教育资源来组织、实施各级各类的教育。社区教育的根本目的是以各种教育方式、多种教育手段提高国民的素质。它主要具有以下几个特点。

1. 为社区的建设、发展服务

社区教育不同于学校教育，它是一种社会教育。社区教育是为解决社区面临的许多社区问题而组织、实施的，是为社区的建设、发展服务的。社区的需求决定了社区教育的内容和形式。例如，社区的卫生环境较差，需要增强社区居民的卫生环保意识，于是就在该社区举办卫生环保知识的讲座、研讨会等，组织社区居民学习相关的法规、条例和卫生环保常识，从而增强社区居民自觉爱护、保护生活环境的意识。

2. 全民参与，资源共享

所谓全民参与，首先是社区内开展的各项有益的教育活动需要全体居民共同参与，社区居民都可以按照自己的意愿，要求参加多种教育活动；其次是社区居民既是受教育者，又是社区教育的管理者，他们可以对社区教育的政策、计划、活动提出意见，可以选派代表参与社区教育的决策。因此，社区教育也是一种自我教育、自我管理的活动。资源共享就是社区内的所有学校以及文化体育、娱乐设施都向社区的全体居民开放，以有偿或无偿的方式让大家使用。例如，学校或培训中心可以在晚间或双休日举办各种培训班或开展学习活动；文化馆或图书馆也向社区居民开放，成为市民学习的场所。学校等各类教育场所要主动地举办各种文化教育活动，活跃社区生活，为社区发展服务。

3. 非传统的学校教育

社区教育不需要像普通的学校教育那样正规。社区教育大多数是非正规的教育、非正规的学习。社区教育是一种服务，没有严格的规定、界限，社区居民想学什么就学什么，想怎么学就怎么学，想在哪里学都可以。几个人组成小组可以学，一个人在家也可以学；社区可以举办知识讲座，也可以进行技术指导、技能训练；学习的内容和形式既没有规定，也没有要求。社区教育能最大限度地满足社区居民学习需求。

4. 实现终身教育和建立学习型社会的途径

终身教育要求将教育实施于人生的始终，人活一辈子，受教育一辈子。俗话说：活到老，学到老。学习化社会要求社会的每个成员都可以按照自己的意愿选择学习的内容、方式，都可以随时随地学习，整个社会就是一个大课堂。社区教育有效地将人们组织成一个学习集体，有效地为社会成员提供多种教育，将家庭、学校及社区连为一体，形成一个生活、学习的社会环境。所以，社区教育是实现终身教育、建立学习化社会的一种途径。

（二）社区教育的作用

随着社会主义经济体制的不断完善，社区在社会管理中的地位不断提高，出现社会管理的中心向社区转移的新趋势，从而促使当代社区的功能发生一些新的变化。

1. 推进公民教育

我国历来十分重视社会主义精神文明建设，《公民道德建设实施纲要》明确指出社区在公民道德教育中有着义不容辞的责任。社区公民教育的内容广泛，涵盖了科学、道德、法制、信仰以及其他与社会主流价值观相符的教育活动。社区应当成为公民教育的基本载体，通过多种形式的社区教育提升社区居民的政治、道德、法治等素养。

2. 支持社区的可持续发展

教育是社会可持续发展的重要推动力量，1995 年，曼谷国际社区教育大会进一步明确社区发展是“最终实现国家进步和社会发展的教育过程”。社区教育可以为社区发展提供精神动力和技术支持。个人、家庭、企业和政府共同参与到社区教育中，共同关心社区的各种问题，加强对话、理解和沟通，有利于共同推进社区的进步和发展。

3. 构建学习化社会

学习化社会理念引导人们以一种整合的观点看待各种社会教育资源，学习的场所不再局限在传统的学校内，家庭、企业、社区同样扮演着重要的角色。尤其社区不仅是居民的社区，而且成为一种学习的社区，终身教育与终身学习能获得广泛的社会支持，居民通过持续不变的学习不断更新自己的知识，从而适应社会生活的迅速变迁，提高个人生活和生存的能力。

4. 发展社会文化

作为居民生活空间，社区不但有适宜的自然构成，而且要有丰富的文化构成。文化底蕴深厚的社区，必将赋予居民的精神世界以更多的色彩。社区教育一方面通过文化影响人，另一方面又在居民的对话、沟通和交流中发展起新的文化氛围，创设出激发人上进的“学习型文化”。

【知识分享】

各国社区教育简介

英国社区教育是在20世纪末发展起来的，其社区教育的教育对象包括社区居民、教师、家长和儿童。社区教育的目的在于改善各种教育及教育关系，包括家庭与学校的关系、成人教育的发展、儿童的学前教育和义务教育的发展以及移民的家庭教育的发展，还包括改善学校的课程安排，进行老师之间的沟通交流等。社区教育通过建立教育中心或利用中小学校的校舍，这些社区里的社会机构为社区教育的发展提供了很多便利的服务。

日本的社区教育机构大多为青年设立，另外，还设有专门的妇女和儿童中心。日本社区教育中一般很重视对儿童的德育，学校和社区都会组织针对儿童的意志训练活动。日本还很重视对老人的教育，其社区教育最关心的问题是这些老人退休后应该如何度过，从而为老人提供活动设施和活动方案。

在意大利的社区教育中，瑞吉欧的教育体系具有代表性。其全面、翔实地介绍了幼儿和社区的互动问题，“使儿童成为社区和城市这个舞台的主动参与者”，“带领幼儿走进公共生活范畴，让他们可能为社会做出贡献的潜力得到激发”。在瑞吉欧教育体系中，幼儿、教师、家长以及社区工作人员，他们的地位平等，相互尊重，相互学习。

美国已经形成自己的社区教育模式，即“社区学院”。随着经济的迅速发展，美国对人才的需求也逐渐增加，加之高等教育需求的扩大以及美国年轻人就业心态的变化，社区学院的这种教育模式在美国已经被公认为最成功的教育模式之一。它的魅力表现在有开放的办学理念、严谨的治学态度、健全的运行机制，社区学院的发展日渐呈上升趋势。

20世纪末，东南亚国家的社区教育也有了显著发展。特别是新工业化国家，在社会转型时期都十分重视社区教育，强调社区教育要与社区发展联系起来，教育要为发展服务，形成自己的教育特色。例如，新加坡将社区发展与爱国主义教育、社区居民道德建设融为一体，再结合社区特色走自己的教育发展道路。

——陈颖：《家庭教育的社区支持研究》，重庆师范大学硕士学位论文，2012。

第二节　家庭与社区的教育互动

【引子】

反对家庭语言暴力计划——让一家人能够“好好”说话

对话 1：
儿子：“爸爸，这次没考好！”
爸爸：“回回都是这句话，你怎么那么笨！”
对话 2：
妻子：“老公，帮我拿一下东西！”
丈夫：“你烦不烦，你想把我累死啊！”
对话 3：
婆婆：“你又买这么多衣服？别乱花钱！”
媳妇：“你管我呢？瞎操心！”

以上三个情景都曾经在社区妇联组织的“反家庭语言暴力”讲座活动中现场表演，旨在通过这种情景剧的形式，生动地告诉大家，哪些话语属于家庭语言暴力范畴，在家庭沟通中应当如何避免家庭语言暴力，让夫妻、婆媳、父子（母子）都能够“好好”地说话。

那么，究竟什么才算是语言暴力呢？语言暴力指使用谩骂、诋毁、蔑视、嘲笑等侮辱歧视性的语言，致使他人受到精神上和心理上的伤害。

市妇联实施反家庭语言暴力项目，以水乡片白玉兰家庭服务中心为主要推动者，以讲座、快闪、戏剧等多种方式开展了系列活动。制作动画视频《唇齿间》，生动、客观地呈现语言暴力的危害，配合生动详细的讲解，让市民全方位地认识语言暴力。派发反家庭语言暴力宣传资料，为有需要的人提供咨询服务。

“社区妈妈”互助支持计划
——解决“真空期”带娃难题　促进亲子关系　社区妈妈共成长

自从有了“社区妈妈”瑶瑶妈妈的帮助，小琪的父母终于不用担心 1 小时“真空期”没人带娃的问题了。而在瑶瑶妈妈的照顾和带领下，瑶瑶和小琪成为好友，一起学习、一起做作业、一起玩游戏。在孩子们一起学习、成长的过程中，很多和瑶瑶妈妈一样的“社区妈妈们”也在不断成长。

自从成为“社区妈妈”,瑶瑶妈妈从全职家庭主妇变身为孩子们的成长导师和朋友。为了让孩子们学到更多知识，她首先从提高自身学识和能力着手，经常跑书店看各类教育、科普类书籍，自学各种手工艺制作。她告诉记者，自从成为“社区妈妈”后，自知责任重大，对自己的要求提高了，自己的视野也更加开阔，生活较以前充实了许多，就连丈夫都夸自己整个人精神状态超级好，自信了许多，每天心情美美的，拍照时脸上都自带笑容。而暂时托管小孩只是“社区妈妈”互助支持计划中的一部分。“社区妈妈”互助团通过整合成员的知识、技能和社会经验优势，以“社区妈妈”及志愿者们为主导，策划及开展暑假兴趣类、成长类小组活动，拓宽孩子们的视野及知识面，改善亲子关系，促进家庭与社区和谐发展。在这个项目中，“社区妈妈们”充分发挥了自己的潜能，她们既是服务受益者又是服务的提供者。

（资料来源：东莞时间网，http://news.timedg.com/2017-09/25/20625444.shtml，有删改）。

点评：上文是广东省东莞市在家庭与社区教育互动中所做的两个项目，极大地帮助了家庭教育中遇到困难的家长。家庭与社区还有哪些互动形式？它的重要性还体现在哪些方面呢？在这一节的内容当中，我们将为大家答疑解惑。

【知识殿堂】

家庭与社区之间的教育互动是指家庭与社区双方的相互了解、相互联系、相互支持与合作的一种紧密的教育关系。随着现代社会的发展，社区化进程日趋加快，孩子的成长受到社区的影响越来越大。社区当中的物质环境和精神环境已经成为家长进行家庭教育的教育资源；而社区加强与家庭的教育互动也将更好地推动社区的物质文明和精神文明建设，促进社区的可持续发展，构建学习型社会。

一、家庭与社区互动的目标与内容

（一）家庭与社区共育的目标

1. 营造良好的社区教育大环境，增强家庭教育和学校教育的效果

目前，我国的家庭教育更侧重于对孩子生活自理能力和道德品质的教育；学校教育更侧重于对学生进行知识文化的传授、德育教育和能力的培养；社区教育涵盖的内

容比较广泛，涉及社会公德、人际关系等教育内容。三种类型的教育各有优点，互为补充。但社会上总无法避免地出现与家庭和学校正面教育相违背的一些现象，如偷盗、抢劫、毁坏公务，这些现象会对孩子产生一些不好的影响。所以，要营造良好的社区教育大环境，加强社区的文明建设，让孩子在家庭、学校所接受的教育与社区的实际状况相一致，帮助孩子更健康地成长。

2. 以社区教育作为家庭教育和学校教育的补充，促进儿童的全面发展

家庭教育具有私人性和非正规性，所以孩子接受的家庭教育存在着水平高低不一的现象。如部分家长对孩子过分宠爱，同时存在着“重智轻德”的教育偏差，而目前部分学校在教育上也存在着重分数轻道德、重知识轻能力、重学习轻身体锻炼等现象。所以，社区可以结合本社区的实际情况开展丰富多样的群众性活动，如“我做合格小公民”“一起走进敬老院”“垃圾分类我最行”等，让孩子在社区生活中学习知识、提高能力，弥补家庭和学习教育的不足。

3. 坚持社区教育与家庭教育、学校教育的有效衔接，齐抓共管，保证孩子健康成长

任何一种类型的教育都存在自身的局限性，如家庭教育具有随意性、学校教育具有封闭性、社区教育具有不确定性。如果三者不能有效衔接、齐抓共管，就会对孩子的健康成长形成阻碍。如孩子的道德教育，往往是放在家庭教育和学校教育当中完成的，但是道德教育的传递实际上是通过社会的环境产生的，所以忽视社会教育在道德教育中的作用，就会让家庭和学校教育事倍功半。只有社区教育与家庭教育、学校教育齐抓共建，教育才能取得真正的成效。如“垃圾分类”这一要求必须要落实到社区当中。只有社区当中配备相应的垃圾分类设施，才能让居民真正地对垃圾进行分类。

（二）家庭与社区互动的内容

因本课程主要是以学前儿童家庭教育为中心，所以在下文中将主要从社区学前教育的角度进行阐述。

1. 促进孩子身心健康发展

健康的身心是孩子成长最重要的资本。家庭与社区的互动要重视培养孩子的身体健康，重视孩子的心理健康发展。所以，社区要注重对游乐场地的规划和游乐设施的配备，还有注重对先进幼教理念的传授，让社区的家长能够用正确的理论与方法教育孩子。

2. 重视孩子良好品质的培养

孩子长大后必定要融入社会中，我们要把孩子培养成为人格健全、品德良好的人，

帮助孩子更好地适应社会。社区和家长要培养孩子具有感恩的心，具有责任心和爱心。社区要多举办相应的活动，如举办“社区清洁小卫士”“社区小小秩序员”等活动，家长要带领孩子积极地参与到活动当中。

3. 重视孩子社会性的培养

学前儿童社会教育主要是指对幼儿进行社会认知、社会情感、社会行为等方面的教育。有助于幼儿形成正确的价值观、陶冶良好的情操，促进幼儿社会化发展。这部分内容是社区学前教育对家庭教育最有力的补充。

社区是社会的缩影，家长在社区生活当中要帮助幼儿理解基本的社会知识。如通过购物、就医、去银行办理业务等社会行为了解社会的规范和行为的准则。在这一过程中，让幼儿亲自去实践，能提高幼儿的基本社交能力。同时，家长通过自己的榜样示范以及社区的好人好事宣传，帮助幼儿树立正确的价值观。

二、家庭与社区进行良好互动的策略

为保证家庭与社区教育进行良性的互动，可以从以下几个方面进行加强和改善。

（一）制定相关政策和规章制度

我国家庭和社区的互动仍处于启动和发展阶段，还没有制定专项法规来规范社区与家庭的沟通与互动、家庭与社区的权责划分等。因此，要明确家庭教育与社区教育的管理体制与保障机制，家庭教育与社区教育的资源共享、资金投入，家庭教育与社区教育的内容互动，家庭教育与社区教育互动督导评估机制等，就要制定专门的家庭教育和社区教育的法律法规，以此保障家庭教育与社区教育顺利发展。同时，应通过法治维护，形成系统化和规范化的法律制度，来规范家庭、社区享有的教育权责。

一方面，要组织各种服务家庭的社区教育机构与团体，如“青年志愿者团体”“教师服务队”“科技服务队”等，通过这些活动，推动和开发社区教育，把知识、观念和技能送入社区。另一方面，组建各种社区与家庭的联合组织来共同利用和开发社区教育资源，如家长联合会、家庭联谊会等。

（二）提高社区对家庭教育支持重要性的认识，提升家长的教育素养，挖掘家长家庭教育的潜力

授人以鱼不如授人以渔。提升家长自身的教育能力对于学前儿童家庭教育来说尤为重要。大多数的职业都需要“持证上岗”，但父母这一职业并不需要。当一个孩子呱

呱坠地的时候，“父母”就已经开始了他们的上岗生活。但大多数父母并没有学习过相关家庭教育知识，或得到相关技能的训练，他们的教育方式很大程度上受到原生家庭的影响，而原生家庭中错误的教育方式将会对孩子的发展造成不良的影响。

所以，要在全社会树立家长教育的理念。首先，社区应自觉承担起家长教育的责任，配备专门进行家长教育的老师，开展专门的家庭教育训练，并进行相关教育理论的研究。其次，社区管理人员、专业教育人员及其他相关机构人员都要转变家庭教育观念，调整教育工作重心，重视家庭教育，并为家长教育提供各种有利条件。最后，家长们要树立“全面、专业”的家长理念，自觉接受社区对家长的教育。

（三）密切家庭和社区的合作，提高教育质量

家庭与社区要建立互相沟通的制度，加强相互之间的联系。让家长在活动中更了解自己的孩子，也让社区在活动中更了解家庭。在充分的沟通中，才能给予家庭真正所需的帮助。

以下方式可以进一步促进家庭与社区的互动。

1. 社区开办讲座和相关课程

社区可以通过举办各种讲座和开设相关课程，为家长提供各种教育子女的理论与方法，提高家长的整体素质。同时，社区可以利用网络，组织家庭交流活动。利用互联网不受时间、空间限制的优势，让家长自由地选择合适的时间参与，甚至可以活动结束后回看进行学习。

2. 让家长参与社区工作

让家长参与社区工作，一方面，能够让家长更加了解和支持社区工作；另一方面，能降低社区的工作压力，同时还可以增进家长彼此之间的交流。让家长参与社区工作的方式很多，如在组织幼儿外出游玩时，可以让家长协助社区的工作人员做辅助工作；再如，每年组织一些亲子活动，让家长们与孩子互动，通过这些亲子活动能增进父母与子女间的感情，也能让家长间互相学习共同进步。而家长与社区之间也增添了一条很好的沟通渠道，使社区与家庭合作的途径更加通畅。

3. 社区成立社区家庭委员会

社区可以从家庭当中选出一些代表组成家庭委员会。家庭委员会代表的是社区家长们的利益，是家长们和社区进行沟通的桥梁。家庭委员会可以独立展开工作，直接与社区家长、教育专家们、社区工作人员进行接触，为家庭教育出谋划策，也把相关信息及时传递到位。家长委员会日常可以收集社区家长们的意见，向社区提出合理化

的建议；社区在进行家庭教育的相关工作时，也可以与家庭委员会进行探讨，听取家长们的意见，确保社区家庭教育工作的顺利开展。

4. 社区网络化

社区可以建立自己专属的公众号或互动 App，在公众号或互动 App 当中设立与家庭教育相关的栏目。这样一来，家长就可以通过公众号或互动 App 了解先进的幼教理念和方法，同时可以掌握最新的社区家庭教育动态。另外，社区还可以在公众号或互动 App 中设立专门的答疑区，安排社区家庭教育的管理人员及时收集或解答家长的问题，多渠道、多方式帮家长解决问题。

孩子的健康成长关系着每一个家庭，而家庭的教育方式对孩子的一生有着重要的影响。社区教育是幼儿家庭教育的重要支持系统，以社区教育为依托，加强对幼儿家长教育方式的辅导，能提高幼儿家庭教育的质量。

第三节　社区教育资源的开发与利用

【引子】

美国幼儿教育家罗宾森说过：“对成人来说，社会生活方式，人类的过去、现在和未来，以及居住在不同地域人们的生活等，都是习以为常的现象，但幼儿需要学习。”这句话从一定程度上说明了社会学习的意义所在，而其中也包括幼儿通过参与社区活动，达到社会认知这一目的。我园地处开发区许多大型的企业集团以及环境幽雅的住宅小区周围，周围环境对我们的社区教育非常有利。

我们带着孩子们来到旺旺食品厂，看到宽阔的厂房、自动化的流水线，以及制作孩子们所熟悉的食品的过程，幼儿感受到了科技的飞速发展，并逐渐学会把看世界的着眼点，从自己的家、幼儿园转移到自己的家乡、自己的祖国上，从而培养了孩子爱祖国、爱家乡的情感。

现代化小区——江南文书苑，环境幽雅，设施先进，网球场、游泳池、休闲广场、垃圾分类箱一应俱全。孩子们兴致勃勃地参观，共同讨论，在不知不觉中习得知识，开阔眼界。

我们利用这些社区资源，让孩子们开阔了眼界，学到了知识，获得了认识社会、体验生活的机会。

（资料来源：《利用社区及家长资源开展幼儿园教育活动》，https：//wenku.baidu.com/view/264a6eb5f121dd36a32d827c.html，有改动。）

点评：上文是幼儿园利用社区资源对幼儿进行教育的实例。社区资源对幼儿教育来说是一笔宝贵的财富，家庭教育的相关工作者要善于利用和开发社区资源，丰富幼儿教育的资源。

【知识殿堂】

在幼儿期，大多数孩子最多接触到的环境是家庭、幼儿园和社区。所以，社区环境对幼儿的身心健康发展有着不可忽视的作用。因此，充分利用社区现有资源并开发新的教育资源，积极争取社区的积极配合，对于丰富幼儿的知识、促进幼儿身心的良好发展具有重要的意义。

一、社区教育资源开发与利用的必要性

（一）现代家庭教育发展的需要

单纯依靠家庭的力量对孩子进行教育难以取得较好的效果。社区作为与家庭联系最为紧密的场所，是家庭教育可以借助的重要力量。现代家庭教育可以从社区当中获取相应的资源，弥补自身存在的不足。家长可以从社区中获得科学有效的家庭教育的指导，可以从社区精神文化环境的熏陶及政策制度中获得启发，同时还可以借助社区这一平台进行家庭教育经验的交流与学习。

（二）儿童社会性发展的需要

社区中有着丰富社区家庭教育资源库，合理、科学地开发和利用这些资源，能丰富和扩展幼儿的社会生活经验，从而为其社会性发展提供必要的社会支持。社区家庭教育资源为儿童的社会化行为提供了发展空间和方式，也为儿童的社会性发展提供了参照标准。

（三）教育资源可持续发展的需要

资源是有限的，但随着终身教育理念的普及，人们对于教育资源的需求会越来越多。一方面，对社区家庭教育资源的开发，有助于发掘各种潜在的和新的教育资源，弥补现有教育资源的短缺；另一方面，在对已有的教育资源进行整合和合理配置的过程中，可以最大限度地发挥各类教育资源的功能与效用。

二、社区教育资源开发和利用的原则

在社区教育资源的开发过程中我们必须遵循一定的原则，以有效保障家庭教育活

动顺利开展。

（一）安全性原则

幼儿的教育安全是首要前提，只有在确保安全的前提下，我们才能开展相关活动。所以，在开发社区资源的过程中，我们首先考虑的就是活动开展场地的安全、幼儿出行安全等。

（二）可操作性原则

所谓可操作性，是指在社区家庭资源的开发过程中要确保相应社区资源的使用是被相关管理者允许的，并不影响社区设施设备以及场地的正常使用。只有得到社区相关部门的有效支持，活动才能顺利进行。

（三）以幼儿为主体的原则

在家庭教育活动中，幼儿是活动的主体，只有从幼儿的角度出发对资源进行选择才能达到最好的效果。

1. 关注幼儿的兴趣

兴趣是幼儿学习的原动力，在选择社区家庭教育资源时，首先考虑的是幼儿的兴趣点。孩子们对水都特别感兴趣，炎热的夏天，孩子们都有下水嬉戏的兴趣。如果社区有符合标准的游泳场地，相关的家庭教育机构和部门可以与社区相关部门协商，在游泳池中举行社区水上亲子大赛，同时在活动过程中融入防溺水教育的相关内容。

2. 考虑幼儿的发展进程

幼儿是具有生命力的、能动的、发展着的个体。幼儿的发展是个体与环境交互作用的结果，因此，我们应根据幼儿的发展需要来选择社区家庭教育资源。如每年五六月份是幼小衔接的准备阶段，为了让幼儿能顺利地渡过这个发展的关键期，我们选择了参观社区内的小学生上课、参与升旗仪式等活动，全面了解小学生的生活与学习，让幼儿知道幼儿园和小学的生活、学习方式有所不同，从而激发幼儿的入学欲望，为幼儿顺利进入小学做好心理、能力等各方面准备。

三、社区教育资源的开发和利用

社区教育资源不仅包括人力、物力、财力等有形的资源，还包括社区意识、社区归属感、社区良好的教育氛围等无形的教育资源。具体来说，社区有形的教育资源包括自然物质资源、社会物质资源和人力资源。自然物质资源指社区范围内的山川河流、动植物等。社区的物质资源包括社区的物质设施与服务机构，如农贸市场、楼房、街道、建筑工地、超市、医院、银行、图书馆、敬老院等，这些是与家庭经常发生联系的社会机构或社会设施，是幼儿在生活中经常能接触到的环境。社区中的人力资源是指具有某种专业知识、技能的个人或组织，能向幼儿传授或提供某一种专业技能知识。

对社区教育资源进行开发和利用要注意以下几个方面的问题：

（一）转变资源观念，全面利用社区资源

社区家庭教育管理者应协助家长充分合理地利用社区资源，把社区中有形的和无形的资源转化为可供幼儿学习的内容、材料和环境，促进幼儿健康成长。例如，带领幼儿参观社区有名的建筑、看马路上的雕塑、在滨江公园散步、乘坐地铁等，让幼儿充分感受与体验我们居住的社区环境是多么优美，感受现代都市的变化，从而增强幼儿爱家乡的情感。

同时，转变“家庭教育主要是以家庭为中心”的陈旧观念，积极与社区进行协调，充分利用社区的教育资源为家长和幼儿服务。

【案例分享】

大班购物

为了让大班的孩子在“我们的城市”主题活动中充分感受城市里不同商业设施的用途，我们设计了带大班的幼儿去超市购物这一实践活动。要求每个孩子用十元钱去买春游时需要用到的东西，如纸巾、零食等。这对大班的孩子来说有一定的挑战性，同时也是非常实用的——如何在有限的经费下买到自己真正需要的东西是我们在日常生活中经常会遇到的问题。

活动前，老师请幼儿自己制定购物清单，然后带领幼儿去超市在相应的货架前找到自己需要的物品，当然最重要的是要准确地计算价格，这样在结账的时候才能顺利买到自己需要的物品。有的孩子非常仔细地制定购物清单并准确地计算价格，用十元钱买到所有自己需要且实用的东西，有的孩子只买了自己喜欢的，忽略了实用性。当然，有的幼儿因为计算失误，或者不会取舍，没能顺利完成购物的任务。无论结果是怎样的，幼儿体验的过程就是积累经验的过程，这些经验在他们的生活中也会起着重要的作用。

——陆晨：《社区资源的开发与利用》，《课程教育研究》，2016 年第 36 期，有改动。

（二）整合社区资源的优势

社区教育是一个大的教育系统。社区教育系统既包括正规教育机构，也包括非正规的教育机构（如社区图书馆、体育馆及其他的教育基地等）和非正式教育机构。家长在开发和利用社区资源时，要主动与掌握优势资源的单位进行联系。例如，现在越来越多的小区建立了“儿童之家”，里面有根据幼儿兴趣定期更换的图书。家长可以组织幼儿去公共图书区进行阅读。同时，社区家长委员会可以组织图书交换活动，让幼儿在增加阅读量的同时学会分享。

同时，要整合社区中的人力资源。家长委员会和社区工作人员要善于发现社区中家庭教育方面的专业人士，特别是具有专业特长的离退休居民。他们退休后工作压力减轻，时间充裕，相对来说会对社区工作更具热情。因此，可以聘请他们作为一些教育活动课程的专职教师。另外，寒、暑假时，可组织在校大学生进行志愿者服务活动。大多数大学生上进心强，愿意参与到社区工作中，容易亲近幼儿，对幼儿产生积极的影响。

（三）推进无形资源的开发与利用

在社区教育资源的利用中，人们经常关注体育馆、图书馆等看得见、摸得着的有形的教育资源，其实，社区文化环境和精神风貌等无形教育资源对社区家庭教育的推进也起着重要的作用。

1. 增强家庭成员的社区支持意识

社区家庭教育工作必须要有家庭的积极参与。增强社区家庭成员参与社区教育活动的积极性是推动社区家庭教育工作的重要环节。一是要转变家长教育观念，树立家庭、社区、幼儿园三者合作对幼儿进行教育的理念；二是要提高社区居民家庭教育的素养，培养其良好的教育习惯；三是要培养社区成员的共同体意识，使得各家庭之间的关系越来越密切，居民彼此之间的认同感越来越强。

2. 加强对社区文化资源的开发与利用

在重阳节的时候，有敬老院的社区可以与幼儿园合作，组织幼儿到敬老院去进行表演，赠送自制的礼品或贺卡等。通过这一方式，让幼儿学会尊老这一中国传统美德。还可以让幼儿参与社区举办的各种公益活动，如“社区植树节”“社区爱水日”等活动。这些活动有助于从小培养幼儿的环保意识。如果社区中有一些与历史事件相关的景点，也可以组织幼儿参观，让幼儿知史明智。总之，社区家庭教育的相关人员要善于发现社区中的文化资源，并组织适宜的活动，充分发挥社区文化资源的功能。

【复习思考】

一、名词解释

1. 社区教育

2. 社区教育资源

二、简述题

1. 简述家庭与社区进行良好互动的策略。

2. 如何对社区教育资源进行开发和利用?

三、实训题

撰写社区资源开发与利用的调查报告。

【拓展阅读】

新加坡儿童发展与家庭社区互动的措施

新加坡政府非常重视社区、家庭在儿童发展中的作用，为促进家庭、社区的发展设立有专门的国家管理机构——社会及家庭发展部（Minister of Society and Family，简称 MSF），MSF 每年会根据国家的整体财政要求对各个种族人群的年龄、收入状况、受教育状况、职业状况、家庭成员的互动状况等做出分析，并以此作为依据制订年计划，其中包括各类国家级的家庭社区互动、援助儿童、研讨会等各项活动。

在新加坡，家庭与社区的联系非常紧密，每个家庭都存在于社区中间，社区服务的重点就在于使每个家庭及其成员拥有平等的权利及义务；而家庭的发展和稳定也十分依赖政府对社区的投入与支持，如医疗、教育、饮食、购物、文娱等都要有相应的配套，以使每个家庭在社区环境中保持相对便利和安全。

联络所的建立是新加坡社区发展的重要特色，其重要的职能之一即为那些问题家庭提供辅导咨询。很多居民区都设有联络所，联络所中开展辅导咨询的工作人员均需考取相关项目资格证，联络所的部分家庭咨询项目是政府赞助的免费项目。

新加坡政府将幼儿教育的发展部分融入社区发展系统中，通过幼儿园、托儿中心及各类辅导及培训中心等机构，与社区的活动协商计划，选择有纪念意义的节假日，安排各类由政府支持或热心团体支持的活动，增进幼儿教育在社区中的影响力。

此外，MSF 会定期举办年会，即家庭幼儿教育研讨会，表彰优秀家庭和幼儿园，推广先进的育儿经验，确立社区、家庭与幼儿教育的发展方向。家长可以通过网上报名参加。表彰对象通常是社区及日托中心申报，标准由 MSF 确定。

除上述政府对常规家庭、社区的计划外，MSF 还十分关注弱势群体的家庭和儿童，每年政府对各区域的此类家庭做出统计，并根据各个家庭和儿童的需要做出具体的支持计划，在生活、培育方面给予关爱，让他们能够具备基本的生存保障。

新加坡社会及家庭发展部针对家庭社区的工作制定了工作指南《Care&Development for Parents Of Children with Developmental Needs》，以作为家庭、社区工作评估的基本依据。其内容具有操作性，为社区工作提供了十分明确的方向，这是十分值得借鉴的。其中包括以下几部分内容：（1）明确家庭构架及家庭成员的职责。（2）明确儿童发展序列中需要支持的项目。（3）明确儿童发展的策略和建议。（4）提出各类应对儿童发展的技巧，列出88个赞扬幼儿的标准词汇。（5）提供合法注册的社区资源，包括这些机构的名称、简介、网址和联络电话。

新加坡政府提供的社区服务机构包括以下几种：（1）宗教团体、协会。（2）妇女协会。（3）幼儿教育协会。（4）心理问题咨询中心。（5）家庭问题咨询中心。（6）儿童教育咨询中心。（7）法律问题咨询中心。

上述所有机构的资质及功能，新加坡居民均能在所属官方网站上查询。对于部分文化程度较低的人群，社区服务人员也可以协助他们进行人工查询。在政策执行过程中，居民对某些政策及方法有意见，还可直接与区议员对话申述，议员会根据居民的意见进行调访，以期将各类工作落实。对于各机构的工作效果，政府会定期评审、检讨，再根据评审的结果提出建议和具体可行的行动方案，以此作为下一阶段的工作目标。

新加坡家庭社区工作的基本程序有以下几个步骤。

- 以政府指南为依据
- 结合区域文化特点制定工作目标
- 根据目标和群体实施能力制定行动方案
- 具体实施
- 根据民众反馈和访查信息进行评估检讨
- 根据上述信息进行反思，并提出建议
- 以评估建议为依据制定下一阶段目标

新加坡政府十分强调开展社区、家庭及儿童发展工作的系统及实效性。由于各系统的完整性，带领者在工作各个环节的任务是清晰的；在总结实施过程中，问题的检讨方向也容易确定。总之，管理、执行措施、责任人都基本明确，各个家庭在良性的社区发展中，能保证儿童安全健康地发展。这些都是十分值得借鉴的经验。

——陈实：《新加坡儿童发展与家庭社区互动的措施》，《学前教育》，2015年Z1期，有改动。

【参考文献】

[1] 张晓敏. 幼儿园与社区合作共育的研究——以山东省十所幼儿园为例[D]. 济

南：山东师范大学，2016.
[2] 朱钰. 幼儿园、家庭和社区协同教育的调查及对策研究[D]. 安庆：安庆师范大学，2019.
[3] 陈颖. 家庭教育的社区支持研究[D]. 重庆：重庆师范大学，2012.
[4] 朱家雄，孙立双. 学前儿童家庭与社区教育[M]. 北京：北京出版社，2017.
[5] 夏征. 家庭与社区教育[M]. 武汉：武汉大学出版社，2015.

第七章　幼儿园与社区合作共育

【学习目标】

1. 了解幼儿园与社区教育合作的概念。
2. 了解幼儿园与社区教育合作的特点及其发展趋势。
3. 能够自主设计幼儿园与社区教育合作的基本活动。
4. 理解幼儿园与社区教育合作的意义。

第一节　幼儿园服务社区教育

【引子】

瑞吉欧模式的社区幼儿教育

瑞吉欧·艾米利亚是意大利北部的一个小镇，这里诞生了一个颇具特色的、堪称影响世界的幼儿教育模式或体系。瑞吉欧的精神理念与教育经验得到各国“教育界、学术界和政治界人士的赞赏”，被美国《新闻周刊》评为“全世界最好的教育系统之一”。

瑞吉欧幼儿教育体系具有以下特色。

全社会的幼儿教育：社会支持和家长参与。

社会在育儿方面给予家庭以有力的支持，素来是意大利文化中集体主义的一种体现。在瑞吉欧市，0～6岁儿童的保育和教育是一项十分重要的市政工程，享有12%的政府财政拨款，家长在学校中所起的种种实质性的作用，本身也是社会支持的一种表现。在全市所有的幼儿学校中，家长都有权利参与学校所有环节的一切事务并自觉承担这一责任。

民主与合作：学校管理风格。

瑞吉欧学前教育系统是一个以儿童为中心的联盟，一个教师与儿童同样能获得“家一样的感觉”的地方。这些学校并没有我们在一般机构中所见的那些行政事务，教师之间也没有任何的层次等级，他们只是平等的共享者与合作者。实行三年一贯制随班教学，以在教师和幼儿之间保持长期稳定的联系。每年学校都有一名在艺术方面受到专业培训的艺术教员。

项目活动：弹性课程与研究式的教学。

项目活动的基本要素或关键的词包括：解决真实生活中的问题，小群体共同进行长期、深入的专题研究等。瑞吉欧没有固定的课程计划，项目活动强调深入而富有实效的学习，决不匆匆忙忙“走过场”。整个教育过程显得自然而流畅。

百种语言：儿童学习与表达的手段。

在瑞吉欧看来，幼儿表达自我和彼此沟通的手段，以及教师判断幼儿对于相关的内容是否理解的标志，不应只是人类特有的语言符号，还应包括动作、手势、姿态、表情、绘画、雕塑等一切表达方式。

合作学习和反思实践：教师的成长。

教师和孩子一样，都不是“训练”出来的。相反，教师是通过进入一个充满各种关系（与孩子、与家长、与其他教师、与教研员等的关系）的环境之中学习的，环境中的这种关系支持教师们合作建构了关于儿童、关于学习过程以及关于教师角色的知识。教师的成长与孩子的发展被视为一个“连续体”。

开放的环境：学校的第三位教师。

物质环境的设计布置同样也是瑞吉欧教育的中心环节，而该环节的一个核心问题就是如何增进环境的开放和资源的综合利用。教师们将幼儿学校的环境称作“我们的第三位教师”。教师们竭力创造机会，要在学校的每一个角落都为幼儿提供充分的交往机会，方便他们沟通。瑞吉欧教育不是一种模式或理论派别的附属物，它是特定时代下的生动的实践而且是极为成功的实践。

——湖南省学前教育研究会：《最新学前教育研究资料精选》，

《学前教育研究》，2001 年第 6 期。

点评：社区参与政府幼儿托管服务是瑞吉欧·艾米利亚发展至今取得的经验。瑞吉欧·艾米利亚第一批学校正是因该市市民的倡议而建成的，这得益于城市开放式参与的文化背景。学校定期面向家长开展活动，教师与家长一起交流儿童日常的活动安排，从而使学校建立起与家庭之间的互动联系，这种联系被视为社会资源与文化的交流与融合。在这一章节的内容当中，我们将和大家详细谈论学前教育当中幼儿园与社区的互动与合作。

【知识殿堂】

幼儿园服务社区教育是指幼儿园通过在社区宣传幼儿教育等方式，扩大学前教育的社会服务功能，发挥教育对社会和社区发展的作用，使社区成员更加关心下一代的成长关心和支持文化教育事业的发展，提高社区居民的文化教育素养，营造良好的社区风貌，更好地推动精神文明建设。

一、幼儿园服务社区教育工作的意义

《幼儿园工作规程》规定：幼儿园应当加强与社区的联系与合作，面向社区宣传科学育儿知识，开展灵活多样的公益性早期教育服务，争取社区对幼儿园的多方面支持。加强幼儿园与社区合作具有十分重要的意义。

（一）利用幼儿园教育的专业性，充分发挥幼儿园的主导作用

幼儿园可充分利用自己的专业知识和育儿理念，引导家长科学育儿，即通过幼儿园主导式社区合作产生教育合力。如组织育儿讲座，传授育儿方法；创办园本化读物作为互动交流的载体，向社区传递教育信息。此外，还可以开展亲子实践活动，引导家长参与到幼儿园的教育实践中。

（二）履行幼教机构的社会宣传职责

幼儿园作为专门的学前教育机构，还承担着宣传的任务。要向所在社区及公众宣传党和国家的教育方针，宣传正确的教育思想和观点，传授科学育儿知识。

（三）满足非在园幼儿的学习需要

幼儿园与社区开展合作，积极发展社区幼儿教育，不仅可以为在园幼儿提供学习、成长的机会，还可以为那些未能入园接受正规幼儿教育的孩子提供补偿教育，促进幼儿共同发展和教育平等。

（四）发挥社区精神文明阵地的辐射作用

幼儿园是文化教育机构，教师是教育工作者，要通过提高人员素质和加强园风建设，在社区公众中树立良好形象，发挥社区精神文明阵地的影响作用，为创设良好的社区公共环境做出应有的贡献。这也是教育机构主导作用的一种体现。

二、幼儿园服务社区教育应具备的条件

（一）取得社区的合作与支持

幼儿园要主动加强与社区居委会的沟通与联系，争取社区的合作与支持，召开周边居委会主任会议，请他们参观幼儿园的环境设施，共同制订合理的社区联系方案和计划，使幼儿园与社区的联系工作得以顺利开展。要走进社区进行家教宣传，提高社区成员的家庭教育意识，积极向社区居民宣传党的教育方针、正确的教育观念、科学的育儿知识，派幼儿园领导和有经验的教师定期到社区进行家教科学知识讲座。节假日，到社区、广场、福利院、敬老院、部队等地表演幼儿园编排的幼儿节目，促进社区联系，服务社区文化。

（二）启动社区未入园儿童的早期教育

成立社区儿童早期教育中心——亲子班，招收以幼儿园为中心的附近社区中0~3岁未入园儿童，由家长带孩子每周定期来园参加亲子活动。通过亲子活动，指导家长了解幼儿成长的特点，普及科学的养育知识，引导家长将教育渗透在一日活动之中；传授家庭游戏玩具的制作方法，引导家长学会利用生活中的资源对幼儿进行教育；为亲子园幼儿定期进行体格检查，并提供幼儿保健上的指导。在此基础上，开发出一系列0~3岁婴幼儿早教方案，摸索出0~3岁婴幼儿家长指导的具体方法和途径。

【案例分享】

浦江玫瑰园社会实践基地

——上海市浦江镇第三幼儿园 杜丽萍

浦江玫瑰园落户浦江芦荟地区，给鲁汇地区的居民带来福音。通过与玫瑰园园区领导取得联系，本着互相学习、资源共享、携手共进的原则，顺利与浦江玫瑰园签约为社区共建单位，使“浦江玫瑰园”这一上海最大的玫瑰文化主题园区成为我们幼儿园孩子的另一个园外大课堂。孩子们可以在玫瑰花海畅游，自由地在白色沙滩上玩耍。

点评：这个案例告诉我们：社区文化不仅对幼儿园教育有重要影响，而且影响着社区的每个成员。幼儿园、社区应发挥自身的优势，进行人力资源与物质资源的优化与互补，以及提供对方所需要的服务。幼儿园是专门的教育机构，幼儿教师懂得幼儿身心发展的特点和规律，应将科学的幼儿教育方法推广到社区教育中。

第二节　幼儿园与社区工作实践

【引子】

日本社区幼儿教育

长期以来，日本十分重视利用社区资源来教育幼儿。1986年，日本教育审议会指出，幼稚园、家庭和社区三位一体对学前儿童进行教育是非常重要的，只有这样，才能克服幼儿教育的封闭性。1990年，日本制定的《幼稚园教育要领》指出："幼儿的生活以家庭为主逐渐扩大到社区社会。"日本的幼稚园同家庭、社区保持着密切的联系。1994年，日本政府颁布了《儿童养育协助基本方向》，致力"建立社会共同支持援助、面向社会开放的儿童教育新局面。"另外，在日本社区幼儿教育设施中，既有专门为儿童设立的，如儿童馆、儿童咨询所与家庭儿童咨询室、保健所与保健中心等，也有向所有社会成员开放的普通社会教育设施，如公民馆、儿童文化中心、图书馆、博物馆等。

点评：幼儿教育融入社区是世界各国幼儿教育的发展趋势之一，越来越受到重视。在目前的社会环境和综合条件下，要建立社区儿童早教服务网络，较为理想的模式是根据本地区实际，遵循婴幼儿的身心规律，通过家庭教育资源、社区教育资源和学前教育机构教育资源的开发与整合，以学前教育机构为主导，以家庭为载体，依托社区开展形式多样的家庭教育指导工作，促进婴幼儿全面、健康、充分地发展，以及婴幼儿家长和看护人科学育儿水平提高。

【知识殿堂】

不运用社会的力量，便是无能的教育；不了解社会的需要，便是盲目的教育。

——陶行知

一、幼儿园与社区教育的合作制度

（一）日常性合作社区制度

1. 成立社区幼儿教育委员会

健全社区教育机构，构建一个能统筹、协调社区内各种教育因素的组织机构，有利于社区幼儿教育的开展。邀请社区内街道居委会、企事业单位以及社区内各种与幼儿教育有密切联系的职能部门和经济实体参与，充分发挥其参教、议教、资教、助教的作用，使得社区教育工作有计划、有步骤地进行。

2. 建立完善的社区婴幼儿服务网络

引导家庭、社会共同参与和关心婴幼儿教育，让所有的婴幼儿都能健康、茁壮成长，也使幼儿园教育有良好的社区基础。

3. 成立社区托护中心

保教专职人员有效帮助社区双职工家庭解决小孩放学回家无人看管的问题，或节假日父母加班无法照料幼儿的问题等，尽量解除社区年轻父母的后顾之忧，做到有托必应。

4. 建立社区儿童图书馆、玩具馆

每天定时开放，为社区儿童提供良好的学习环境，营造轻松愉快的休闲氛围。

5. 幼儿园建立家庭教育指导中心，为本社区每一个有户籍的儿童建立成长档案

幼儿从出生起就应得到教育关注。教育的范围从 3 ~ 6 岁扩展到 0 ~ 6 岁。幼教专职人员能够定期为社区内的家长提供正确的家庭教育指导。

6. 成立多种形式的家长协作组织

有利于家长与家长之间建立联系，互相勉励，互相支持，家长管教孩子时不再感到孤独无助。比如，定期开展家教沙龙之类的活动，让家长互相交流自己的教育心得。

7. 成立家长巡视组和社区幼儿园委员会

参与晨间接待、离园管理、幼儿常规和教师教学常规的检查、大型活动的组织与安全保护等，使家园社区合作共育落到实处。

8. 建立社区正当的投诉程序

建立社区正当的投诉程序，可有效化解幼儿园和家庭之间的矛盾，有利于家园关系和谐融洽。

（二）指导性合作制度

1. 举办家长学校，召开家长座谈会等活动

密切同家长的联系，宣传科学育儿知识。面向每一个家庭提供优生优育优教方面的服务指导，从而为儿童实现生命权、生存权、发展权提供保障。

2. 社区建立家庭教育辅导站

从新婚指导做起，开展优生优育优教等系列辅导活动，以集中授课、登门指导、专家咨询、定期发放科学育儿资料、板报宣传以及各种娱乐活动的形式为主。

（三）参与性社区合作制度

1. 幼儿园利用节假日组织社区范围内的集体活动

在节假日，幼儿园可以向社区开放，组织一些娱乐活动，请社区成员一起欢度节日。比如元旦，幼儿园可组织幼儿用自己的美术作品为社区街道增添色彩；植树节，幼儿园可组织幼儿对社区的树木进行护理。

2. 幼儿园组织到社区里的一些特殊场所进行慰问演出活动

教师可组织幼儿到福利院、敬老院、特殊学校等进行活动，既可推动社区精神文明建设，又扩大了幼儿园的影响，还有利于培养幼儿的亲社会行为和健全的人格。

3. 幼儿园要善于利用社区的环境资源

利用自然环境的资源，带领幼儿走进大自然，感受家乡千姿百态的景象，培养幼儿热爱大自然的情感。利用社会环境的资源，带领幼儿融入大社会，让幼儿对美发院、美容院、健身房、茶馆、咖啡屋、书店、图书馆、博物馆、影剧院、少年宫等设施有所认识。利用文化环境资源，当社区里的腰鼓队、太极拳队、舞蹈队等进行表演时，教师可带领幼儿前去观赏；当社区组织居民进行唱歌、美术、书法等比赛时，教师也可指导幼儿参与比赛。还可以利用社区资源开展主题探究活动，丰富幼儿园课程资源，在此基础上可以进行高质量的园本课程开发。

4. 幼儿园定期开放教育资源（如玩具、场地等）供散居儿童使用

幼儿园组织专门的教育活动吸引散居儿童参加，有利于扩大幼儿园在社区中的影响，便于幼儿园招生工作的顺利开展。

5. 聘请社区中热心参与教育、关心幼儿成长的有识之士为幼儿园助教

请大学教育系专家、学生做社区教育志愿者，解决当前幼儿园普遍存在的师生比例严重失调的现实问题，特别是在组织幼儿外出参观游玩活动时，他们在保障幼儿安全方面可以起到一定的作用。

6. 建立幼儿园社区的网络平台

在网络已进入家家户户的时代，充分利用现代化信息资源，有效开展家园社区合作工作，既可以成为情报公告栏，也可以是信息传递栏，还可以是活动成品展示栏，

是幼儿园和社区工作成效的宣传栏。以制度建设为依托开展家园社区合作，有益于使幼儿园教育从封闭走向开放，注重家庭教育、机构教育与社区中多种教育因素的有机联系，发挥整体性教育影响，提高教育质量；有益于加强地方自主性，使学前教育更好地立足当地实际，因地制宜，形成各自特色。

二、幼儿园与社区教育的合作内容

（一）发掘社区资源，服务幼儿教育事业

社区资源可划分为物质资源、人力资源和文化资源。社区幼儿教育资源丰富，幼儿园作为幼儿教育的主导方面，应主动争取合作，开发利用好这些资源。

1. 开发利用社区的物质资源

社区物质资源包括自然环境资源、设施资源、行政机构和公司、企业等社会组织。自然景物和地理环境中的花草树木、江河湖海、日月星辰、山川田野、地况地貌、季节气候、名胜古迹等都是可供幼儿园选择和利用的教育资源，为社区幼儿提供了丰富多彩的教育素材和学习生活空间。教师经常带领幼儿到街道、广场、花园、小区、博物馆等去嬉戏、玩耍，激发孩子们热爱自然、热爱家园、热爱社会的情感；带领孩子走进劳动、生活现场，丰富幼儿对社会活动和自然现象的感性知识。

2. 开发利用社区的人力资源

人力资源包括：（1）专业人员，如各类科技人员，有一技之长的人，以及从事各种职业的人士。（2）热心人士，愿意为幼儿教育贡献力量的人员。（3）退休人员等。他们是社区里最活跃的人力资源，是幼儿接触社会、认识社会、融入社会的重要媒介。幼儿园可以定期组织幼儿与家长参加幼儿园的开放式教育活动，通过“请进来、走出去”的方式开发、整合园内外教育资源。

比如，在“六一”儿童节期间，为了让孩子们度过这个难忘的节日，教师可以和幼儿一起准备一些文艺节目。“六一”节那天，幼儿园可以邀请家长、社区的小学生、老年文艺队等社会各界人士来共同欢庆。爷爷奶奶的腰鼓、扇子舞表演、海警战士的擒拿格斗、小组唱、萨克斯独奏，家长代表的口技表演、二胡独奏，哥哥姐姐的舞蹈、相声，以及小朋友们自己准备的精彩节目，会使整个幼儿园洋溢在热情、喜庆的气氛之中，相信在场的每个人都终生难忘。

3. 开发利用社区的文化资源

社区的传统文化、民风习俗、道德风尚、价值观念、生活方式、审美情趣、网络文化等，都为社区幼儿教育营造了浓厚的文化氛围。它们是幼儿教育资源的重要素材。

幼儿园吸取社区的优秀文化元素，将其融入幼儿园课程内容，开展相应的教育活动，有利于幼儿园的文化特色建设。

（二）发挥自身优势，服务社区事业发展

幼儿园在利用社区资源发展自身的同时，还应该发挥自身作为专门教育机构的优势，充分利用幼儿园资源，以多种形式为社区发展服务，担负起社区幼儿教育指导者和推动者的责任，向社区辐射教育功能，将所有幼儿融为一体，为幼儿发展营造良好的社会环境。

1. 树立幼儿园的文明形象，发挥文明示范的引领作用

一所好的幼儿园可以成为社区精神文明的标志，对社区的精神文明建设起示范引领作用。幼儿园作为社区的组成部分，应以提高自身的文明程度，为树立社区的精神文明形象做贡献，如美化幼儿园环境、提高幼儿园教师和工作人员的素质、培养幼儿良好文明习惯等。也可以将社区生活和园内教育活动结合起来，如开展环境教育，引导幼儿参与废物利用、节约用水电、爱护公共卫生等活动，这样不仅可以积极推动社区环境保护，幼儿也在活动中受到教育，同时提高幼儿素质，促进社区精神文明的发展。

2. 开放幼儿园的教育设施，与社区共享

幼儿园处于社区幼儿教育的中心，拥有齐全的幼儿教育设施、设备。幼儿园可以开放这些物资资源，适时适度地面向社区婴幼儿、家长，为居民提供便利条件。比如，以幼儿园的玩具图书为依托，建立“玩具图书馆”，在节假日、双休日等定期面向社区婴幼儿及其家长开放，让他们共享幼儿园的这些教育资源，以增强社区幼儿的愉快体验，使其更好地适应幼儿园生活。早在 20 世纪 70 年代，英国就出现了集社区中心、收藏馆和幼儿园于一体的“玩具馆”。2001 年年底，青岛市首批社区“玩具图书馆”在市南区湖南路幼儿园、晨光幼儿园等三家幼儿园同时出现，接纳社区幼儿前来借玩具、图书，使幼儿有更多机会与其他幼儿接触，发展良好的同伴关系。

3. 发挥幼儿园的教育专长，服务社区教育

幼儿园不仅拥有完备的硬件设施和环境，而且还拥有经验丰富的专业师资力量，有计划、有组织的教育内容和活动组织等。幼儿园可主动为社区提供服务。例如，有的幼儿园在条件许可的情况下为解决社区内小学生中午用餐难的问题，专门在幼儿园开设“家庭小饭桌”，收取低廉的餐费，让小学生在幼儿园用餐和午休。这不仅解决了家长的后顾之忧，还扩大了幼儿园在社区的影响力。

幼儿园还可以设置“亲子园”、家长学校、社区幼儿教育学校等社区幼儿教育机构，开展多种形式的育儿教育，辅导社区内的幼儿教育活动，将先进的育儿理念和科学的育儿知识送到社区内的每个家庭，提高社区居民的育儿水平，改善社区的教育环境。幼儿园也可协助街道或居委会为辖区内的社区居民开展“优生、优育、优教”的各种文化、娱乐、服务活动，引导家长开展家庭文化、广场文化、校园文化、楼道文化、院落文化等多种形式的文化教育活动，建立幼儿园与社区的友好关系，形成长期的资源共享，互相服务。

三、幼儿园与社区教育的合作方式

（一）构建幼儿园、社区合作组织，形成共育网络

1. 成立教育顾问团

幼儿园聘请有关幼儿园课程实施与评价、幼儿保健、早教指导、教育法律等方面的专家，定期向社区、幼儿园开展指导工作，为合作共育保驾护航。

2. 成立早教中心（指导站）

通过成立早教中心或早教指导站，开展讲座、早教菜单式辅导等免费活动，满足社区对婴幼儿早期教养的需求。

（二）整合社区教育资源，形成共育互动平台

1. 建立资源共享库

整合社区资源，实现共享，将各类资源根据开展的主题活动整理汇总，充分有效利用，将资源最优化。通过提供区域内各种社会资源，为幼儿园办学充实教育力量、教学资源，为幼儿的全面发展提供社会支持。

2. 搭建艺术舞台

幼儿园和社区可以联合组建“艺术舞台”，既可以定期展示孩子们舞蹈、绘画、乐器、书法等多方面才艺，培养孩子的能力，又可以丰富社区群众的文化生活，促进社区构建健康和谐的生活氛围。

3. 建立社区咨询站

幼儿园进入社区提供教育咨询，解答社区居民的教育问题。在社区建立固定时间、固定地点的咨询站，形成咨询活动的常规化，促进社会整体教育水平的提高。咨询活

动由园方和社区共同安排，幼儿园负责答疑，社区负责组织，帮助家长分析诸如育儿难题、幼儿特殊行为指导与分析等家庭教育问题，以提高家庭教育水平。

【复习思考】

一、名词解释

瑞吉欧模式

二、简述题

1. 幼儿园社区工作的主要内容是什么？

2. 简述幼儿园与社区共育中存在的问题。

3. 试述家园共育的策略。

三、实训题

1. 设计一份幼儿园与社区共育的合作方案。

2. 拟订一份幼儿园大班的社区合作培养目标。

【拓展阅读】

大班社会实践活动“走进社区”实施方案

一、设计思路

为了开拓幼儿的视野，使其增长知识、亲近自然、感受生活，同时秉承大教育家陶行知的“生活教育”理念，我国大班组织开展了“走进社区”社会实践活动。

二、活动时间

××××年×月××日。

三、活动目标

1. 通过活动让幼儿实地了解保安的工作职能，增强安全防范意识。

2. 让幼儿懂得保护环境从我做起，增强环保意识。

3. 通过活动增强同伴间的交流，充分体验参与社会实践活动的喜悦心情。

四、活动地点

幼儿园周边社区——××××小区

五、参加人员

大六班全体幼儿、班级老师、年级组长、保健医生、副园长

六、活动流程

1. 全体集合，教师交代出行注意事项。

整个活动过程请小朋友注意安全，并服从老师安排，不得中途单独行动。

2. 初步了解保安的工作职责。

3.“参观社区”活动开始。

家长向幼儿介绍草莓，并指导幼儿采摘熟透的草莓。

4. 了解垃圾对环境、人、动物、植物的危害。

从自身做起，爱护身边的环境，不乱丢垃圾，遇到随地乱丢垃圾的行为要及时制止。

七、具体活动过程

1. 活动目标

（1）幼儿初步了解保安工作范围及主要责任。

（2）幼儿养成不乱扔垃圾的好习惯，初步形成环保意识。

（3）幼儿愿意为维护环境做一些力所能及的事情。

2. 活动准备

（1）提前与××××小区保安联系，确定活动内容。

（2）讲解外出安全、礼仪，将幼儿分组。

（3）垃圾袋 5 个、小红旗 5 面、环保标志 5 个。

3. 活动过程

（1）初步了解保安工作职责。

教师：保安叔叔为什么要站在门口呢？

幼儿：是为了不让小偷进来……

保安：我们站在这里是为了守护小区安全，除了不让小偷进来外，还要关注很多事情。比如，进出车辆过多导致道路拥堵时，我们要指挥；当陌生人进出小区时，我们要核实身份并提醒他们登记；当有三轮车进入小区，我们要阻止。

（2）幼儿观察小区四周环境。

教师：小朋友们都看到了什么？

幼儿：车棚、停车位、花坛、假山、小木桥、健身器材、垃圾桶等。

幼儿自由讨论所看到物体的用途。

（3）了解垃圾对环境、人、动物、植物的危害。

① 在草地上我们发现了什么？除了这些地方，我们还发现哪些地方有脏东西？

② 为什么这些地方总有垃圾？

③ 怎样保护环境？

幼儿自由讨论。

教师小结：从自身做起，爱护身边的环境，不乱丢垃圾，遇到随地乱丢垃圾的行为要及时制止。

（4）游戏——送垃圾“回家”。

幼儿按小组将垃圾送回垃圾桶。

教师总结：小朋友们今天表现很棒，既了解了保安的工作职责，还当了一回环保小卫士，继续加油啊！

活动延伸：

1. 幼儿搜集整理关于垃圾分类处理等知识。

2. 和家长一起制作环保标志。

（资源来源于网络：http：//blog.sina.com.cn/s/blog_1530388330102wt0i.html，有改动。）

【参考文献】

[1] 李季湄. 幼儿教育学基础[M]. 北京：北京师范大学出版社，1999.

[2] 肖全民，周香. 幼儿教育概论[M]. 北京：北京师范大学出版社，2012.

[3] 肖全民. 学前教育原理[M]. 北京：北京师范大学出版社，2017.

[4] 孙立双. 学前儿童家庭与社区教育[M]. 北京：北京出版社，2014.